No 보수? Yes 박선영!

이래서 나는
박선영이

No 보수? Yes 박선영!

이래서 나는 박선영이 좋다

hongeeg

INTRO

No 보수 시대에
Why 박선영?

박선영(이하 존칭 생략)을 내가 처음 만난 것은 2012년 초 중국대사관 앞 단식농성 현장에서였다. 그는 중국 정부의 탈북자 강제북송에 항의하고 있었다. 죽음을 무릅쓴 그의 단식투쟁은 여태껏 보수 성향의 정치인들에게서 찾아볼 수 없는 감동이었다. 가녀린 몸에서 나오는 똑 부러지는 그의 목소리는 금세 전 세계 곳곳에 울려 퍼졌다. 박선영에 대한 찬사가 쏟아졌다. 나 또한 당시 기자로서 그의 일거수일투족을 취재하며 그의 진정성 있는 모습에 감동을 받았고 이후 그의 활동에 남다른 관심을 기울였다.

교육감 선거에서 만난 박선영

박선영을 다시 만난 건 그가 2018년 서울시 교육감 선거에 출마했을 때였다. 처음에는 그의 출마 소식을 반기는 사람도 있었지만, 과연 그가 교육감으로서 자질이 충분하냐는 사람도 많았다. 대다수가 박선영을 '정치인 출신의 법대 교수로서 북한 인권 등에 남다른 관심을 가진 강인한 여성'으로 기억하고 있었다.

하지만 이는 잘못된 인식이었다. 박선영은 삶의 가장 오랜시간을 교수로서, 대학생을 가르치는 본분에 충실하게 살아왔다. 특히 물망초에서 운영한 물망초학교 이사장으로서 탈북 어린이들을 위한 교육에도 전념한 바 있다. 북한에서 넘어온 아이들을 위한 학교를 운영했던 경험은 통일을 앞둔 대한민국 교육 수장으로서 가장 중요한 자질이다. 게다가 도서출판 물망초를 설립해 많은 아동도서와 역사 서적을 펴냈다.

박선영을 '정치인'으로만 기억하는 분들이 많지만 그는 국회의원 시절에도 다양한 교육 관련 입법 활동을 펼친 바 있다. 자유는 거저 주어지지 않는다고 했던가. 교육이 정치로부터 벗어나려면 역설적으로 교육감이 정치인과 잘 싸워야 한다. 박선영의 정치 경험은 교육감으로서 득이 되면 득이 됐지 해가 될 리 만무했다.

특히 선거 과정에서 만난 보수진영 전문가와 학부모 간의 간극은 매우 컸다. 하지만 박선영은 그 간극을 좁혀 '박선영표 교육정책'으로 구체화시켰다. 학부모가 우려하는 현실적인 교육 문제를 정확히 꿰뚫었다. 반드시 해결해야 하는 핵심 문제는 자신이 직접 겪은 일화를 소개하며 전문가들을 설득시킨 덕분이다. 박선영은 두 아이를 낳아 기르면서 기자 생활을 했던 '워킹맘 1세대'였다.

그가 보듬는 역사의 조난자들은

선거는 졌지만 그 과정에서 박선영에 대해 몇 가지 놀라운 사실을 알게 됐다. 그가 일본대사관 앞에서 일본군 위안부 할머니들과 집회에 참석했다는 점이다. 심지어 중국대사관 앞에서 연 단식농성이 끝나고 며칠 뒤의 일이다.

국민 모두가 일본군 위안부 문제에 매우 큰 관심을 갖고 있지만, 이상하게도 보수진영은 일본군 위안부 집회에는 소극적이었다. 이는 강경한 일부 진보진영이 보수진영을 싸잡아 '토착왜구 친일파'로 부르는 아주 강력한 근거로 이용되고 있다. 일본군의 만행이나 현재 독도와 동해로 다루는 문제와 관련하여 보수진영이 과연 제대로 나선 적이 있었던가.

　박선영의 의정 활동을 보면, 오히려 진보 진영보다 더욱 합리적인 대일 활동을 펼쳤다. 그는 일본군 위안부 문제에 대한 관심과 더불어 어린이 정신근로대, 사할린 강제징용 문제까지. 거기다 독도지킴이 활동에도 적극적이었다. 그가 자주 사용하는 '역사의 조난자'라는 이름에는 6·25전쟁 국군포로, 전시·전후 납북자, 탈북자만 있는 게 아니었다. 일본군 위안부뿐 아니라 사할린 동포들과 까레이스키라 불리는 무국적 고려인들, 어쩔 수 없이 일본을 위해 일하게 된 BC급 전범, 시베리아 억류포로들도 포함되어 있었다.

존경하는 정치인은 누구인가

　나는 보수정권 9년 동안 '2030 진보진영 지지자들은 매사에 당당한데 2030 보수진영 지지자들은 왜 그렇지 못할까'라는 안타까움을 지니고 있었다. 그런데 헌정 사상 처음으로 대통령이 탄핵을 당하고 박근혜와 이명박이 1년의 시차를 두고 구속되었다. 내가 믿었던 모든 게 송두리째 부정당하는 것 같은 커다란 충격이었다.

　진보진영을 지지하는 사람들은 문재인 대통령이나 김대중·노무현 전 대통령을 존경한다고 당당히 말한다. 그들에게서는 독재 정권을 타도하고 민주주의를 쟁취했다는 자부심이 넘쳐난다. 정의당 노회찬·심상정을 지지하는 사람들도 재벌에 맞서 서민과 노동자 등 사회적 약자를 위하고 있다는 자부심이 가득했다. 전직 두 대통령의 구속은 저들을 도덕적 우월감에 더욱 깊이 빠져들게 만들었다.

　물론 보수진영에도 훌륭한 정치인들이 많다. 보수진영은 수많은 대통령들을 배출했고 이들은 각자 나름대로의 공을 세웠다. 보수 정당에서 대표나 원내대표를 지낸 정치인들도 마찬가지다. 보수진영이 영입한 스타 정치인들도 꽤나 있었다. 그렇지만 이들이 존경을 받을만한 인물인지는 고개가 갸우뚱해진다.

존경할만한 정치인이란 누구일까. 아마 사회적 약자를 위한다는 뚜렷한 어젠다가 있어야 할 것이다. 대중은 약자의 편을 들기 십상이다. 약자를 위한 활동이 진심에서 우러나오는지도 매우 중요하다. 거짓말은 금방 탄로난다. 무엇보다 누구나 인정할 수밖에 없는 성과를 냈는지가 중요하다.

그렇다면 누가 있을까. 일시적인 유행에 휩쓸린 정치가 아닌 올바른 가치에 기반한 어젠다를 발굴하고, 그 어젠다에 꾸준한 관심을 기울여, 끝내 성과를 일구어낸 사람, 자신을 내려놓는 모습까지 보여준 사람. 바로 박선영이었다.

우리 모두 박선영을 만나자

이 책은 박선영에 대한 평전이 아니다. 박선영의 수많은 말과 글 가운데 필자가 관심있는 주제들을 취사선택해 구성했다. 필자가 정리한 내용과 더불어 박선영의 생각을 읽을 수 있도록 만들었다. 각각의 글에서 뚜렷한 결론을 내리고 있지는 않지만 읽다보면 충분히 자신만의 입장을 정리할 수 있을 것으로 기대한다. 책 내용을 소개하면 다음과 같다.

1장. '쇼(Show)'에 능한 문재인 정부가 적폐청산을 대대적으로 진행했다는 걸 보여주며 시작했다. 하지만 문재인뿐만 아니라 대한민국의 모든 대통령들은 전임 대통령 때리기에 열을 올렸다는 점을 소개했다.

2장. 대통령의 통치행위는 더이상 초법적 권한을 의미하는 게 아니다. 이제는 사면권조차 사법심사의 대상이 된 시대다. 대통령에 대한 잘못된 기대감을 빨리 버려야 한다.

3장. 그렇다고 개헌을 끄집어내는 게 적절한지 따져봤다. 개헌은 과연 필요한가,

그리고 가능한가? 개헌을 논의할 때 중요한 건 무엇인가?

4장. 과거와 달라진 정치 지형을 소개하면서 시작했다. 그렇지만 보수 진영은 아직도 과거에 머물러 있다. 보수 진영 간의 격한 이념 논쟁이 바로 그 증거다. 이를 가장 단적으로 보여주는 게 바로 교육감 선거다.

5장. 교육감 선거는 정당이 개입할 수 없어 보수진영의 적나라한 모습을 볼 수 있다. 2018년 교육감 선거에서 박선영이 선방할 수 있었던 건 무엇 때문인지를 다뤘다.

6장. 보수도 달라져야 한다. 따뜻한 보수가 우리가 나아갈 길이다. 따뜻한 보수는 무엇인지 같이 고민해보는 시간을 마련했다.

7장. 진보 진영이 보수 진영을 깎아내리기 위해 '반일' 감정을 이용한다는 점을 알리고자 했다. 보수 진영이 친일 프레임에서 벗어나기 위해서는 어떻게 해야 하는지도 살펴봤다.

8장. 대중에게 끼치는 영향력을 따져보면 이제 '반북' 감정은 '반일' 감정의 반도 되지 않는다. 그렇지만 '반북' 감정도 얼마든지 대중에게 통할 수 있다. 인권에 대한 진정성 있는 활동은 모든 이들을 감동하게 만든다.

이 책의 목표는 한 가지다. 박선영을 통해 정치 현안에 대한 인식을 바꾸었으면 한다는 것이다. 6070산업화 세대가 새로운 시각을 가지는 데 기여할 수 있기를 감히 기대해 본다. 4050 민주화 세대가 이 책을 본다면 보수진영에도 박선영과 같은 정치인이 있었다는 걸 꼭 기억했으면 한다.

내 또래인 2030 정보화 세대도 박선영을 꼭 만나보았으면 좋겠다. 대한민국 역사를 보는 시각이 달라질 것이다.

2021년 6월
김 태 민

CONTENTS

CHAPTER 1.   014
정치보복 부메랑

한 번도 경험해보지 못한 나라   016
쇼통령의 적폐청산 | 청와대가 공개한 문건 | 불행한 대한민국 대통령들 | "옛 것은 악이 되는 법이다"

길들이는 정권 길들여진 권력기관   038
선거 개입의 배후는 누구? | 'DJ·盧 정부는 불법사찰 없다' | 공수처가 만들어진 이유 | 통제력 잃은 경찰의 물대포

CHAPTER 2.   060
통치행위는 없다

법 아래에 있는 통치권   062
통치행위가 필요한 순간 | 대쪽이 정의내린 통치행위 | 통치자의 기본 의무 | 김정은이 평화의 사도인가

사면권의 사법심사   082
"이건희, 평창 올림픽에 헌신하라" | 삼성과 얽힌 두 전직 대통령 | "삼성은 나라를 손바닥에 있다 생각"

CHAPTER 3.   098
'동상이몽' 개헌론

생명권이 신설되면 어찌할까   100
'아빠 사형' 청원한 세자매 | 태아 생명권 vs 여성 결정권 | 박선영의 희망출산제도

개헌은 필요한가? 가능한가?   114
참 나쁜 대통령 | 권력구조 개헌에 반대한 박선영 | 통일헌법을 만들자

CHAPTER 4.   128
보수의 위기

보수다수시대는 끝났다   130
단일화는 필승이란 환상 | "국민 승리를 착각 말라" | "보수가 싫다" 'No보수'

보수 위기의 요인들   146
'친동성애자'로 공격받은 박선영 | 꼰대들의 보수순혈주의 | 전교조 저격수의 출마선언문 | 박선영의 대국민 호소문

CHAPTER 5.   174

교실이데아

현실판 스카이캐슬   176
정시냐 수시냐 그것이 문제로다 | 조국 사태로 쪼그라든 학종 | 곽노현 보좌관의 문재인 교육 비판

박선영의 서울교육   192
고교선택권 완전보장 | KPOP 학교 설립 공표 | 방과 후 영어 수업 | 중·고교가 바뀌어야 대학 바뀐다

CHAPTER 6.   212

따뜻한 보수

평등은 진보의 전유물인가   214
보여주기식 '일자리 상황판' | 소득주도성장은 실패했다 | 낙수효과 vs 분수효과 | 불평등 문제 대안 제시해야

사회적 약자와의 동행   230
폐지줍는 노인의 나라 | 근로자를 근로자로 부르지 못하고 | "여자라서 무시당한다니" | 계속되는 '도가니 사건'

CHAPTER 7.   252

한일 갈등을 뛰어넘는 법

'친일파' 프레임에 갇힌 보수   254
일본 불매운동과 친일 프레임 | 안중근의 동양평화론 | 횡재인가? 행운인가?

강제징용·위안부 피해자들   270
이용수 할머니의 6가지 제안 | 위안부 할머니와 홀로코스트 생존자 | "진정성 있는 사과가 먼저다"

독도는 대한민국, 우리땅   282
독도에 울려퍼진 '아리랑' | '독도는 한국땅' 증거 찾은 박선영

CHAPTER 8.   294

발해를 꿈꾸며

탈북자 강제북송 저지   296
여야를 아우른 진정성의 힘 | "제발 탈북자들을 도와주세요." | 휠체어 타고 유엔 본부로 가다

김정은과 맞장뜨는 국군포로   312
"김정은, 국군포로 배상하라" | 임종석 경문협의 정체 | 라이언 일병 구하기는 미국만이 가능한가?

역사의 조난자   326
역사는 기억하는 자의 몫이다 | 고려인은 바위에 올려놓아도 꽃을 피운다 | 단바 망간 탄광을 아시나요? | 북한 정권의 아킬레스건 '납북자'

정치보복 부메랑

CHAPTER 1

"
이 정권은 '보복정권'이다. 사람들의 눈과 귀, 입을 틀어막아 정권을 잡은 뒤 '적폐청산'이라는 이름으로 보복을 시작하더니 '최저임금'으로 목줄을 죄고 '미세먼지' 투척으로 숨통까지 옥죄면서 이제는 자기 새끼, 아니 자기집 강아지한테 불리한 판결을 했다고 판사까지 기소한다.

2019. 3. 6. 박선영 페이스북 중에서
"

한 번도
경험해보지 못한 나라

쇼(SHOW)통령의 적폐청산

문재인(이하 존칭 생략) 취임 직후 청와대는 사진 한 장을 공개했다. 사진 속에는 문재인이 참모진과 테이크아웃 커피를 들고 청와대 경내를 산책하고 있었다. 점심 식사 후 와이셔츠 차림으로 참모들과 격의 없이 커피 한 잔 들고 걸으며 대화를 나누는 장면은 여느 직장인과 다를 바 없었다. 버락 오바마 전 미국 대통령에게서나 볼 수 있었던 풍경이라는 점에서 다들 신선함을 느꼈다.

바로 다음날 문재인은 청와대 직원식당에서 점심을 먹었다. 일반

직원들과 마찬가지로 식당 입구 식권함에 식권을 넣고 줄을 서서 직접 배식을 받았다. 이날 함께 식사한 직원들은 청와대 비서실 가운데 수송부, 시설부, 조리부 등에서 일하는 실무직원들이었다.

문재인은 취임 이후 사흘 간 홍은동 사저에서 청와대 집무실로 출퇴근했다. 전국 각지에서 지지자들이 몰리기도 했다. 문재인 출근 길에 집 앞에서 자신을 기다리던 시민들과 인사하고 셀카를 찍는 등 행보를 보여 눈길을 끌었다. '촛불 집회'로 다져진 팬덤이 더욱 강력한 열풍으로 이어진 것은 당연했다. 대다수의 기자들도 문재인의 소통 행보를 대대적으로 보도하며 기대감을 높였다.

《세계일보》 '박근혜 거꾸로 하기'… 文대통령 파격 소통행보는 朴의 코치 덕분?

《전자신문》 문재인 출근길 보러가자! '200명 운집..연례행사? 소통대통령 등극'

《서울신문》 [문재인 대통령 시대] 文대통령 '출근길 스킨십'… 방탄차 세우고 시민들과 셀카

《아주경제》 문재인 대통령, "옷 벗는 정도는 제가…" 탈권위 파격 행보 눈길

《헤럴드경제》 문재인 정부 이틀이 남긴 것…"마누라 빼고 다 바꾼다"?

《머니투데이》 3천원 메밀국수 식판에 받은 대통령… 靑직원 "거짓말인줄"

《매일경제》 '열린 청와대' 文대통령의 파격 소통

《한겨레》 "사람 냄새 나는 대통령" 연일 신선한 바람

문재인의 소탈한 행보를 두고 노무현을 떠올리는 기사들도 있었다. 한국일보는 연달아 문재인과 노무현을 엮은 칼럼을 실었다. 청와대 분위기가 "엄숙 권위 격식 같은 것과는 거리가 멀다. 보통 사람들이 모여 사는 것처럼 활기와 온기가 느껴진다."[1]면서 "노무현이 즐겨 썼던 '사람 사는 세상'의 이미지를 떠올렸다. 한국일보는 "격식을 갖추지 않는 소탈한 행보는 노 전 대통령의 탈권위주의와 맞닿아 있다."[2]고도 했다.

'쿨'하고 소통에 능한 이미지를 선보인 문재인은 정작 국정운영은 무자비한 '적폐청산'으로 일관했다. 그 배경에는 촛불이 있었다. 2016년 말과 2017년 초, 광화문에는 매주 주말이면 시민들이 촛불을 들고 '박근혜 탄핵'을 외쳤다. 언론에서는 최순실의 '사돈의 팔촌'까지 적폐 세력으로 몰 기세였다. 박근혜 정부의 모든 것은 부정되었고, 차곡차곡 '청산 리스트'에 쌓여가고 있었다.

탄핵, 대선을 거쳐 문재인 정부가 출범했다. 문재인 정권이 출범하고 이틀 뒤, 문재인은 박근혜 정부가 추진했던 국정교과서를 폐지했고, 이어서 이명박 정부의 대표적인 사업인 4대강 사업과 관련, 4대강 보 상시 개방과 함께 4대강 사업에 대한 정책감사를 지시했다.

문재인은 동시에 '권력기관 개혁'을 추진했다. 대검찰청에는 검찰과거사위원회를 꾸렸고 국가정보원에는 적폐청산TF를 만들었다. 국방부 지휘를 받지 않는 독립수사단을 구성해 국군기무사령부를 수사하기도 했다. 이 뿐만 아니라 각종 부처에는 '적폐청산'을 빙자한 위원회들이 들어서면서 '보복성 인사조치'에 여념이 없었다.

'적극적인 소통'과 '강력한 적폐 청산'을 추진한 문재인은 절대적인 지지를 받았다. 어느 조사에서 문재인은 취임 첫 국정지지율이 80%를 넘었고 취임 한 달에 들어서는 지지율이 90%에 육박하기도 했다. 지지하는 이유로는 단연 '적폐청산'이 1순위로 꼽혔다.

압도적인 지지를 바탕으로 강력한 개혁조치를 취한 건 노무현이 아니라 김영삼이었다. '문민정부'라는 이름에서 드러나듯 김영삼은 군부 독재에 대한 반발심으로 탄생했다. 김영삼은 취임하자마자 신군부세력의 심장이었던 '하나회'를 청산했다. 이 과정에서 내세운 용어도 바로 '적폐청산'이었다. '5.18 특별법'을 재정하여 전두환·노태우 두 전직 대통령을 법정에 세우기도 했다. 고위공직자의 재산을 공개하고 금융실명제를 실시하는 등 김영삼은 민주화를 공고화했다.

김영삼도 문재인처럼 정권 초 지지율이 90%가 넘고, 10대 청소년들이 가장 좋아하는 '우상'으로 선정되는 등 임기 초 전폭적인 국민의 지지를 받았다. 그러나 김영삼의 퇴임 시 지지도는 한 자릿수까지 추락했다. 그 이유는 단순히 IMF 사태를 초래한 장본인이라는 낙인 때문만은 아니었다. 김영삼 정부 시절 청와대 대변인 겸 공보수석으로 일했던 윤여준은 김영삼의 실패 요인을 이렇게 말했다.[3]

> 첫째로 그는 민주화를 선도한다는 자각과 자신이 이룩한 공적에 대한 확신이 넘친 나머지 국민을 가르치고 선도한다는 계몽주의에 빠져 점차 '무오류의 지도자'가 되어갔다. 둘째는 여론에 대한 과도한 의식이다. 반독재투쟁에서 살아남는 유일한 길은 여론의 집중적인 관심과 지지를 받는 것뿐이었다. 따라서 항상 여론의 관심을 끌면서 선제적인 행위로 여론을 움직이는 것이 체질화된 면이 있다. 그 결과 솔선수범의 미덕도 발휘하였지만, 그 이면에는 여론을 과도하게 의식하는

습성이 강하게 자리 잡고 있었던 측면이 있다. 특히 집권을 한 후에도 자신의 권력을 확인해야 한다는 의식을 버리지 못한 채 끊임없이 여론의 주목을 받는 정치적 이벤트나 사건들을 창출하려는 경향이 강하게 나타났던 것으로 보인다.

노무현은 김대중(DJ), 김영삼(YS), 전두환 등 전직 대통령들을 청와대에 초청, 점심을 같이하며 북한 핵실험 사태에 대한 의견을 나눴다. 당시 최규하·노태우는 건강 문제로 불참했다. 이명박·박근혜 두 전직 대통령을 감옥에 보낸 문재인과는 달라도 너무 달랐다. 그 배경에는 노무현도 김대중처럼 통합과 화해의 정치를 했기 때문이다. 노무현은 김대중 정부의 연장선상에서 출발, 국가운영 방식을 이어받았다.

거기다 노무현의 위상은 소수파 비주류였고 대선에서 상대 후보와 박빙의 차이로 당선되었다는 점에서 국민적 기반도 취약했다.[4] 노무현은 오마이뉴스 오연호 대표와의 인터뷰에서 자신은 물론 김대중의 대통령 당선을 모두 이례적인 일로 봤다. 문재인처럼 상대진영을 '적폐청산'할 수 있는 기반 자체가 부족했던 셈이다.

> "내가 2002년 대선에서 이긴 것은 이례적인 사건, 특수한 조건들이 결합되어서 만들어진 것입니다. 그것을 우리가 인정하지 않으면, 앞으로 우리는 우리 앞에 놓인 문제들도 못 풀어갑니다."[5]

청와대가 공개한 문건

　박근혜 탄핵 직전 국군기무사령부(기무사, 현 군사안보지원사령부)가 계엄령 검토 문건을 작성했다는 의혹이 일었다. 2018년 7월 10일 국방부장관에게 독립수사단을 구성해 신속하고 공정하게 수사할 것을 지시했다. 국군 통수권자인 대통령이 직접 수사를 지시한다는 건 매우 이례적인 일이었다.

　열흘 뒤 청와대는 박근혜 탄핵 당시 국군기무사령부가 작성한 '계엄 문건 계획 세부 자료'를 공개했다. 청와대가 공개한 문건에 따르면 군은 광화문과 여의도에 탱크를 야간에 투입하고, 언론 검열은 물론 국회까지 통제하려 했다고 한다. 김의겸 당시 청와대 대변인은 기무사 계엄 문건을 공개하며 "중요시설 494개소 및 집회예상지역 2개소(광화문, 여의도)에 대해서는 기계화사단, 기갑여단, 특전사 등으로 편성된 '계엄임무 수행군'을 야간에 전차·장갑차 등을 이용하여 신속하게 투입하는 계획도 수립되어 있다"고 발표했다.[6] 청와대와 여권은 군이 통상적인 계획을 넘어선 '내란 음모'를 계획한 것이라고 문제를 제기했다.

　그러나 '광화문·여의도 탱크 투입', '언론 검열 및 국회 통제' 등 민감한 내용은 최종본에 담겨있지 않은 것으로 드러났다. 군·검 합동수사단은 이러한 사실을 일찌감치 확인한 것으로 알려졌다. 그럼에도 합수단은 기무사를 '내란 음모' 혐의가 있는 것처럼 계속 수사했다.[7] 합수단은 105일 동안 90곳을 압수수색했고 204명을 조사했다.

합수단은 기무사의 주요 혐의인 내란 음모죄 적용이 어려워지자 이후 '허위 공문서 위조'로 몰아갔다. 합수단은 기무사가 계엄령 검토 사실을 숨기기 위해 위장 태스크포스(TF)를 만들고 계엄령 문건이 마치 한·미 연합 훈련용으로 작성된 것처럼 꾸몄다며 불구속 기소했다. 하지만 이마저도 국방부 보통군사법원에서 무죄 처분이 났다[8].

합수단은 당시 내란 음모죄를 기소 중지한 것에 대해 "핵심 피의자인 조현천 전 기무사령관을 조사해야 하지만, 미국에 간 뒤 소재가 불명한 상태"라고 했다. 그러나 군에서는 "최종본에는 청와대가 발표한 자극적인 부분이 모두 사라졌기 때문에 조 전 사령관 조사를 포기한 것 아니냐"는 얘기가 나왔다.[9] 이 과정에서 문재인은 기무사를 해체에 가까운 수준으로 개편했다. 기무사에서 일하다 원래 소속 부대로 복귀했던 한 간부는 극단적 선택을 하기도 했다[10].

문재인은 군·검 합동수사단에 기무사의 계엄 문건과 더불어 기무사의 세월호 유족 사찰 의혹에 대해서도 수사하도록 지시했다. 하지만 검찰 세월호 참사 특별수사단은 1년 2개월간에 걸친 수사 끝에 기무사가 세월호 유가족을 불법 사찰하지 않았다고 밝혔다. 기무사와 직원들이 유가족의 동향을 파악한 사실은 있지만 해당 보고서에는 세월호 관련 사항뿐만 아니라 다른 사항이 다수 기재돼 있는 일반적인 기무사 보고서라고 특수단은 판단했다.

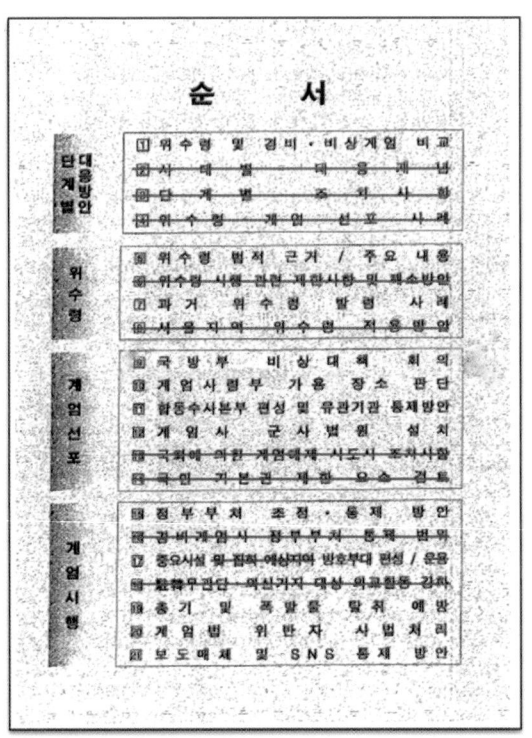

청와대가 공개한 계엄령 문건(빨간 줄은 최종본에 빠진 내용) (출처: 하태경 의원실)

　청와대가 국방부 기무사에 세월호 유가족 사찰을 지시·논의하거나 보고받은 사실 역시 없었던 것으로 드러났다. 특수단은 해당 의혹을 수사하기 위해 청와대 대통령기록관 등을 압수수색까지 했지만 아무것도 밝혀내지 못했다.
　수사를 총괄한 세월호 참사 특별수사단 단장은 수사 결과를 발표하며 "법률가로서 검사로서 되지 않는 사건을 억지로 만들 순 없다. 법과 원칙에 의해 수사할 수밖에 없었다"면서 "세월호 참사 희생자들께 깊은 조의를 표한다"고 말했다.[11]

이재수 전 국군기무사령관은 갖은 고초를 겪었다. 검찰은 법원의 영장심사를 받기 위해 자진출석한 이재수에게 수갑을 채우고 포토라인 앞에 세웠다. 구속 여부도 결정되지 않은 피의자에게 수갑을 채운 것으로 매우 이례적인 일이었다. 구속영장 실질심사 후 서울구치소에서 대기하던 이재수가 허리 통증으로 잠시 눕자 교도관은 "여기가 어딘데 누워 있느냐"고 호통을 쳤다고 한다.[12] 이재수는 재판도 받지 않은 자신을 범죄인 취급하는 데 큰 충격을 받았다. 이재수는 월간조선과의 인터뷰를 위해 다음과 같은 A4 용지 1장을 남겨놨다. 그러나 인터뷰 바로 전날 "헌신적으로 최선을 다했는데 사찰로 단죄한다니 안타깝다"는 유서를 남기고 생을 마감했다.

세월호 사고 발생 이후 투입된 군(軍)의 활동 상황과 우리 부대의 지원 내용을 세부적으로 기록하여 향후 유사한 국가재난 발생 시 참고자료로 활용하기 위하여 백서 형태로 남긴 기무사 자체 기록을 문제 삼아 사찰 의혹을 제기하였는바, 의도적인 사찰을 시행한 부대라면 이러한 기록을 스스로 남겼을 리 만무합니다.

세월호 사고 이후 이를 수습하기 위해 구성된 범정부 사고대책본부(범대본)에는 해수부 장관을 본부장으로 하여 투입된 국방부 및 군병력 외에도 정부 및 지자체 산하 16개 이상의 기관 및 부서가 참가했으며, 국정원, 경찰 등을 포함, 모든 정보기관이 각자의 영역에서 활동하면서 파견된 모든 요원이 원소속 기관에 당시의 현장 상황을 일일보고 형태로 보고했음에도 불구하고 지금에 와서 유독 기무사의 활동만 문제 삼는 것은 형평성 차원에서 이해할 수 없는 부분입니다.

기무사는 당시 사고와 관련 현장부대의 편성인원 고려 시 백서에 기록된 모든 활동 등을 직접 파악하여 사령부에 보고한다는 것은 거의 불가능하며, 당시 범대본에 파견된 모든 요원이 매일 발생하는 상황을 상호 공유하면서 각자의 소속기관에 보고했던 내용과 국가 위기 상황에서 사태의 조기 수습을 위한 정책적 제언의 일부가 이번 의혹을 제기하는 근거가 된 것은 상당히 억울하고 안타까울 뿐입니다.[13]

문재인 청와대의 문건 공개는 몇 차례 더 있었다. 2017년 7월 14일, 청와대는 캐비닛 안에서 박근혜 정부 시절 작성된 약 300종의 수상한 문건을 발견했다고 발표했다. 소위 '캐비닛 문건'이라고 알려진 이 문건들은 삼성 경영권 승계지원, 국민연금 의결권 문제 등에 대한 것이었다. 청와대가 측면 지원을 통해 형사재판에 영향력을 행사하려는 의도가 해석될 여지가 충분했다[14].

'박근혜 청와대의 마지막 민정수석'인 조대환 변호사는 "그런 문서를 캐비닛에 무더기로 넣어놓고 떠나는 일이 가능할 것 같나? 누군가가 넘긴 거라 봐야 한다"면서 "그 문서들이 생산된 시기에 청와대 주요 부서에서 근무한 인사일 가능성이 있다"고 했다.[15]

몇 달 뒤 비슷한 일이 또 벌어졌다. 청와대는 2017년 10월 12일에는 박근혜 정부 청와대가 세월호 사고 당시 상황보고 일지를 사후에 조작한 정황이 담긴 파일을 발견했다고 발표했다. 이날은 박근혜 추가 구속영장 발부 여부가 결정되기 하루 전날이었다. 세월호 사고는 대통령 형사사건과 무관한 것이었지만 누가 봐도 추가 구속영장 발부에 영향을 미치기 위한 것으로 충분히 의심할 만한 행위였다.[16]

박선영 | **facebook**　　　　　　　　　　2021. 01. 20.

"없는 사건을 만들 수는 없었다."

　박근혜, 김기춘, 우병우, 이재수 등 모두 무혐의, 외압, 사찰도 없었다. 아... 이제 와서... 나라를 이렇게 세월호처럼 만들어놓고 이제 와서 무혐의... 참 가슴 아픈 일이다. 통탄할 일이다.

　우리는 그동안 얼마나 많은 의혹과 억측, 모함, 비상식적 선동에 사람을 죽이고 가두고 돌 던지며 양손에 촛불 들고 춤까지 추며 신나게 환호성을 질러왔던가? 집단지성은 이 땅에 있어본 적도 없지만 집단 광기가 벌써 8년째 이 땅을 집어 삼키고 있다.

　국정 농단은 이런 광기를 기획하고 선동하며 일사불란하게 주도한 놈들이 한 것이거늘... 그리고 지금도 여전히 그 광기를 코로나 방패 삼아 국민을 공갈, 협박, 회유하며 권력을 찬탈, 유지, 악용하고 있는 그놈들이 국정 농단 세력인 것을 왜 우리는 아직도, 지금도 깨닫지 못하고 있을까?

불행한 대한민국 대통령들

"내가 알기로 한국의 대통령은 대개 끝이 좋지 않고, 거의 예외 없이 비극적이기까지 하다. 그런데 라 대사와 같은 젠틀한 사람이 그런데 휘말리기보다는, 여기서 대사를 계속 하다가 기회가 되면 학교에서 일하는 게 어떻겠는가"

'한국의 불행한 대통령들'의 기획자이자 공동저자인 가천대 석좌교수는 영국에서 대사로 근무할 때, 당시 당선된 노무현 대통령을 돕기 위해 한국으로 돌아가게 되었다. 이별의 자리에서 한 지인이 한국의 대통령들은 대개 그 끝이 좋지 않았다며 이러한 걱정의 말을 남겼다고 한다. 라종일은 충격을 받았지만 장난기 있게 다음과 같이 이야기를 풀어갔다고 한다.

"맞다! 우리의 첫 번째 대통령은 망명을 간 후 작고했다. 두 번째는 측근에게 살해당했다. 세 번째 네 번째 대통령들은 모두 감옥에 갔다. 다섯 번째와 여섯 번째 대통령의 경우는 자신들은 감옥에 가지 않았지만, 자손들이 감옥에 갔다. 자 살펴보자! 분명히 상황은 조금씩이라도 좋아지고 있지 않은가. 처음 자유롭고 공개적인 민주 정치를 해보는 나라로서는 이 정도는 긍정적인 발전이 아닌가!"

라종일의 바람과는 달리 이후에도 노무현, 이명박, 박근혜 대통령까지 한국 대통령들의 불행은 어김없이 반복되었다. 라종일은 책에서 "현실을 보면 이것은 어느 특정인의 '사고'나 '일화' 혹은 '이번'이 아닌 우리가 자랑하는 한국식 민주 정치의 어떤 구조적 특성으로 보아야 한다"고 지적했다.[17] 그는 국가정보원 제1차장과 영국대사를 지냈고, 노무현정부에서 국가안보보좌관, 일본대사를 역임했다.

우리나라 대통령은 국회의원을 장관으로 임명할 수 있어 국회와의 관계에서 상대적 우위를 점할 수 있다. 더구나 대통령이 군, 검찰, 경찰, 국정원 등 주요 권력 기관의 인사를 포함해 고위 공무원 인사까지 개입할 수 있다. 대통령직을 쟁취한 새 대통령과 집권 세력은 임기 초 개혁에 대한 국민적 열망 덕분에 보통 70%가 넘는 국민적 지지를 누린다. 대통령의 권력을 견제할 수 있는 장치가 거의 없다고 봐도 과언이 아니다.

선거에서 패배한 정치 세력은 국정 운영 과정에서 완전히 배제된다. 민주주의의 핵심인 '관용과 포용'이 설자리가 없어진다. 야권 세력은 대통령이 실패하기만을 기다리게 된다. 야당의 정권 교체이건 여권의 정권 재창출이건, 전임 대통령에 대한 새 대통령의 승계나 예우를 기대하기 어려운 이유이다. '대권'을 손에 놓는 날 모든 게 부메랑처럼 대통령 자신에게 돌아온다.

후임 대통령의 '전임 대통령 때리기'는 한국 정치의 고질병이다. 정치적 보복 차원과 과거 정부와의 차별성을 강조하기 위한 목적에서 이뤄진다.[18] 보수진영에서는 "건국 대통령 우남 이승만과 부국 대통령 박정희는 한국 현대사에서 특별한 이름"[19] 이라며 이승만과 박정희를 높이 평가하지만 "박정희조차 쿠데타 집권 초기 짧은 시야와 조급함으로, 백범 김구를 높이 평가해 현재 좌파가 백범을 과대평가하고, 이승만의 건국 과정을 부정하게 하는데 빌미를 제공"[20]했다는 평가가 나온다.

전두환은 쿠데타 동지이자 후배였던 노태우가 집권하도록 힘을 썼지만 노태우는 전두환을 백담사로 보냈다. 노무현도 김대중 측근들을 구속했다. 물론 김영삼이 전두환과 노태우를 감옥에 보낸 건 역사적 의미가 깊어 '전임 대통령 때리기'와는 거리가 멀다는 평가가 지배적이다.

"**옛 것**은 악이 되는 법이다"

이명박도 대통령에 당선될 때 문재인 못지않게 압도적으로 승리했다. 이명박이 집권 초 '올 벗(all but) 노무현' 국정운영을 한 건 노무현에 대한 국민의 실망감과 응징 심리가 작용했기 때문이다.[21] '인터넷 대통령'으로 불린 노무현 임기 말에 인터넷에는 "이게 다 노무현 때문이다"라는 말이 유행어처럼 쓰였다. 17대 대통령선거가 치러진 이튿날인 12월 20일 아침, 노무현 대통령은 이명박 당선자와의 축하 전화를 앞두고 윤태영 비서관에게 지나가듯 이렇게 말했다고 한다. "새것이 등장할 때는 옛것이 악이 되는 법이다."[22]

2009년 4월 22일 노무현은 자신이 운영하던 홈페이지에 "'사람세상' 홈페이지를 닫아야 할 때가 온 것 같습니다"라는 제목의 글을 올렸다. 그는 "노무현은 여러분이 추구하는 가치의 상징이 될 수가 없다"며 "여러분은 저를 버리셔야 한다"고 했다. 노무현은 이른바 '논두렁 시계' 보도로 자신의 명성에 흠이 간 것과는 별개로 자신의 잘못을 인정했다.

"제가 이미 인정한 사실 만으로도 저는 도덕적 명분을 잃었습니다. 우리가 이곳에서 무슨 이야기를 하더라도 사람들은 공감하지 않을 것입니다. 저는 이곳에서 정치적 입장이나 도덕적 명예가 아니라 피의자의 권리를 말하려고 했습니다. 그러나 이젠 이것도 공감을 얻을 수가 없을 것입니다. 이제 제가 말할 수 있는 공간은 오로지 사법절차 하나만 남아 있는 것 같습니다."[23]

국정원 개혁위원회 적폐청산 태스크포스(TF)에 따르면 원세훈의 측근이었던 한 간부는 이인규를 만나 '불구속 수사' 의견을 전달했다. 이에 이인규는 국정원의 수사 관여에 굉장히 화를 낸 것으로 알려졌다[24].

검찰은 결국 2009년 4월 30일 노무현을 약 13시간 동안 소환 조사했다. 그 후 검찰은 노무현이 신병처리 결정을 내리지 못했다.

앞서 이명박은 "전직 대통령 수사가 부담스럽다. 권양숙 여사는 부산 호텔에서 조사했는데 (노 전 대통령도) 그렇게 조용히 하든지, 아니면 방문조사를 했으면 좋겠다"고 말했다고 원세훈 당시 국정원장이 전했다. 원세훈은 안가(安家)에서 당시 검찰총장을 직접 만나 이명박의 뜻을 전했지만 당시 검찰총장은 "대검 중수부장이 내 말을 전혀 안 듣는다"고 답했다고 한다.[25]

2009년 5월 23일 새벽 노무현이 스스로 생을 마감하자 진보층과 보수층은 서로 다른 이유를 들어 이명박을 공격했다. 진보층은 이명박이 정치보복하다가 노무현을 죽음으로 몰아넣었다고 비난했다. 보수층은 이명박이 노무현 구속을 망설이다 영구 미제사건으로 만들었다고 비판했다.

2018년 1월 기자회견에서 이명박은 자신에 대한 검찰수사가 정치보복이라고 단언했다. 그는 "더 이상 국가를 위해 헌신한 공직자들을 짜맞추기식 수사로 괴롭힐 것이 아니라 나에게 물어라"고 밝혔다.[26]

"적폐청산이라는 이름으로 진행되고 있는 검찰수사에 대하여 많은 국민들이 보수를 궤멸시키기 위한 정치공작이자 노무현 대통령의 죽음에 대한 정치보복이라고 보고 있습니다."

이명박의 기자회견에 문재인은 바로 다음날 청와대 대변인 브리핑을 통해 "이명박 전 대통령이 노무현 전 대통령의 죽음을 직접 거론하며 정치보복 운운한 것에 대해 분노의 마음을 금할 수 없다"며 "마치 청와대가 정치보복을 위해 검찰을 움직이는 것처럼 표현한 것에 대해 이는 우리 정부에 대한 모욕"이라고 성토했다.

박선영 | 논평　　　　　　　　　　　　　　　2009. 04. 30.

꼭 서울로 '압송' 해야 했나?

　오늘 노무현 전대통령이 검찰에 출두한다. 아니, 서울로 '압송' 됐다고 표현하는 것이 더 알맞을 것이다. 몇 시간씩 걸려서 언론인들을 따돌리며 검찰에 출두하는 전직 대통령을 바라보는 국민의 마음은 갈갈이 찢어졌다. 우리 역사의 씻을 수 없는 오점이 반복된다는 점에서도 그랬고, 꼭 저런 야단법석을 떨어야 하는가, 하는 점에서도 그랬다. 권양숙 여사처럼 부산에서 조사를 해도 되는 것 아닌가? 왜 꼭 서울이어야 하나? ... (중략) ...

　그리고 검찰도 최대한 시간을 줄여 조사를 마쳐야 한다. 수사는 철저히 객관적으로 하되, 가능하면 불구속 수사를 하는 것이 좋을 것이다. 재판결과에 따라 구속을 해도 되지 않겠는가? 그것이 우리 형사소송법의 원칙이기도 하지만, 전직 대통령이 또다시 사전에 구속되는 모습은 보고 싶지 않다. 그를 아끼고 사랑해서가 아니라, 보다 성숙한 우리 사회의 모습이 오매불망, 그리워서이다. 참으로 눈을 돌리고 싶은 하루, 가슴이 시린 하루, 긴 하루가 될 것이다.

길들이는 정권
길들여진 권력기관

선거 개입의 **배후는 누구?**

　백원우 민정비서관 산하에서 특감반원으로 근무했던 검찰수사관이 전날 검찰 조사를 3시간 앞두고 지인의 사무실에서 숨진 채 발견됐다. 그는 2018년 6·13 지방선거를 앞두고 김기현 울산시장 후보 관련 비리 첩보를 수집했다고 지목된 인물이다.

　그러자 고민정 당시 청와대 대변인은 "고인이 활동한 민정비서관실 특감반 편제·활동을 설명하면, 당시 이 특감반은 대통령 비서실 직제 7조 1항 3호에 대통령 친인척 및 특수 관계인 업무를 담당했다"면서도 "민정비서관실은 민정수석실 선임 비서관실로 업무 성질 및 법규상 위배되는 사례를 제외하고는 민정수석실 조력이 가능하다"고 했다. 그러면서 "그래서 해경이나 정부 포상 관련 감찰 업무를 수행한 게 조력 가능한 부분이기 때문에 감찰이 이뤄졌다"고 덧붙였다.

　고민정은 "2018년 1월 경 민정비서관실 주관으로 집권 2년 차를 맞아 행정부 내 기관 간 엇박자와 이해 충돌 실태를 점검하기로 했고, 그 실태조사를 위해 민정수석실 행정관, 감찰반원 30여 명이 대면 청취를 했다"며 "이 과정에서 이 두 분의 감찰반원(숨진 검찰수사관을 포함)은 울산 고래고기 사건에 대한 현장 대면 청취를 담당했다"고 밝혔다.

　청와대의 울산시장 선거 개입 사건을 수사해온 검찰은 2020년 1월

29일 문재인의 '30년 지기'인 송철호 울산시장과 송병기 전 울산시 부시장, 황운하 전 울산지방경찰청장 등을 비롯해 문재인 청와대 출신 인사들 등 13명을 공직선거법 위반 혐의로 1차 기소했다. 추미애 당시 법무부장관은 검찰이 청와대 울산시장 선거개입 사건을 기소하자 언론은 물론 국회 법사위원에게도 공소장을 비공개했다. 추미애는 "언론에 공소장 전문(全文)이 공개되는 것은 잘못된 관행"이라고 주장했다. 추미애가 비공개한 공소장은 동아일보가 입수해 보도했다.

동아일보가 입수한 공소장에 따르면 경찰은 2018년 2월 8일부터 투표일을 16일 앞둔 5월 28일까지 반부패비서관실과 민정비서관실, 옛 국정상황실 등 3곳에 수사 상황을 집중 보고했다. 민정비서관실은 경찰에서 파견된 행정관들을 울산에 내려보내는 등 울산경찰의 수사 상황을 직접 챙겼다.

동아일보는 "이른바 '하명(下命) 수사'를 챙긴 민정비서관실, 반부패비서관실, 옛 국정상황실 외에도 김 전 시장을 꺾고 당선된 송철호 울산시장의 공약을 지원한 사회정책비서관과 균형발전비서관, 당내 경쟁자 회유에 관여한 정무수석비서관과 인사비서관까지 대통령비서실 직제 조직 7곳이 일사불란하게 움직였다."고 보도했다.[27]

검찰은 2019년 4월 9일 이진석 대통령비서실 국정상황실장을 공직선거법 위한 혐의로 기소하고 송병기 전 울산시 경제부시장을 추가 기소하는 등 3명을 불구속 기소했다. 그러나 청와대 윗선으로 의심받았던 임종석 전 대통령비서실장, 조국 전 대통령민정수석비서관, 이광철 전 민정수석실 선임행정관 등에 대해선 '증거 불충분'으로 무혐의 처분하면서도 "범행에 가담한 강한 의심이 든다"고 밝혔다.[28]

박선영 | **facebook**　　　　　　　　　　　　　2019. 12. 02

"거짓과 비밀은 오래 가지 못 하는 법이다."

　드디어 청와대가 스스로 그 구리디 구린, 입을 열었다. 그것도 시뻘건 그물을 쳐 놓고! '민정수석실은 뭐든지 하는 곳'이라고 한다. 청와대 대변인 발표를 정확하게 옮기자면 '민정수석실은 업무성질 및 법규상 위배되는 사례를 제외하고는 민정수석실 조력이 가능'하다고 발표했다.

　말이 좀 어렵고 주어도 이중적이고 전체적 문장도 꼬여 있지만 한마디로 민정수석실은 무소불위라는 뜻, 뭐든지 해도 된다는 뜻이다. 군사정권 시절에 안기부도 무소불위의 권력을 자랑했지만, 이렇게 대놓고 이야기 하지는 않았다. 여기가 벌써, 어느새 남조선 인민민주주의공화국이 된 줄 아나봐?

　법규상 민정수석실은 1팀이든 2팀이든 대통령의 친인척 또는 대통령과 특수관계에 있는 자만 감찰할 수 있다. 이건 대통령비서실 직제 제7조의 명문규정이다. 여기엔 예외규정도 없다. 꼭 1년전, 2018년 12월에 이 정권이 스스로 개정한 내용이다. 따라서 청와대 대변인이 앵무새처럼 읊으며 강변한 '직제상 없는 일 안 했다'는 말은 새빨간 거짓말이다.

"DJ·盧 정부는 **불법사찰 없다**"

2019년 5월, 서훈 국가정보원장과 양정철 더불어민주당 민주연구원장이 만찬을 겸한 사적인 만남을 가진 것으로 알려졌다. 한 매체에 따르면 이 둘은 강남의 한 한정식집에서 4시간 이상 '독대'했다. 두 사람은 민감한 이야기가 오가지 않은 지인 모임이었다고 해명했지만 정부기관 수장과 여당 싱크탱크 수장의 만남 자체가 부적절하다는 비판이 일었다.

정보기관의 수장과 정치인의 만남은 그 자체만으로도 늘 논란거리가 되어왔다. 이명박 정부에서도 국정원의 국내 최고 담당자가 정권 실세들과의 모임에 참석한 게 밝혀지면서 논란이 된 바 있다. 박선영은 논평을 통해 "어떤 이유로도 국정원 차장의 비밀회동 참석은 정당화될 수 없다"고 지적했다.

2021년 4·7 서울·부산시장 보궐선거를 50여 일도 남기지 않은 시점에 이명박 정부 국정원이 국회의원·언론인·연예인 등 1000명에 달하는 각계 인사를 불법사찰했다는 의혹이 터졌다. MB 정부 청와대 정무수석을 지낸 박형준 당시 부산시장 예비후보를 공격하기 위한 의도라는 해석이 나왔다. 이에 대해 박지원 당시 국가정보원장의 정치적인 발언은 아직까지도 회자되고 있다.

그는 이명박 정부 국정원 논란에 대해 "직무 범위를 이탈한 불법 사찰 정보"라면서 "박근혜 정부까지 이어졌을 개연성은 있으나 중단 지시가 있었는지 확인하지 못했다"고 밝혔다. 이에 반해 박지원은 김대중과 노무현 정부에서는 불법사찰이 없었다고 밝혔다.[29] 박지원의 말은 사실일까? 아니면 정보기관 역사상 처음으로 정치인 출신 수장인 박지원의 정치적 발언일까?

"나는 새도 떨어뜨린다"던 중앙정보부(중정)는 5·16쿠데타 이후 간첩과 반대 세력을 제거하는 기관이었다. 군, 경찰, 검찰까지 모든 기관의 정보를 좌지우지할 수 있었던 막강한 기관이었다. 10·26 사건을 계기로 국가안전기획부(안기부)로 이름이 바뀌었지만 기능과 역할은 그대로 이어졌다. 민주화 투사였던 김영삼과 김대중이 집권했을 때도 정보기관은 정치에 개입했다. 김영삼 정부 때는 '미림팀'이 총리, 장관, 청와대 수석, 여야 대표 등을 도청한 것으로 드러났다.

중정과 안기부 피해자였던 김대중은 기관 명칭을 국가정보원(국정원)으로 바꿨지만 분위기는 달라지지 않았다. 그 시절 국정원과 정부통신부는 주요 일간지에 다음과 같은 광고를 냈다. "국민 여러분, 안심하고 통화하십시오. 휴대전화는 감청이 안 됩니다." 그러나 '새빨간 거짓말'이었다. 국정원은 여야 정치인과 신문기자의 휴대전화를 몰래 엿듣는 등 불법도청을 한 사실이 검찰 수사 결과 밝혀졌다.

당시 주임 검사였던 박민식 전 국민의힘 의원은 김대중·노무현 정부 당시 "불법 사찰이 없었다"던 박지원의 발언에 반박하는 기자회견에 나서기도 했다. 박민식은 "인권 대통령이라는 김대중 정부 시절, 국정원은 자체 개발한 유선중계통신망 감청장비인 R2와 휴대

국가정보원은 창설 60주년을 맞아 원훈을 '소리 없는 헌신, 오직 대한민국 수호와 영광을 위하여'에서 '국가와 국민을 위한 한없는 충성과 헌신'으로 바꿨다.

전화 감청장비인 '카스'라는 특수 장비를 활용해 정치인, 사회지도층 인사 등 약 1800명의 통화를 무차별 도청했다"고 밝혔다.[30]

노무현 정부에선 국정원 소속인 한 직원은 민주당 관계자로부터 대선 후보였던 이명박의 친인척 부동산 자료를 열람했다. 이 직원은 이명박 주변 인물 131명의 재산 흐름을 뒤진 것으로 드러났다.

박지원은 국정원을 '정보의 보고'로 활용해온 것으로 유명하다. 박지원은 '국정원 댓글사건'을 민주통합당(현 더불어민주당)에 제보한 전직 국정원 직원 김상욱으로부터 1997년 '비밀스러운 정보'를 받은 바 있다[31].

이러한 사실은 김상욱이 쓴 자서전 '희망만들기'라는 책에 자세히 나와있다. 박지원은 훗날 "김상욱씨가 DJ정부 출범에 공헌했다"는 말을 스스럼없이 한 것으로 전해졌다[32].

김상욱은 자신의 책에서 "정치권을 출입하면서 알게 된 박지원 당시 새정치국민회의 기조실장에게 개인적으로 염려되는 부분에 대해 조언할 수 있는 자리를 우연히 갖게 되었다"면서 "박지원 당시 실장은 내 조언을 그냥 흘려듣지 않고 대통령선거 핵심관계자들과 대통령 후보의 주변에 대한 대책을 점검했다고 한다"고 적었다. 그는 "김대중 대통령은 취임 후 처음 안기부를 방문해서 내 이름을 기억하시고 그 친구 잘 있느냐?고 물으셨다고 한다"고 했다.

국정원에서 나온 김상욱은 2011년 민주통합당 평당원으로 입당했다. 2012년 2월에는 경기도 시흥갑 총선 출마를 선언했지만 공천을 받지 못했다. 김상욱은 이어 2012년 5월 알게 된 국정원의 댓글공작을 10월께 당에 보고했다[33].

영화 '공작'은 국가안전기획부(안기부, 국가정보원 전신)의 공작원 '흑금성'과' 총풍 사건'을 다룬다. '총풍 사건'이란 지난 1997년 제15대 대통령 선거를 앞두고 한나라당(국민의힘 전신) 이회창 후보 측의 지지율을 끌어올리기 위해 이 후보 측 관련자가 북한 측에 무력시위를 요청한 사건이다. 하지만 실제 이 사건의 본질은 무죄가 나왔다. 대법원은 "(피고인들 간) 북측 인사에게 무력시위를 요청하기로 모의했는지 인정하기엔 불충분하다"고 판단했다. 앞서 항소심도 "공직자 등이 관여한 조직적 총격 요청은 없었다"고 봤다.[34]

그럼에도 영화 주인공으로 나온 '흑금성'의 실제 인물인 박채서는 '북한이 여당을 돕기 위해 북풍 사건을 일으키려고 하는 것을 야당에 알려 무산되게 함으로써, 15대 대선에서 김대중 후보가 당선되는 데 결정적 기여를 했다'는 요지의 주장을 펼쳤다고 한다.[35] 김상욱이 박지원에 제보한 내용과 얼추 비슷해보인다.

　김대중 재임 시절 초대 국정원장을 지낸 이종찬은 "대선 열흘 전 DJ 지지율이 많이 올라가자 안기부 고위 간부가 DJ 측에 자꾸 정보를 갖다 줬다"면서 "나는 그를 못마땅하게 생각했다"고 말했다. "정보를 사적으로 이용하면 정보기관을 타락시킨다"는 게 이종찬의 철학이었다[36].

박선영 | facebook　　　　　　　　　　　　2008. 10. 25.

국정원은 주어진 본분을 지켜라

　국가정보원의 국내정치 문제로 국감이 파행으로 치닫고 새로운 의혹들이 꼬리를 물고 있다. 국정원의 국내정보 담당 최고 책임자인 김회선 국정원 제2차장이 지난 8월11일 KBS 사장 문제를 논의하는 정권 실세들의 비밀모임에 참석한 것으로 밝혀졌기 때문이다. 국정원 고위간부가 이 모임에 참석한 것은 명백히 불법이다. 아무리 정부와 여당이 '아니다' 라고 부인해도 부적절한 행위는 감출 수 없다.

　현행 국정원법 제3조는 국정원의 직무범위를 "국외정보 및 국내 보안정보의 수집·작성 및 배포, 정보 및 보안업무의 기획·조정" 과 함께 국가보안법에 관련된 범죄 혐의 수사로 한정하고 있다. 더구나 국정원법 제9조는 정치활동에 관여하는 것을 명백히 금지하고 있다. 어떤 이유로도 국정원 차장의 비밀회동 참석은 정당화될 수 없다. 국정원법 위반 혐의로 김 차장을 고발, 수사해야 한다. 국정원의 정치사찰과 개입은 어제오늘의 일이 아니다. 최근에만도 국정원 직원이 판사에게 전화를 걸어 재판상황을 알아보려고 시도했는가 하면, 얼마 전에는 노동부 국정감사 진행상황까지 보고 받았음이 드러났다. 국정원장은 불법 정치개입과 사찰에 대해 사과하고 재발방지 의지와 제도개선 장치를 국민 앞에 밝혀야 한다. 지금 시대가 어느 땐데 군사독재시절에나 가능한 일을 국정원이 계속하는가? 국정원은 국민으로 하여금 지나간 시절의 악몽을 또다시 떠올리게 하지 말아야 한다.

박선영 | 논평　　　　　　　　　　　　　　　　2010. 08. 17.

국정원의 불법사찰, 진상을 밝혀라!

한나라당 남경필 의원의 총리실 사찰에 이어 같은 당 정태근 의원도 국가정보원의 불법사찰을 받았다고 폭로했다. 지금이 70년대인가? 80년대인가? 7080도 아니고, 드러난 사찰사례만 보더라도 가히 충격적이다. 권력기관의 불법사찰과 정치개입은 과거 군사독재 시절에나 가능했던 일이다. 여당의원의 뒷조사를 이 정도로 했다면 야당의원의 경우에는, 더구나 주목받는 비판적인 야당의원인 경우에는 어떤 수준일지 상상만 해도 모골이 송연하다.

그럼에도 불구하고 국정원은 "국가 안보를 위한 통상적인 정보활동을 하고 있을 특정인을 겨냥한 불법 활동은 일절하지 않고 있다"고 오리발을 내밀었다. 뻔뻔해도 유분수다. 그러나 어쩌랴! 이젠 진실게임이 되어버린걸! 국정원이 뒷조사를 한 의원과 민간인이 누구인지, 왜 했는지, 어떻게, 누구의 지시로 하게 되었는지 명확하게 그 진상을 밝혀야 한다. 이미 사찰대상이 되었던 사람들은 그 배후를 직간접적으로 지목하고 있다. 단순히 '비선라인'의 맹목적인 충성심의 발로라고 치부해서는 안 될 일이다.

공수처가 만들어진 이유

채동욱 검찰총장 시절인 2013년 4월 윤석열은 이른바 '국가정보원 선거개입 사건' 수사팀장으로 기용됐다. 윤석열은 이 사안을 면밀히 조사하기 시작했고 결정적인 증거를 확보하면서 수사를 확대하고자 했다. 하지만 채동욱이 혼외자 논란으로 물러난 뒤 수사를 이어가기란 쉽지 않았다.

그러다 윤석열은 정직 1개월의 징계를 받았다. 2013년 10월 당시 조영곤 서울중앙지검장의 보고와 결재 없이 국정원 직원들을 체포하고 압수수색하는 등 영장을 집행했다는 이유였다. 윤석열은 그해 서울중앙지검 국회 국정감사에 출석해 조영곤 지검장 등의 수사 외압이 있었다고 폭로했다. 언론은 입을 모아 검찰에 날선 비판을 가했다.

한겨레 [사설] 이제 대놓고 '국정원 대선개입 수사' 무력화 나서나
동아일보 [사설] 검찰, 국정원의 트위터 대선 개입 밝힐 의지 있나
경향신문 [사설] '국정원 수사' 제대로 하려는 검사는 다 찍어낼 텐가
국민일보 [사설] 기강 무너진 검찰 '국정원 수사' 제대로 하겠나
한겨레 [사설] 대선개입 수사 가로막는 '외압' 실체 밝혀라
경향신문 [사설] 국정원 수사 놓고 "야당 도와줄 일 있냐"고 했다니

윤석열은 '저는 사람에게 충성하지 않는다'는 국회 발언이 화제가 되면서 '전국구 검사'가 됐다. 그러나 이듬해인 2014년 1월 인사에서 윤석열은 여주지청장에서 대구고검으로 좌천됐고 2016년 1월엔 대전고검으로 밀려났다. 윤석에 좌천에 대해 당시 「한겨레」 신문은 사설을 통해 안타까움을 표했다.

"돌아보면 이번 특별수사팀처럼 국민에게 깊은 인상을 남긴 검사들도 별로 없었던 듯하다. 상부의 온갖 압력과 방해에도 불구하고 국정원 직원들에 대한 긴급체포와 압수수색 등을 통해 국정원의 유례없는 국기 문란 행위를 밝혀냈다. 검사라면 모름지기 범죄 행위 앞에 분노하고 정의를 실현하려는 사명감에 불타야 한다는 것을 온몸으로 보여주었다. "나는 사람에 충성하지 않는다"는 윤석열 전 수사팀장의 국회 발언은 아직도 많은 국민의 마음속에 감동으로 남아 있다. 제대로 된 정권이라면 검사들의 이런 용기와 의기를 격려하고 힘을 북돋아줘야 옳다. 그것이 땅에 떨어진 검찰에 대한 국민의 신뢰를 되찾고 검찰 조직을 제대로 살리는 길이기도 하다. 하지만 이 정권은 완전히 반대의 길을 걸었다. 침묵과 굴종, 영합과 눈치보기가 한국 검찰의 가장 중요한 덕목임을 끊임없이 보여줬다. 이번 검찰 인사는 그 완결판이다."
- [사설] 공소유지 방해하는 '국정원 수사팀 분해' 中에서 / 2014.02.02 제35면

문재인 정권으로 바뀌고 서울중앙지검장을 거쳐 검찰총장으로 임명되자 윤석열은 계속해서 승승장구할 것만 같았다. 그러나 살아있는 권력 수사로 인해 돌아온 것은 결국 정치 공세와 수사 외압이었다.

압권은 한겨레 신문이다. 2019년 10월11일 한겨레는 1면에서 "윤석열도 별장에서 수차례 접대 검찰, '윤중천 진술' 덮었다"는 제목으

로 윤석열에게 접대 의혹을 제기했다. 한겨레는 "윤석열 검찰총장이 김학의 전 법무부 차관의 스폰서였던 건설업자 윤중천의 별장에 들러 접대를 받았다는 윤씨의 진술이 나왔으나 추가 조사 없이 마무리"됐다고 전했다. 보도가 된 시점은 윤석열이 '살아있는 권력'에 대한 철저한 수사를 강조하던 때였다. 정부와 여당 인사들은 이 기사를 활용하여 윤석열을 깔아뭉개려고 했다. 7개월 만인 그 다음해 5월22일이 되어서야 한겨레는 오보를 인정했다. 한겨레는 "정확하지 않은 보도를 한 점에 대해 독자와 윤 총장께 사과드린다"고 했다.

정석구「한겨레」논설주간은 2016년 3월말 칼럼에서 '채동욱 찍어내기' 과정에서 정권과 언론이 어떻게 결탁했는지를 다뤘는데 한겨레는 '윤석열 찍어내기' 과정에서 자신들이 비판하던 언론사와 비슷한 모습을 보여줬다.

> 4·13 총선 공천 내용 중 권력과 언론 관계에서 주목할 만한 인물이 하나 있었다. 새누리당 비례대표 공천을 받은 강효상 전 <조선일보> 편집국장이 바로 그다. …(중략)… 조선일보는 2013년 9월6일 '채동욱 검찰총장 혼외 아들 있다'고 특종 보도했고, 당시 편집국 책임자는 강효상 편집국장이었다. 채 총장은 혼외자 의혹을 부인했지만 결국 일주일 만에 사퇴했고, 검찰의 국정원 댓글 사건 수사는 흐지부지되고 말았다. …(중략)… 당시 앞뒤 정황을 다시 정리하면, 조선일보는 박대통령의 가장 골칫거리였던 국정원 댓글 사건 수사를 지휘하던 채 총장을 말끔히 정리해주는 '해결사' 노릇을 했고, 새누리당은 그 역할을 총지휘한 이에게 보은 차원에서 비례대표 국회의원 자리를 준 셈이 된다.

윤석열을 대선 주자로서 지지하는 '공정과 상식 회복을 위한 국민연합' 포럼 출범식에서 윤석열의 높은 지지율에 진중권은 "윤석열 전 검찰총장은 문재인 정권이 법적·형식적 공정을 깨버린 상황에서도 칼을 이쪽과 저쪽에 공정하게 댔기 때문에 '공정의 상징'으로 떠오른 것"이라고 분석했다.[37]

그렇지만 윤석열의 지지율이 높다고 해서 검찰이 '희망의 검찰'·'국민의 검찰'·'정의로운 검찰'이라 평가받고 있는 건 아니다. 검찰은 여전히 국민 신뢰를 받지 못하고 있다. 특히 검찰의 '제 식구 감싸기' 행태는 '옥상옥' 논란에도 불구하고 고위공직자범죄수사처(공수처)가 만들어지는 결정적인 계기가 되고 있다.

2020년 12월 서울남부지검은 라임자산운용 사태와 관련해 술접대를 받은 현역 검사 1명 등을 일명 '김영란법'(부정청탁 및 금품 등 수수의 금지에 관한 법률) 위반 혐의로 기소했다. 하지만 동석했던 검사 2명은 불기소 처분했는데 그 근거가 가관이었다. 검찰은 2명의 검사는 밤 11시에 술자리를 먼저 떠났고 밴드와 여성 접객원은 그 이후에 들어온 것으로 판단했다. 이렇게 계산한 결과 기소 대상에서 제외된 검사들의 수수 금액은 96만여원으로 아슬아슬하게 기소를 피했다.[38]

검찰의 '제 식구 감싸기' 논란은 그동안 끊이지 않아왔다. 2010년 세상을 떠들썩하게 했던 금품 향응 성접대 등을 받은 '스폰서 검사 의혹'과 관련, 부산지검은 건설업자인 정모씨가 제출한 진정서를 보고도 아무런 조사를 하지 않은 것으로 나타났다. '그랜저 검사', '벤츠 검사', '성추문 검사' 등 열거하기 어려울 정도로 많은 문제들이 불거졌지만 그때마다 검찰은 보여주기식 뒷북 수사, 늑장수사라는 비판을 받았다.

박선영 | 논평　　　　　　　　　　　2010. 04. 21.

국민의 검찰인가, 스폰서의 검찰인가?

'스폰서의, 스폰서에 의한, 스폰서를 위한 검찰'이 되고 싶은가? 대검찰청이 재빠르게 민간인도 참여하는 진상규명위원회를 구성하겠다고 밝혔지만, 이제는 '스폰서에 당하는 검찰' 신세까지 될 까 무섭다.

이미 가상공간에는 검찰을 조롱하고 패러디한 글들이 넘쳐난다. 그런데도 검찰은 의기의식을 느끼기는커녕, 경남지역의 한 건설사 사장이 지난 25년 동안 무려 57명의 검사에게 향응은 물론 성상납까지 했다며 실명을 밝히자, '검찰에 앙심을 품고 보복성 음해를 하고 있다'고 반박했다. 실명으로 스폰서 검사로 거명된 검사들도 모두 '허황된 제보'라고 부인하고 있다.

우리도 그 제보가 '허황된' 것이기를 간절히 바란다. 누구보다도 높은 청렴성을 요구받는 검사가 타인의 비리와 사회의 부조리를 캐지 않고, 스스로 부적절한 향응을 받고 성 상납까지 받았다는 사실을 어떻게 곧이 믿을 수 있겠는가?

통제력 잃은 경찰의 물대포

백남기 농민은 2015년 11월 14일 1차 민중총궐기 투쟁대회에 참석, 시위 중 경찰이 쏜 물대포에 맞아 쓰러졌다. 이후 서울대학교병원에서 4시간 가량 수술을 받았으나 중태에서 깨어나지 못했고 2016년 9월 25일 사망했다.

당시 경찰이 안전 내규에 어긋나는 방식으로 물대포를 쐈다는 논란이 일었다. 백남기에게 20m가량 떨어진 거리에서 최대 2800rpm 세기로 물대포를 쐈는데 이는 건장한 성인 남성도 제대로 서 있기 힘든 정도의 세기라는 것이다. '살수차 운용지침'에는 '시위대가 20m 거리에 있는 경우 2000rpm 내외'로 살수하도록 하고 있다. 다만 당시 구은수 서울지방경찰청장은 "지침에 나와 있는 것은 예시일 뿐, (당시엔) 통상적 시위보다 폭력적이었기 때문에 2000rpm보다 심하게 했다고 해서 규정 위반이라고 보기 어렵다"고 반박했다.[39]

그러나 구은수는 업무상 과실치사 혐의로 기소됐다. 검찰은 구 전 청장이 당시 집회 관리의 총책임자로서 백남기 농민에 대한 직사 살수를 방치해 사망하게 했다고 봤다. 당시 서울지방경찰청장이었기 때문에 위법한 살수를 막을 총괄책임이 있다는 논리였다. 구은수는 무죄를 받은 1심과 달리 항소심에서 벌금 1천만원을 선고받았다.

헌재는 경찰의 직사살수 행위가 백남기의 생명권 및 집회의 자유 등을 침해했다고 판단했다. 부득이한 경우 필요한 최소한의 범위 안에서 직사살수를 사용할 수 있다고 정한 경찰관직무집행법 시행령에 해당하는 상황이 아니라는 것이다.

경찰의 물대포 사용 논란은 2008년 광우병 집회 때도 있었다. 경찰이 5~10m 거리의 시위대를 향해 조준사격하듯 물대포를 쏘는 광경이 목격됐다는 주장이 제기됐다. 그러나 경찰은 "지난해(2007년) 6월 살수포 운용에 대한 경찰청장 지침을 마련, 시위대와 몸싸움이 발생했을 때는 20m 이내에서도 직선으로 물대포를 쏠 수 있게 됐다"고 해명했다. 명영수 서울경찰청 경비과장은 "물대포는 가장 안전하며 물대포를 맞고 부상했다면 거짓말"이라고 밝혔다.[40]

2009년 1월 20일 철거민 등이 옥상건물 화염병과 시너로 위험한 '망루 농성'을 펼쳤다. 경찰의 진압작전에 화재가 발생하면서 사상자가 발생했다. 이른바 '용산참사'다. 사건이 터지고 경찰이 용역업체와 합동진압작전을 벌였다는 의혹이 불거졌다. 경찰은 "용역직원을 동원할 예정이었지만 실제로는 하지 않았다"는 해명을 내놓았다. 검찰은 "설령 (용역직원이)들어갔다고 해도 형사적으로는 문제되지 않는다"고 못박았다.[41]

그러다 김유정 당시 민주당 의원이 경찰의 무전교신 내용을 공개하고 PD수첩에서 진압작전 당시 철거용역과 경찰이 합동작전을 벌인 정황과 철거용역이 철거민들에게 물대포를 발사했다는 동영상을 공개했다. 이정희 당시 민주노동당 의원은 검찰 수사 초기 경찰이 검찰에 증거자료로 제출한 '물대포 쏘는 용역직원 사진'을 공개했다.[42]

박선영 | 논평　　　　　　　　　　　　2008. 12. 11.

국민의 표현의 자유는 민주주의의 핵심가치이다

　경찰청은 어제 시위 진압용 물대포를 20m이내 근거리에서는 시위대를 향해 직접 쏘지 못하도록 한 규정을 없앴다. 촛불집회 당시 5~10m 떨어진 근거리 시위대에게 물대포를 쏘아 규정위반 논란이 일었는데, 근거리 직사 금지규정을 슬그머니 없애 버린 것이다.

　규정을 지킬 생각은 안 하고 규정 자체를 없애버리다니, 그러면 앞으로는 물대포를 바로 앞에서 사람에게 쏘아버리겠단 말인가? 말이 물대포지, 그 수압이 엄청나기 때문에 바로 앞에서 맞으면 사람이 쓰러질 수도 있으며, 눈이나 코 등 얼굴에 직통으로 맞으면 심각한 장애를 초래할 수도 있다.

　그럼에도 불구하고 물대포의 거리제한규정을 아예 없애버렸다는 것은 우리 경찰의 비인권적인 평소의 직무집행 태도가 그대로 투영되었다고 볼 수밖에 없다. 경찰관을 폭행하거나 경찰차에 불을 지르는 등 불법과격시위는 반드시 근절되고 공권력이 바로 서야 하지만, 시위진압방법도 비례의 원칙을 충족해야 한다.

박선영 | 논평   2009. 02. 05.

우리 검찰은 PD가 없으면 수사도 제대로 못하나?

　MBC PD수첩이 용산사태에서 용역직원들이 물대포를 쏜 사실을 공개하자, 뒤늦게 검찰이 확대수사에 나선 것으로 보도되고 있다. 우리 검찰은 이제 방송사 PD들이 없으면 수사도 제대로 못하는 한심한 기구가 되었나? 경찰들 사이에 용역업체가 섞여 있었다는 주장은 처음부터 줄기차게 나왔었다. 그럼에도 불구하고 이같은 주장을 애써 묵살하며 부실수사를 해 오다가 MBC에 화면이 공개되자 검찰이 마지못해, 허둥지둥 수사를 보강한다는 것이다.

　문제는 그 이후가 더 심각하다. 검찰은 화면이 나간 후에도 '물을 뿌린 사람은 경찰관'이라고 하는가 하면, 경찰은 '자체 감찰결과 철거를 맡았던 소방대원이 잠시 자리를 비우면서 20분 간 "분사기를 잡고 있으라"고 했다'는 것이다. 변명도, 감싸기도 이 정도면 블랙 코미디감이다. 그러나 문제를 조금만 더 들여다 보면 이런 말 자체가 성립하지 않는다. 용산소방서는 20일 새벽 5시가 넘어서 출동했다고 밝혔는데, 어떻게 19일에 경찰관이나 소방관이 물대포를 쏠 수가 있었겠는가?

통치행위는 없다

CHAPTER 2

> 인권은 전제조건이 필요치 않은 천부적·생래적인 개념입니다. 신성한 인권을 침해하려는 어떤 개인이나 단체, 세력 또는 통치권(자)에 대해서는 저항할 수 있도록 저항권이 인간으로서의 국민으로써 향유하는 것입니다.
>
> 박선영 2018 올해의 인권상 수상소감 중에서

법 아래에 있는
통치권

통치행위가 필요한 순간

2018년 6월 한국수력원자력은 가동 35년 된 월성 1호기가 경제성이 부족하다는 이유로 조기 폐쇄를 결정했다. 월성 1호기 폐쇄는 대통령의 에너지 공약이었다. 하지만 감사원 감사 결과, 산업부 공무원들이 가동 중단 쪽으로 경제성 평가 결과가 나오도록 조작한 것으로 드러났다. 일부 공무원은 공문서를 조작하거나 없애기도 했다. 법원도 압수수색 영장을 발부해 수사의 필요성과 정당성을 인정했다.

이에 대해, 여당의 이낙연 대표가 월성 1호기 관련 검찰의 수사를 "정치 수사이자 검찰권 남용"이라고 비판한 데 이어 추미애 법무장관도 "(조기 폐쇄 결정은) 통치 행위 개념과 유사하다"고 호응했다. 주로 군사정권 시절 대통령이 사용하던 초법적 권한으로 인식되던 통치권을 민주 정부 3기를 표방하는 문재인 정부가 운운하는 건 이율배반적인 일이 아닐 수 없다.

현대에 와서 통치권은 권력분립에 의해 입법권·집행권·사법권이 엄격하게 나뉘었다. 대통령의 통치권은 아주 예외적인 경우에만 허용을 하고 있는데 이 또한 법률에 근거해야 한다. 사법부도 통치행위 자체와 통치행위 과정에서 불거진 불법행위를 엄격하게 구별하여 판단하고 있다.

대표적인 예가 바로 김대중 정부의 '대북 송금 사건'이다. 2003년도 노무현은 당시 한나라당이 통과시킨 김대중의 대북송금 특검법에 거부권을 행사하지 않았다. 이로써 2000년 남북정상회담을 앞두고 김대중 정부가 북한에 4억 5000만 달러를 '몰래' 송금하도록 했던 사실이 드러났다. 당시 여당인 민주당은 대통령의 통치행위에 속하기 때문에 사법 처리 대상이 아니라고 주장했다. 하지만 법원은 회담 자체는 고도의 정치적 성격을 지닌 통치행위에 속하지만 '불법 송금'은 처벌 대상이라고 판결했다.

대통령이 통치권을 행사했어야 하는 건 2020년 9월 발생한 '북한의 서해 공무원 피격 사망 사건'과 관련해서다. 문재인은 표류하던 공무원이 생존 상태에서 북한군에 발견된 사실을 파악하고도 6시간 동안 아무런 조치를 취하지 않았다. 만약 대통령 이 공무원을 구하기 위해 대통령이 통치권 차원에서 어떤 권력 수단을 사용하더라도 국민은 물론 의회와 언론도 흔쾌히 협조했을 것이다.

하지만 문재인은 첩보 입수 43시간이 지나서야 규탄 메시지를 발표했다. 늦어도 한참 늦었는데 발표도 직접 하지 않고 대변인을 통해서 하나마나한 소리를 전달했다. 박선영은 "(북한의) 이번 만행은 정전협정 위반, 군이 민간인을 쏘는 것은 제네바협정 위반, 게다가 해양법에도 위반"이라면서 "천인공노할 만행"이라고 울분을 토했다. 물망초 전쟁범죄조사위원회는 공무원의 넋을 달래기 위한 온라인 추모 공간을 만들기도 했다.

제20대 국회의원선거에서 새누리당(현 국민의힘) 공천관리위원회에 속한 한 인사가 "유승민 공천(배제)은 결국 통치권의 문제라 어쩔 수 없었다"고 발언했다. 박근혜는 2015년 6월 "배신의 정치를 국민들께서 반드시 심판해달라"고 말했다. 원내대표였던 유승민을 콕 집어 공격했다. 유승민은 '증세 없는 복지는 허구'라고 주장한 국회 대표 연설로 박근혜의 심기를 거슬렸다는 분석이 나왔다. 결국 박근혜 발언 13일 만에 그는 원내대표직을 내려놨다.

통치권은 가까이는 '군사정권' 시절에나 통용이 되었고, 저 멀리는 절대왕정 시대에나 어울리는 말이다. 당 공천 문제는 절대 통치권의 문제일 수 없다. 당헌이나 당규 어디에도 대통령이 당 인사나 공천에 개입할 수 있다고 나와있지 않다. 유승민은 원내대표 사퇴 기자회견에서 "대한민국은 민주공화국임을 천명한 우리 헌법 1조 1항의 지엄한 가치를 지키고 싶었다"고 토로했다.

박선영 | **facebook**　　　　　　　　　　2020. 09. 27.

우리 공무원을 추모합니다

사랑하는 자녀들을 남겨놓고 어찌 눈을 감으셨습니까?

그 차가운 바다에서 어찌 그 긴 시간을 견디셨습니까?

아무도 당신을 위해 증언해 주지 않고 있습니다. 어떤 증거도 현재로서는 확보할 수 없습니다.

그러나 임이시여. 진실은 사라지지 않습니다. 악은 결코 선을 이길 수 없습니다.

고되고 치욕스러웠던 육신을 이제 그만 거두시고 편히 쉬소서.

살아남은 자들이 도리를 다 할 수 있도록 깊은 바다가 아닌, 높은 하늘에서 굽어 살펴 주소서.

당신의 넋을 우리 함께 기리고자 합니다. 부디 영면하소서. _()_

대쪽이 정의내린 **통치행위**

2013년 10월 이명박 정부의 4대강 사업에 대한 감사의 적절성 논란이 일었다. 정종환 국토해양부 장관은 "VIP 통치행위 차원에서 이뤄진 것"이라고 했다. 이명박 대통령 법무비서관 출신인 당시 권성동 새누리당 의원은 "어떻게 비선출 권력이 선출 권력을 감시하느냐"라고 했다. 친이계 좌장인 이재오도 "(이명박 전 대통령에게도 일정 부분 책임이 있다고 생각한다는) 김영호 감사원 사무총장의 발언은 감사원법상 그의 직무범위를 넘는 행위"라고 거들었다.

감사원 직무감찰 규칙 4조 2항 3호는 통치행위는 감사원의 직무감찰 대상에서 제외된다고 적시하고 있다. 또한 4조 2항 4호는 중요 정책결정도 감사 대상이 아니라고 규정하지만, 단서조항에 정책결정의 중요한 판단 기준이 되는 사실, 자료 및 정보 등의 오류는 대상으로 적시했다. 성용락 감사원장 직무대행은 단서 조항에 정책 결정의 기준이 되는 사실·자료·정보의 오류는 대상으로 적시했기 때문에 감사할 수 있다고 밝혔다.

대통령의 통치행위에 대한 감사는 1993년도에 정립됐다. 당시 감사원은 율곡사업, 평화의 댐에 대해 전두환, 노태우 전 대통령의 개입 여부를 묻는 서면 질의서를 보냈다. 전직 대통령에 대한 조사 문제가 논란이 일자 감사원장은 통치행위에 대한 입장을 다음과 같이 밝혔다[43]. 당시 감사원장은 군사정권 시절 소신 판결로 '대쪽'이라는 별명이 붙은 이회창이었다.

> 감사원이 전직대통령에게 재임기간중의 행위에 대하여 소명 또는 답변을 요구하는 것과 관련하여 대통령의 행위는 통치행위라거나 재량행위라는 이유로 반대하는 견해가 있다.
> 그러나 통치행위는 국정의 기본방향을 제시하거나 국가적 이해를 직접 그 대상으로 하는 고도의 정치성을 띤 행위를 말하는 것이다. 국가의 기본정책으로 수립된 국가방위 전략에 따르면 그 정책의 구체적 집행과정에서 항공기와 같은 개개무기의 기종을 선정,구매하는데에 관한 대통령의 행위는 단순한 법집행적 작용에 불과할 뿐 고도의 정치성을 띤 통치행위라 볼수 없다.
> 전직대통령의 재임중 행위에 대하여 감사원이 소명이나 답변을 요구하는 것은 정치적 보복으로 비쳐질 우려가 있다는 견해가 있으나 재임중의 행위에 대하여 의혹이 제기되고 있다면 전직 대통령으로서도 스스로 국민앞에 자신의 견해를 떳떳하게 밝혀 의혹을 불식시킬 필요가 있을 것이므로 이러한 소명의 기회를 제공하려는 감사원의 조치가 어떻게 정치적 보복으로 비쳐진다는 것인지 도무지 납득할 수 없다.
> 또 전직 대통령의 재임중 행위에 대하여 퇴임후 문제삼아 소명 또는 답변을 요구한다면 어느 누구도 대통령으로서 책임있는 결정을 하지 않으려 할 것이고, 전직 대통령에 대한 조사가 되풀이 되는 선례를 남길 뿐이라는 견해가 있다.
> 대통령의 행위가 통치행위나 국가의 기본적 정책결정에 관한 행위라면 그러한 행위에 대하여는 정치적 평가는 별론으로 하고 그 당·부당

을 문제삼아 소명 또는 답변을 요구하는 것은 옳지 않을 것이다.

그러나 이와같은 통치행위나 기본적 정책결정에 관한 행위가 아닌 일반적인 법집행적 작용의 행위에 있어서는 대통령이라 하더라도 일반 공무원과 마찬가지로 위법 또는 부당 여부가 가려져야 하며 다만 재임중에 한하여 일정한 범위내에서 형사상 소추를 받지 아니하는 특권을 가질 뿐이다.

통치자의 기본 의무

김정은이 군사분계선을 넘는 즉시 체포해야 한다.

- 2018년 12월 09일 청와대 국민청원-

　북한의 김정은 국무위원장이 대한민국 땅을 밟을 가능성이 점점 높아지고 있습니다. 그러나 김정은은 김일성, 김정일, 3대에 걸친 세습 전쟁범죄자이자, 반인륜범죄자입니다. 우리 대한민국의 현행법인 [국제형사재판소 관할범죄의 처벌 등에 관한 법률]은 ICC가 규정한 전쟁범죄(제10조)와 반인륜적 범죄(제9조)를 국내에서 처벌하도록 규정하고 있습니다.

　법은 만인 앞에 평등합니다. 인권변호사인 문재인 대통령이 늘 강조하시는 바입니다. 죄인은 미워하지 않더라도 그가 저지른 죄에 대해서는 마땅히 책임을 묻는 것이 '정의'입니다. 이 또한 남측 대통령께서 늘 말씀하시는 '정의'의 관념일 것입니다.

　따라서 대한민국 정부(특히 검찰)는 김정은이 군사분계선을 넘는 즉시 현행법에 따라 체포한 후, 공정한 절차(Due Process of Law)에 따라 정의로운 대한민국 법정에 세워야 합니다. 이것이 남측 대통령께서 늘 강조하시는 '기회는 평등하고, 과정은 공정하며, 결과는 정의'로운 대한민국을 건설하는 첩경이 될 것입니다. 이런 과정을 통해 문재인 대통령은 남측 대통령이 아닌, 진정한 자유 대한민국의 제19대 대통령이 될 것입니다.

이미 온 국민이 다 알고 계신 내용이지만, 청원의 요건상 왜 김정은을 국제형사재판소 관할범죄의 처벌 등에 관한 법률 제10조와 제9조에 따라 처벌해야 하는지에 대하여 간단히 서술하고자 합니다.

1. 약 10만 명의 국군포로 존재를 부인하고 지금도 노예화 하고 있는 죄 = 지금 이 순간에도 10만 명이 넘는 국군포로들이 아오지 탄광지역에 억류된 채 불가촉천민만도 못한 '43호'라 불리며 강제노동을 하거나 그 과정에서 90% 이상이 사망했습니다. 이같은 사실은 1994년 조창호 소위가 탈북해 오면서 세상에 알려지게 되었고, 그 이후 현재까지 모두 80분의 국군포로들이 스스로 탈북해 현재 28분이 생존해 계십니다.

증거와 증인, 증언이 넘쳐나고 있음에도 불구하고 김정은은 김정일, 김일성 3대 세습자로서 이같은 범죄행위를 세습하고 있는 현행범입니다. 이는 대한민국의 실정법만이 아니라 '포로에 관한 제네바협정' 위반입니다.

2. 약 12만 명의 전시 · 전후 납북자 = 지금 이 순간에도 약 12만 명에 달하는 전시 · 전후 납북자들이 북한 땅에서 가족과 고향, 조국을 그리워하고 있지만 김정일, 김일성과 똑같이 김정은도 이들의 존재를 부정하고 있습니다. 그러나 전시 · 전후 납북자의 존재 또한 많

은 증언과 중인 등을 통해 그 실체를 부인할 수 없는 범죄이고, 전시 민간인 납치 또한 국제법이 강력하게 금지하고 있는 범죄입니다. 특히 1969년의 KAL기 납치사건은 용인할 수 없는 중대 범죄입니다.

3. 우리 국민 6명 투옥 = 지금 이 순간에도 평양 감옥에는 우리 대한민국 국민 6명이 갇혀 있습니다. 김정욱 선교사 등 선교사 3명과 3명의 탈북자입니다. 북한은 이들을 종교를 전파하기 위해 잠입한 간첩들이라며 재판과정도 공개하지 않은 채 불법감금하고 있습니다. 이들은 앞서 언급한 1. 2. 와 마찬가지로 대한민국 출생자이거나, 대한민국 국적을 가진 우리 국민이고, 자국민 보호(Responsibility to Protect, R2P)는 UN이 요구하고 있는 통치자의 기본 의무입니다. 따라서 대한민국 대통령은 세계 최악의 인권유린국가에 불법 투옥되어 온갖 고초를 겪으며 인간의 존엄과 가치가 무참하게 짓밟히고 있는 대한민국 국민을 최대한 빨리 구출해 내야하고, 그 첫 걸음이 김정은을 체포해 그 죄과를 묻는 것입니다.

위와 같이 김정은은 대한민국의 현행법인 [국제형사재판소 관할범죄 처벌 등에 관한 법률]과 일반적으로 승인된 국제법규(헌법 제6조)를 위반한 현행범이자 반인도적 범죄의 최종책임자입니다. 따라서 제가 이사장으로 있는 (사)물망초를 포함한 북한인권단체들은 지난 11월 6일과 12월 11일, 두 번에 걸쳐 김정은을 현행범으로 한국 검찰에 고발했습니다. 국민의 고발장을 접수한 검찰은 김정은이 대한민국 영토에 들어서는 순간 그를 체포해 범죄여부를 철저히 수사하도록 인권변호사이셨던 문재인 대통령께서 반드시 각인시켜 주시기를 간

청드립니다.

그러면 대통령께서 늘 강조하시듯이 대한민국은 '사람이 우선인 나라, 기회는 평등하고, 과정은 공정하며, 결과는 정의로운 나라'임이 온 세상에 알려지게 되고, 대통령의 지지율은 다시 솟구치면서 대한민국 국민은 모두 우리 대통령을 자랑스럽게 생각할 것입니다. 그 누구보다도 법조인 출신인 대통령께서는 만인에게 평등한 법을 잘 지키시리라 확신하지만, 대통령께서 국법을 더 잘 지키시도록 온 국민이 청원에 동참해 주실 것을 간곡히 간청합니다.

국민이 진정한 주인인 나라, 자유 대한민국을 사랑합니다.

2018년 12월 9일
사단법인 물망초 이사장
박 선 영 올림

CHAPTER 2. 통치행위는 없다 75

김정은이 평화의 사도인가

"김정은 답방을 '평화의 사도' 오듯 여기는 환상 퍼져 있다"

[문화일보 사회부장 인터뷰 중에서 /2019.03.08]

―얼마 전에 미·북 정상회담이 결렬됐고, 그 전엔 김정은이 남북 정상회담을 위해 한국에 답방할 경우 국회 연설을 하느냐 마느냐로 시끄러웠다. 이사장님 개인이나 단체에서 이와 관련해 입장을 표명한 적이 있나.

"미·북 회담에 대해선 입장을 밝힌 게 없고, 김정은 답방에 대해서는 청와대에 국민청원도 했고 1인 시위도 했으며 성명서도 냈다. 그가 내려오면 체포해야 한다고."

―김정은이 한국에 오면 안 된다는 것인가.

"김정은은 국제형사재판소(ICC · International Criminal Court) 관할 범죄로 처벌받아야 하는 대상이다. '국제형사재판소 관할 범죄의 처벌 등에 관한 법률'이 국내법으로 있다. 전쟁범죄, 반인도적 범죄 모두 걸린다. 전쟁범죄는 국군포로 관련 계속범이다. 반인도적 범죄는 정치범수용소나 고문이나 강제처형 등 다 걸린다. 우리 영토에 들어오는 순간 체포해서 우리 사법부의 심사를 받게 하라, 그런 내용이었다."

―반인도적 범죄는 강제수용소 운영하고 고문, 처형하는 걸 지칭하는 것 같은데, 이제 35살인 김정은이 전쟁범죄에 걸린다는 건 뭔가.

"6·25전쟁 국군포로가 탄광 지역에 지금도 생존해 있다. 아오지 탄광은 아주 넓은 개념으로, 함경북도 온성·회령에 탄광 지역이 몰려 있는데 그걸 아우르는 개념이다. 거기에 생존해 있다. 정확하지 않지만 200분 정도 생존한 것으로 알고 있고 몇 년 전에도 한 분이 탈북했다가 중국에서 강제북송됐다. ICC 관할 범죄 처벌법이 현행법이니 의법조치하라는 내용이다."

―김정은이 남북정상회담을 위해 답방해야 할 텐데, 이사장님처럼 접근하면 남북 협상을 못 하는 거 아닌가.

"최소한 ICC 관할 법을 비껴가려면 국군포로 어르신들 모시고 내려오라는 것이다. 6·25 때 납북되신 분들은 10만 명 정도 되는데 그분들이 대체로 99% 돌아가셨을 것으로 생각한다. 국군포로는 19~20세에 포로가 됐으면 생존확률이 높지만 납북된 분들은 그 당시 한국에서 교수, 판사, 변호사, 공무원, 국회의원, 언론인 이런 분들이라 이미 납북 당시 30~40대 이상이라 다들 돌아가셨을 것이다. 김정은이 한국에 오겠다면 국군포로 어르신들 모시고 내려오고, 전시 납북자들 생사와 그 후손들이 어떻게 됐는지 정보를 가지고 내려와야 한다. 반인도적 범죄에 대해서는 '앞으로 안 하겠다. 국제규범이 규정하는 인권을 보장하겠다'는 사과와 선언을 해 주면, 변할 수 있다는 신뢰를 받게 되고, 그 정도라면 답방하는 것을 용인해줄 수 있지만, 그런

게 전혀 없는데도 김정은을 마치 평화의 사도가 오는 듯이 하는 것은 인정할 수 없다. 현재 효력을 갖는 국제법과 국내법이 있는데 사전 조치 없이 내려오는 것은 있을 수 없는 일이다."

―그건 우리 정부가 북한에 요구해야 하는 것 아닌가.

"당연히 요구해야 한다. 그래서 청와대에 청원을 올렸고, 20만 명 이상이 동의해 주면 청와대에서 어떤 식으로든 입장 표명을 해야 하는데 1만 명 정도밖에 안 돼서 무산됐다. 안타깝다. 전쟁범죄나 반인도적 범죄가 국내법으로도 범죄가 된다는 것을 국민 대부분이 모르고, 김정은이 내려오는 행위만으로도 평화에 다가가는 것 같은 환상을 가지고 있는 것이 현실이다."

―남한의 '김정은 바람'은 이런 데서 오는 게 아닐까. 북한에 대한 공포가 있는데, '불바다로 만든다' '핵 단추를 누른다' 하다가 갑자기 착한 척을 하니 마음이 놓이고, 안도하는 것 아닐까.

"그런 면도 없지 않아 있겠지만, 북한과 관련한 문제를 오래 다뤄 오면서 느낀 것은 우리 국민이 과거에 대한 인식, 기억 이런 것을 빨리 잊는 것 같다. 기억이 남아 있다 해도 그것을 법적 사고를 통해 하는 훈련은 안 돼 있는 것 같다. 법은 소용이 없고, 정치적으로 톱다운(Top-Down) 방식으로 정상들이 뭘 하면 된다는 생각이 많은 것 같다. 법치나 자유민주주의에 대한 학습이 안 돼서 이런 것 아닐까 하는 생각이 든다. 기본적으로는 기억이 희미해졌고, 기억이 있는 분들조차도 '앞으로 잘하면 되지'라고 생각하는 것 같다."

―문재인 정부가 경제정책 등은 잘못하지만, 대북정책은 잘한다고 생각하는 사람이 많은 것 같은데.

"우리 국민이 감성적이다. 좋게 말하면 정이 많다. 양면성이 있는데, 정이 많다는 것은 이성이 부족하고 객관성이 부족한 것이다. 그런 점이 대북 문제에서 극대화된다고 본다. '우리 민족끼리'와 결합하기 때문이다. 민족자결주의, 우리가 남이가, 잘 사는 형이 못 사는 동생 도와주면 되지, 그런 감성적 접근이 다른 어떤 이슈보다 강한 것이 대북 파트다. 우리 국민이 거대담론만 좋아하지 '어떻게 할 건데' '무엇을 위한 건데'라는 각론으로 들어가면 취약하고, 각론을 지루해한다. 그리고 각론을 따지면 골치 아픈 사람, 인간성 없는 사람이 된다. '우리 민족끼리 도와야지'라고 하는데, 어떻게 도울 것인지, 북한 주민을 도울 것인지 북한 정권을 도울 것인지, 그것이 가져올 파급효과 같은 것은 생각을 안 한다는 것이다. 그러다 보니 도와야지 하고 누가 선동하면 '어떻게, 무엇을 도울 건데' 하는 디테일(detail)에 대해서는 '묻지 마', 이렇게 되는 것이다. 그런데 악마는 디테일에 있기 때문에 중요한 것은 세부적인 내용을 잘 따지는 것이다."

2019년 11월 오징어잡이 배에서 동료 선원을 살해한 혐의를 받고 있던 북한 어민 2명은 귀순 의사를 밝혔지만, 문재인 정부는 일방적으로 북송을 강행했다. 광화문 집회에서 '살인정권 물러가라'라는 팻말을 들고 시위에 나선 박선영. 2019.11.23

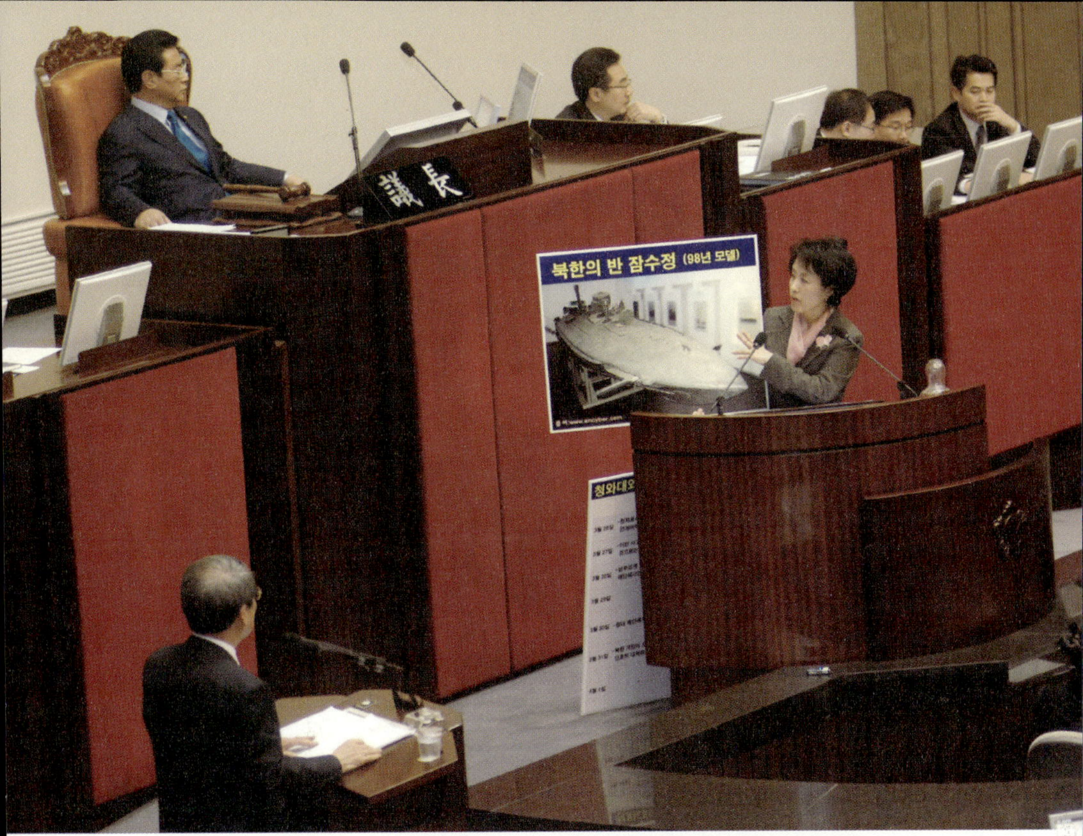
議長
북한의 반 잠수정 (98년 모델)

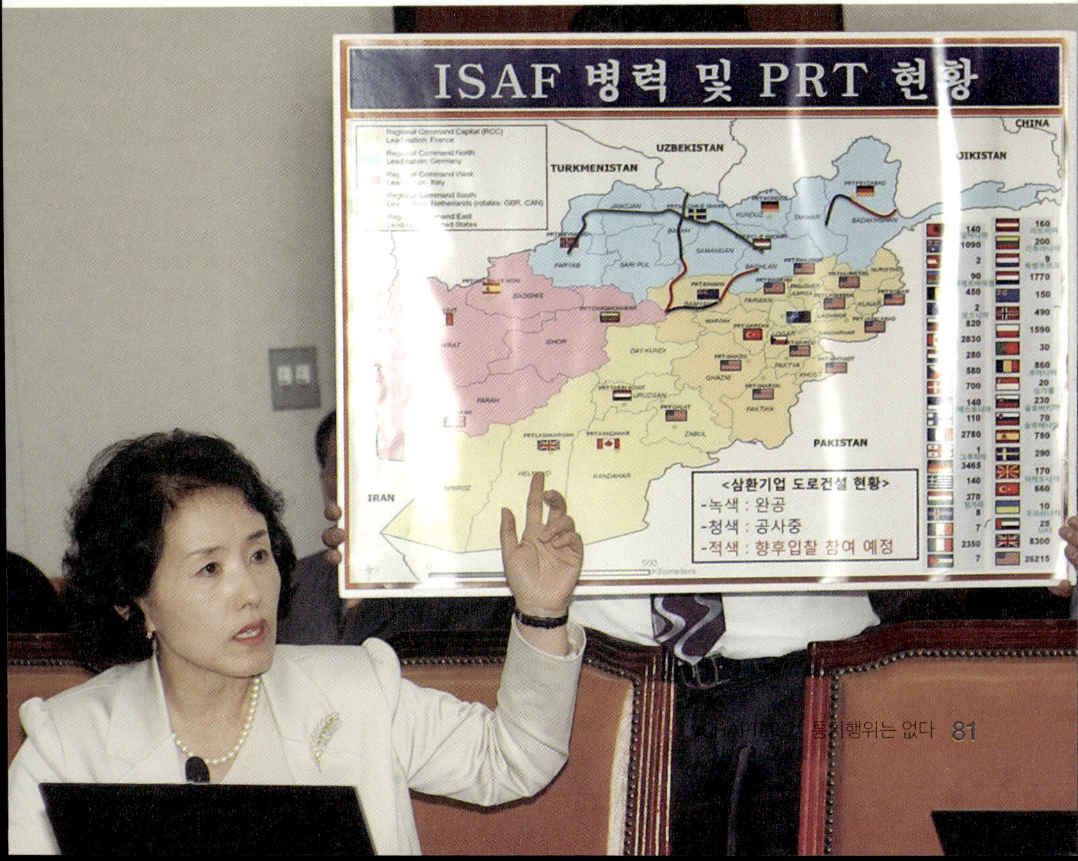
ISAF 병력 및 PRT 현황
UZBEKISTAN
TURKMENISTAN
CHINA
PAKISTAN
IRAN
<삼환기업 도로건설 현황>
-녹색 : 완공
-청색 : 공사중
-적색 : 향후입찰 참여 예정

사면권의
사법심사

"**이건희**, 평창 올림픽에 헌신하라"

    고(故) 이건희 전 삼성전자 회장은 2003년과 2007년 두 번 연속 동계올림픽 유치단을 맡아 2010년과 2014년 평창 올림픽 유치를 위해 노력했다. 하지만 매번 패배의 쓴잔을 들이켰다. 이건희에게 있어 세 번째 평창 유치 도전은 그만큼 절실했다. 이건희는 2010년 2월 밴쿠버 동계올림픽 참석을 시작으로 세 번째이자 마지막인 평창 유치 도전에 본격적으로 뛰어들었다.

    2011년 7월 6일(현지 시간) 남아프리카공화국 더반에서 개최된 IOC 총회 참석까지 약 1년 반 동안 11차례에 걸쳐 170일 동안 해외 출장에 나섰다. 해외출장 기간 총 이동거리만 21만km에 달하며 이는 지구를 5바퀴 넘게 돈 거리에 해당한다.

    이 기간에 이 회장은 110명의 IOC 위원을 빠짐없이 만나 평창 지지를 호소했다. IOC 공식 행사가 있는 날에는 점심과 저녁은 물론 잠시의 휴식도 없이 온종일 IOC 위원과의 면담으로 보냈다. IOC 위원들이 행사 참석을 위해 한국을 방문할 때는 모든 일정을 접고 해당 위원을 만났다. 어떤 IOC 위원에게는 세 번에 걸쳐 평창 지지를 호소했다고 한다.

    당시 이건희가 얼마나 평창 유치에 공을 들였는지 알려진 일화가 있다. 그는 IOC 행사장에서 저녁을 약속했던 IOC 위원이 다른 일정이 늦어져 약속을 취소해야겠다고 연락이 왔으나 "늦어도 좋다. 기다리겠다"고 답한 뒤 1시간 반 넘게 기다린 끝에 IOC 위원을 만나 평창 지지를 약속받기도 했다. IOC 위원과의 식사 자리에는 항상 해당 위원의 이름이 새겨진 냅킨을 준비해 감동을 주었다. 2010년 10월 멕시코에서 열린 국가올림픽위원회연합회(ANOC) 총회 참석 때는 13시간의 시차와 19시간의 비행시간을 고려해 주위에서 도착 직후 휴식을 권했으나 "괜찮다. 시간이 많지 않다"며 바로 일정에 참석할 정도로 평창 동계올림픽 유치를 위해 혼신의 노력을 기울였다.

2018년 평창 동계올림픽 유치에 성공하기까지는 이처럼 이건희의 노력도 한몫했다. 하지만 이건희와 삼성은 유치 성공의 공(功)을 국민과 이명박 대통령에게 돌렸다. 특히 이명박이 여론의 부담을 무릅쓰고 2009년 말 IOC 위원인 이건희를 특별사면해 글로벌 유치 활동에 나서게 한 것도 이번 성공에 큰 도움이 됐다고 삼성은 평가했다.[44] 이건희는 국민들에게 진 '사면의 빚'을 전 세계를 발로 뛰며 갚은 셈이다.

이건희는 '삼성 비자금' 재판이 진행 중이던 2008년 IOC에 스스로 IOC위원 자격 정지를 요청해 '일시 자격포기' 상태였다. 이명박 정부가 들어선 2008년 삼성 비자금 특검에 의해 피의자로 지목돼 조세포탈 혐의로 징역 3년, 집행유예 5년을 선고받았기 때문이다. IOC 위원은 IOC 위원만이 자유롭게 만날 수 있다. 올림픽 공식파트너인 삼성의 유럽에 대한 영향력도 무시할 수 없다.

체육계 인사들은 물론 강원지사와 평창동계올림픽 유치위원장이 발 벗고 나서 이건희 조기 사면 필요성을 강조한 이유였다. 경제계도 '경제 살리기'를 근거로 기업인에 대한 연말 사면을 촉구했었다. 특히 강원 강릉시와 시 의회, 평창지역 300개 사회단체도 탄원서를 제출했다.

이명박은 "평창올림픽에 헌신하라는 뜻"이라며 2009년 이건희를 특별 사면했다. 이귀남 당시 법무부 장관은 "각계각층의 청원을 반영하는 한편 국익을 최우선으로 고려해 이번 조치를 실시하게 됐다"고 설명했다.

물론 이건희 사면에 대한 반대의 목소리도 만만치 않았다. 형 확정 4개월 만에 특별사면인데다가 이례적으로 단독 특별사면이라는 점이 부담이었다. 박선영도 반대의 목소리를 낸 정치권 인사 가운데 하나였다.

박선영 | 논평　　　　　　　　　　2009. 12. 29.

법치주의 역행하는 이건희 전 회장 사면

　정부는 이건희 전 회장에 대해 연말에 단독 특별사면을 하겠다고 발표했다. 단독 사면이기는 하지만 이명박 대통령 취임이후 벌써 4번째 이뤄지는 사면이다. 이렇게 정부가 사면권을 남발하니 '유전무죄, 무전유죄' 라는 말이 횡행하는 것이다. 법치주의 정신도 훼손되는 것이다. 입으로는 '법치' 를 외치면서 '법치' 를 매도하는 이 정권의 정체성은 무엇인가?

　우리는 삼성이 대한민국 기업으로서 국가경제에 기여한 면을 충분히 인정한다. 세계적인 초일류 기업으로 우뚝 서기까지 삼성의 설립자와 전 현직 임직원은 물론 종업원들까지 노조하나 없이 한 마음으로 일치단결해 일궈온 그 노고에 대해서도 충분히 감사하고 치하한다. 그러나 그 공로와는 달리 10년에 걸친 수사와 긴 재판과정을 거쳐 이건희 전 회장은 지난 8월14일에 징역 3년에 집행유예 5년이라는 유죄판결을 받았고 이제 겨우 4개월이 지났다. 아직 판결문의 잉크도 마르지 않았는데, 사면이라니! 어느 국민이 마음으로부터 동의하겠는가?

　정부는 "경제 살리기, 평창 동계올림픽 유치 등을 위해 이 전 회장의 사면이 필요하다는 경제계, 체육계 등 각 계의 의견을 받아들인 것" 이라고 설명하고 있다. 옹색하기 이를 데 없다. 삼성은 이미 이건희 전 회장의 아들체제로 전환되었다. 아들이 주축이 되어 승계경영을 하는데 이건희 전 회장이 사면된다고 죽었던 경제가 살아나겠는가? 대한민국 경제가 삼성 전 회장 한 사람에게 달려있었나?

평창 동계올림픽 유치는 지역주민들의 숙원사업이다. 이건희 IOC위원이 적극적으로 나서준다면 도움이 될 수도 있다. 그러나 사면조치가 안되면 올림픽 유치활동이 불가능한가? 비록 사면이 안 된 상태라 하더라도 백의종군하는 마음으로 동분서주, 올림픽 유치를 위해 노력한다면 착하디 착한 우리 국민이 먼저 나서서 사면을 청원할 것이다. 그렇지 않고 올림픽 유치를 위해 재벌회장을 사면한다면, 국제사회에서 대한민국은 그야말로 웃음거리가 될 것이다.

초법적인 사면권 남발은 법치주의의 근간을 뒤흔드는 악의 축이다. 특권층을 양산하고 사회계층화의 분열도 촉발하게 된다. 사회정의를 구현하고 법치를 수호해야 할 정부가 특정 기업인만 족집게처럼 집어서 단독으로 특별 사면한다면 어느 누가 법을 엄히 알고, 지키며 따르려 하겠는가?

이명박 대통령은 지난 주 법무부 업무보고에서 "지도층 비리를 없애는 게 중요하다"고 말했다. 비리 기업인을 사면하면서 어떻게 지도층 비리를 없앨 수 있겠는가? 검찰과 법원이 몇 년에 걸쳐 수사하고 재판한 결과를 불과 몇 달 만에 손바닥 뒤집듯이 대통령이 사면해 버리는 사면권 남발은 비난받아 마땅하다. 이런 식으로 사면을 남발하려면, 지금 이 순간에 진행되고 있는 효성사건 수사는 누굴 위해, 왜, 수사하는가? 국민에게 보여주기 위한 쇼인가? 검찰과 법원을 무력화시키기 위한 전초전인가?

삼성과 얽힌 두 전직 대통령

이건희가 특별 사면을 받은 뒤 10년이 훌쩍 넘은 2021년. 대한민국은 이건희의 아들 이재용 삼성전자 부회장에 대한 사면론으로 논란이 한창이다. 사면권은 대통령의 고유 권한이다. 우리나라는 헌법 제79조에서 '대통령은 법률이 정하는 바에 따라 사면·감형 또는 복권을 명할 수 있다'고 규정하고 있다. 별다른 기준이 없지만 그렇다고 마음대로 쓰기는 어렵다.

보통 경제인 사면의 경우에는 주요 경제 단체들이 청와대에 사면을 건의하고 정치권에서 갑론을박이 벌어지면 대통령이 결정한다. 늘상 '경제 살리기'와 '국익'이라는 포장이 들씌워지고 자연스레 '유전무죄 무전유죄'라는 특혜 논란에 휩싸인다. 언제까지 대한민국 경제가 총수에 의존해야 하느냐는 지적도 단골처럼 나온다.

이번에도 역시 재계는 이재용 사면에 적극적이었다. 대한상공회의소와 한국경영자총협회, 중소기업중앙회, 한국무역협회, 한국중견기업연합회 등 5개 단체는 청와대에 이재용 사면 건의서를 제출했다. 이례적으로 종교계에서도 이재용에 대한 사면 요청이 나왔다. 국내 7대 종교 지도자들의 모임인 한국종교지도자협의회는 청와대에 청원서를 제출했다.

경실련 · 경제개혁연대 · 경제민주주의21 · 금융정의연대 · 민변 · 민생경제위원회 · 민주노총 · 참여연대 · 한국노총 · 한국YMCA전국연맹 등 진보 성향의 시민단체들은 이재용 사면에 반대하는 입장을 밝혔다. 하지만 여권에서도 '이재용 사면론'이 확산됐다. 김부겸은 국무총리 후보자 시절 인사청문회에서 "총리에 취임한다면 경제계를 만나 상황 인식을 잘 정리해 대통령께 전달하겠다"고 밝혔다. 국회 과학기술정보방송통신위원장인 더불어민주당 이원욱 의원, 삼성전자 임원 출신으로 민주당 반도체기술특별위원회 위원장인 양향자 의원, 4선 중진인 안규백 의원도 이재용의 사면 필요성을 언급한 바 있다.

그렇지만 이재용은 '박근혜 국정농단 사건'과 관련해 재판을 받고 실형을 집행받은 만큼, 경제적인 논리만으로 결정하기는 어렵다는 의견도 있다. 이재용은 박근혜에 뇌물을 건넨 혐의 등으로 넘겨진 국정농단 사건 파기환송심에서 징역 2년 6월의 실형을 선고받고 법정구속됐다.

이재용은 박근혜의 비선 실세로 불린 최순실 씨의 딸 정유라 씨에게 말 구입비와 전지훈련비를 지원하고 미르 · K스포츠 재단 등에 출연 기금을 낸 점 등이 문제가 됐다. 이재용 측은 재판 과정에서 '대통령의 강압에 의한 어쩔 수 없는 행위였다'고 주장했으나 받아들여지지 않았다. 1심은 "정치권력과 자본권력의 부도덕한 밀착이 사건의 본질"이라며 89억 원 상당 뇌물 공여 혐의를 유죄로 판단해 징역 5년을 선고했다. 하지만 2심에서는 징역 2년 6개월에 집행유예 4년으로 감형 받고 석방됐다.

1심과 2심의 가장 큰 차이는 '삼성 경영권 승계의 묵시적 청탁'에 대한 판단이 엇갈렸기 때문이다. 1심은 유죄로, 2심은 무죄로 판단이 갈렸다. '묵시적 청탁'이란 이재용이 말은 안 했어도 이심전심으로 경영권 승계를 도와달라고 박근혜에 청탁했다는 논리다. 증거재판주의 등 형사소송법의 기본 원칙에 어긋난다는 논란이 일었다. 하지만 대법원은 경영권 승계 관련 '묵시적 청탁'이 있었다고 봐야 한다고 판단했다. 대법원은 특히 박근혜의 강요에 따라 최 씨를 지원했다는 원심 판결을 인정하지 않았다.

박근혜와 마찬가지로 이명박도 '삼성 뇌물'로 구속됐다. 2020년 10월 29일, 대법원은 다스의 실소유주는 이명박이라는 결론을 내리고 이명박에게 징역 17년에 벌금 130억 원, 추징금 58억 원의 형량을 확정했다. 이명박은 삼성전자 등에서 거액의 뇌물을 챙기고 회사 자금을 횡령한 혐의로 재판에 넘겨진 바 있다. 이명박이 다스의 실소유주인 만큼 다스에서 조성된 비자금·법인카드 사용액 등을 횡령액으로 봤다. 삼성이 대납한 다스의 미국 소송비 역시 대부분 뇌물로 인정했다. 당시 이건희 사면을 뇌물 대가로 판단한 것이다.

이명박은 항소심 결심공판 최후진술에서 삼성그룹으로부터 이건희 회장의 사면을 대가로 다스의 미국 소송비를 대납 받은 혐의에 대해서는 "어느 대기업이 뇌물을 월급 주듯이 매달 주며 장부 처리를 하느냐"며 "삼성이 그런 회사가 아니다"라고 했다.

그는 "이 회장의 사면은 '삼성 회장 이건희'를 사면한 것이 아니라 'IOC 위원 이건희'를 사면한 것"이라며 "노력과 결단이 있어 평창동계올림픽을 유치해 성공적으로 개최할 수 있었다. 정치적으로 유치

과정을 폄훼하고 모독해서는 안 된다"고 했다.

박근혜와 이명박은 모두 삼성으로부터 뇌물을 받았다는 법적 최종 결론이 내려졌다. 두 전직 대통령 모두 삼성과 깊은 인연이 있는 셈이다. '뇌물을 받은' 두 전직 대통령은 '뇌물을 준' 삼성에 비해 국민적인 지지를 제대로 받지 못하고 있는 듯하다.

한 여론조사에서 이재용을 '사면해야 된다'는 응답이 69.4%, '사면하면 안된다' 23.2%로 나타났다. 지지 정당별로는 국민의힘 지지자들의 찬성 의견은 90.8%, 더불어민주당 지지자들은 찬성(47.5%)과 반대(44.3%)가 팽팽했다. 같은 여론조사에서 이명박 박근혜 두 전직 대통령에 대한 사면론은 찬성이 42.8%, 반대가 47.4%로 찬반이 경합했다. 지지 정당별로 보면 더불어민주당 지지층에서 찬반 비율은 14.4% 대 79.6%였다. 국민의힘 지지층은 73.6% 대 18.4%로 정반대를 보였다.[45]

박선영 | facebook　　　　　　　　　　2021. 02. 17.

대한민국 사법사 최대의 오점 판결

　결국은 삼성의 경영권을 뺏는 게 이 정권의 목적이었음이 드러났네. 이재용한테 취업제한을 통보했다고? 법무부, 아니 무법부가? 폭력이 취미이자 특기인 무차별 법집행 부서 장차관들이? 취업은 일을 해주고 돈을 받아야지, 이재용은 무보수로 일하는데 무슨 취업제한 운운? 그래도 부회장직을 유지하려면 취업승인절차도 밟으라고? 날강도 정도가 아니다. 머리에 빨간 뿔달린 도깨비들이다.

　형식적 법치주의로 보면 이재용 사건은 확정되어 더 이상 상고도 재심도 불가하지만 어떻게 이재용이 뇌물죄인가? 뇌물죄는 신분범인데 최순실이 공무원인가? 말타던 정유라가 공무원이었나? 대통령이던 박근혜가 그 말을 받았나? 그 말을 탔나? 대통령이 말을 사주라고 한 건 맞지만 그 말을 받거나 탄 자는 일반인이다. '공무원'이 아니란 말이다. 뇌물죄는 공무원만 저지를 수 있는 신분범인데 어떻게 유죄가 되는가?

　법학개론과 형법총론만 들은 법대 1학년생이 판결을 해도 이런 엉터리 판결은 안 내렸을 텐데 주구인 대법원이 파기환송하면서 70년이 넘는 대한민국 사법사에 최대의 오점 판결을 남긴 것이다.

"**삼성**은 나라를 손바닥에 있다 생각"

경제민주화를 통해 박근혜 당선에 결정적인 기여를 했던 김종인 전 국민의힘 비상대책위원장은 자신의 회고록 「영원한 권력은 없다」에서 "박근혜 대통령이 탄핵을 당한 이유는 여럿이지만 그중 결정적인 요인 가운데 하나는 삼성 재벌과의 결탁"이라고 해석했다. 그는 "당시에 언론은 그 사건을 '최순길 게이트'라고 불렀지만 나는 '삼성 게이트'라고 불러야 본질을 정확히 표현했다고 본다"고 강조했다. 그는 "삼성이 이건희에서 이재용으로 후계자를 물려주는 과정에 정부와 모종의 결탁이 필요하게 되자 대통령을 움직일 수 있는 최측근을 찾아내 로비를 시도한 것"이라고 설명했다.

내가 정작 놀란 것은 삼성이 대통령에게 로비를 시도했다는 사실이 아니라 '대통령의 최측근 '최순실'이라는 여인을 삼성이 과연 어떻게 찾아냈을까?' 하는 부분이다. 박근혜 탄핵 사건이 시작되기 전까지 최순실이라는 이름은 언론에 거의 등장하지 않았고, 나도 적지 않은 시간 동안 박근혜를 바로 옆에서 도왔지만 그의 존재를 알지 못했다. 박근혜가 대통령에 당선되고 나서 박근혜의 오랜 보좌관이었던 정윤회라는 인물이 상당기간 언론의 주목을 받았는데, 그가 이른바 '십상시'를 거느리고 박근혜 정부를 쥐락펴락했다는 의혹이었다. 모든 언론이 오로지 정윤회에게만 촉각을 곤두세웠다. 정윤회가 박근혜 정부의 비선 실세라고 착각했다. 그런 시기에도 삼성은 진정한 비선실세가 누구인지 분명히 알고 있었고, '원포인트 뇌물'을 최순실에게 갖다 주었다.[46]

김종인은 "최순실의 허영심이 어느 정도인지, 무엇을 좋아하는지, 딸에 대한 애착이 어느 정도인지, 딸이 무슨 일을 하는지, 아주 정확히 파악하고 그것에 딱 맞춰서 로비를 전개한 것"이라며 "스포츠 재단을 설립하는데 돈을 내고 비싼 승마용 말을 선물하는 등 오랜 경험을 통해 나름대로 노련한 로비 방법을 총동원했다"고 강조했다. 그는 "삼성의 정보력과 로비 능력이 과연 이 정도"라며 삼성의 정보력과 로비 능력에 대해 높이 평가했다.

김종인이 박근혜가 '재벌의 마수'에 걸려들었다고 표현한대목도 주목된다. 김종인은 "흔히 재벌을 '돈'으로 사업하는 사람들이라고 알고 있지만, 재벌은 '정보는 곧 돈'이라는 사실을 아주 잘 알고 움직이는 사람들"이라며 "정보기관의 수장을 직접 매수하기도 하고, 정보기관 퇴직자들을 채용하기도 하며, 별도의 정보 수집 부서까지 두고 있다"고 했다. 그는 "우리나라 재벌의 행태가 이렇다"며 "박근혜는 그런 마수에 그대로 걸려 들었다가, 그것이 발각되면서 국민에게 탄핵당한 것"이라고 썼다.

박근혜 정부 국정원장과 대통령 비서실장을 지낸 이병기는 대기업에서 출연금을 강제모금한 미르재단이 설립된 후 청와대 참모들과의 회의에서 "재단이 나중에 문제가 될 소지가 있다"는 의견을 밝힌 것으로 알려졌다.[47] 이병기의 발언을 단독 보도한 경향신문은 "노태우

정부 때도 청와대에서 근무했던 이 전 실장은 전두환 정부에서 일해재단을 설립하고 대기업을 상대로 강제모금에 나섰다가 '5공비리'로 번진 것을 기억하고 있었다"고 분석했다. 이어 "미르·K스포츠 재단이 대기업에서 774억원을 걷는 과정이 전두환 정부 때 대기업으로부터 598억원을 모금한 일해재단과 판박이라는 점을 직감한 것"이라고 덧붙였다.

박근혜 정부 초대 국정원장을 지낸 남재준도 재임 시절 최순실 등 비선라인의 국정농단 사태를 전혀 알지 못했다고 밝혔다. 그는 "국정원에 사찰은 고사하고, 검증 기능마저 제한돼 있었다"면서 "내가 만약 정윤회·최순실 (농단을) 알았다면 총이라도 들고 청와대 들어갔을 것"이라고 말했다.[48]

'동상이몽' 개헌론

CHAPTER 3

> 우리 헌법 어느 조항이 대통령에게 제왕적 권한을 부여하고 있는가? 모든 권력을 독점하고 싶어 하는 대통령, 바로 사람이 문제다.
>
> 2010.07.16 박선영 논평 중에서

생명권이 신설되면 어찌할까

'아빠 사형'청원한 세자매

'극악무도한 범죄자인 아빠를 사형시켜 달라' 2018년 10월 청와대 국민청원 게시판에 이러한 내용의 글이 올라왔다. '강서구 아파트 살인사건 피해자의 딸입니다'라는 제목의 이 글에서 청원인은 "피의자인 아빠는 치밀하고 무서운 사람이다. '엄마를 죽여도 6개월이면 (감옥에서) 나올 수 있다'고 공공연하게 말했으며 사랑하는 엄마를 살해해 우리의 모든 것을 빼앗아 갔다"고 했다. 청원인은 세 자매 의견을 모아 작성한 맏이였다. 해당 글은 청원 지지자가 급속도로 늘어 게재 3주일 만에 20만 명이 넘는 시민에게서 동의를 얻었다.

잔혹한 범죄가 연이어 발생하자 사형 집행을 요구하는 여론 또한 거세지고 있다. 청와대 국민청원 게시판에는 사형제도 부활을 요청하는 글이 수시로 올라오고 있다. 2019년에는 '전 남편 살인사건' 피의자 고유정의 사형을 요구하는 청와대 국민청원이 시작된지 보름여 만에 '20만명 이상'의 동의를 얻었다. 생후 16개월 정인이를 학대 끝에 숨지게 한 양부에 "법정 최고형인 사형을 받아도 모자랄 잔혹 범죄"라는 내용의 청원도 '20만명 이상'의 동의를 얻었다.

우리나라는 형법 41조에서 형벌의 종류에 법정 최고형으로 사형을 포함하고 있다. 그러나 1997년 12월 30일 23명에 대한 사형 집행 이후 20년 넘게 사형을 집행하지 않고 있어 국제앰네스티 기준에 따라 실질적 사형 폐지 국가(10년 이상 기결수 사형 집행이 이뤄지지 않은 국가)로 분류된다.

하지만 각종 흉악범죄가 잇달아 신문에 오르내리면서 사형제 폐지를 두고 다시 찬반 논란이 가열되고 있다. 생명권을 중시하는 주장과 국민 법감정상 폐지는 어렵다는 주장이 맞서는 가운데 사형 집행을 촉구하는 목소리가 높아지고 있다.

이런 가운데 헌법재판소에서 진행 중인 사형제도에 대한 헌법소원 심판에 관심이 쏠린다. 법무부는 "사형제를 존치해야 한다"는 입장을 담은 의견서를 헌재에 제출했다. 법무부는 의견서에서 "사형이라는 제도는 죽음에 대한 인간의 본원적 공포심과 범죄에 대한 응보 욕구가 서로 맞물려 고안된 '필요악'으로 여전히 기능하고 있다는 점을 간과할 수 없다"면서 사형제 존치의 필요성을 주장했다.[49]

이에 반해 국가인권위원회는 헌재에 사형제 폐지 의견서를 제출했다. 인권위는 의견서에서 "사형 선고가 가장 많은 살인 범죄의 경우, 범행 동기가 우발적이거나 알 수 없는 경우가 절반 이상일 정도로 사형제도가 범죄 억제에 효과가 있다는 주장은 검증되지 않았고, 2007년 재심에서 무죄를 선고받은 '인혁당 재건위 사건'처럼 오판으로 생명을 잃은 피해자들처럼 무고하게 제거된 생명의 가치는 아무리 공공의 이익을 강조하더라도 정당화될 수 없다"고 밝혔다.[50]

사형제가 헌재 판단을 받는 건 이번이 세 번째다. 앞서 1996년과 2010년에 헌재는 사형제도에 대해 합헌 결정을 내렸다. 2010년 헌재는 사형제도의 위헌성 여부를 심리한 끝에 5대 4의 비율로 합헌 결정을 내렸다. 1996년 합헌 결정 당시에 비해 위헌 쪽에 손을 든 재판관이 두 명이나 늘었다.

그러나 2010년 헌재는 합헌 의견을 낸 5명의 재판관 중 2명의 재판관이 "사형제도 자체보다는 오남용에 문제가 있기 때문에 사형 대상 범죄를 축소하는 등 형벌 조항들을 재검토하고, 국민 여론을 수렴해 점진적으로 제도를 개선해나가는 것이 바람직하다"고 밝히면서 사실상 법 개정 필요성을 언급했다.[51]

이에 대해 박선영은 "헌재 결정 판결문을 보면 내용은 위헌이라고 말하면서 결과는 합헌으로 냈다"고 꼬집었다. 그는 "합헌 결정을 한 2명의 헌법재판관이 입법 개선 취지로 보충의견을 낸 것은 국회에 입법 촉구를 한 것이나 다름없다"면서 "헌재가 해야 할 일을 정치권과 국민에게 돌린 것은 비겁한 처사"라고 지적했다.

박선영은 헌재의 판단이 내려지기 전 이미 사형을 사면이나 가석방, 감형이 불가능한 종신형으로 대체하는 '사형폐지에 관한 특별법안'을 발의한 바 있다. 박선영은 이 법안을 대표발의한 이유에 대해 "인간의 생명은 더 이상 인간의 보복심을 충족시키거나 제도적 살인을 정당화하는 도구로 취급되어서는 아니되며, 인간의 존엄과 가치를 보장하기 위한 전제요건으로 보호되어야 한다"고 했다.

이어 "이 특별법안은 비인간적이고 반인도적이며 비교화적인 사형제도를 폐지하는 대신 가석방 없는 종신형을 신설하여 범죄자의 생명과 일반국민의 권리를 조화롭게 보호하는 형벌체계를 수립하여 국제인권기준에 부합하는 문명국가를 이룩하고자 마련됐다"고 설명했다.

 1996년 헌재는 "사형이 비례의 원칙에 따라서 최소한 동등한 가치가 있는 다른 생명 또는 그에 못지아니한 공공의 이익을 보호하기 위한 불가피성이 충족되는 예외적인 경우에만 적용되는 한, 그것이 비록 생명을 빼앗는 형벌이라 하더라도 헌법 제37조 제2항 단서에 위반되는 것으로 볼 수 없다"고 판시했다.

 그러면서도 "시대상황이 바뀌어 생명을 빼앗는 사형이 가진 위하에 의한 범죄예방의 필요성이 거의 없게 된다거나 국민의 법감정이 그렇다고 인식하는 시기에 이르게 되면 사형은 곧바로 폐지되어야 한다"고 첨언한 바 있다(95헌바1).

박선영 | 논평　　　　　　　　　　　　2009. 12. 10.

사형수 또 자살기도, 교도행정의 획기적 변화가 절실하다

대전교도소에 수감 중인 사형수 김모씨가 자살을 기도해 혼수상태에 빠졌다. 지난 달 21일 사형수의 자살에 이어 발생한 교도행정상의 큰 사고다. 수형자들의 자살기도는 해마다 늘어, 올 10월 말 현재 101건으로 2007년 70건, 2008년 81건을 크게 웃돌고 있다. 일반 국민의 자살율 증가와 그 궤를 같이 한다고 볼 수도 있지만, 일반인과는 달리 관리 감독을 받고 있는 수형자들이란 점에서 볼 때 문제의 심각성이 있다. 교도행정의 획기적인 변화가 필요한 시점이다. 우리나라는 법적으로는 사형제도를 존치하고 있지만, 지난 1997년 이후 12년째 사형을 집행하지 않아 사실상 국제적으로는 사형폐지국으로 분류되고 있다. 그러나 사형수들에 대한 관리감독과 처우는 전형적인 후진국형 교도행정이다. 기본적인 정보권이나 면접교섭권도 충족되지 못할 뿐만 아니라, 사형수의 심리적 안정과 원만한 수용생활을 위한 교도행정은 눈을 씻어도 찾아보기 어렵다. 오로지 종교인들과 자원봉사자들에게만 의존하고 있을 뿐 정부는 두 손 놓고 있다. 범죄를 저지른 자는 그 범행의 양태에 따른 죄 값을 법치주의 원칙에 따라 반드시 치러야 한다. 그러나 그 죄 값을 치르는 과정과 절차는 인간의 존엄과 가치에 부합해야 하고, 인간으로서 최소한의 인격을 발휘할 수 있는 자기발현권은 보장되어야 한다. 사형이 10년 이상 집행되지 않고 있어 사실상 사형폐지국가라는 점을 감안한다면, 사형수들에게도 '건전한 사회복귀'의 가능성도 열어주어야 한다. 그래야 '교화'라는 현대형법의 취지에도 부합하고 교도행정의 목적도 달성할 수 있다.

태아 생명권 vs 여성 결정권

낙태 문제는 태아의 생명권과 여성의 신체 자기결정권의 충돌이 핵심이다. 낙태 반대론자는 태아는 수정된 순간부터 인간이므로 태아의 생명권을 존중해야 한다고 강조한다. 또한 낙태죄 폐지는 낙태를 손쉽게 만들고 성 문란으로 이어진다고 주장한다. 낙태 찬성론자는 여성의 신체 자기결정권을 존중한다. 태아를 산모의 신체와 분리해서 생각할 수 없다고 말한다. 산모의 생명과 태아의 생명 중 택일해야 하는 갈림길에 있다면 어떤 결정을 내릴 것인지 묻는다.[52]

2015년 들어 활발해진 여성 운동은 '낙태죄 폐지'를 제도권으로 안착시켰다. 결정적인 계기는 2017년 11월 말 청와대는 23만 명이 청원한 이른바 '낙태죄 폐지'에 답변한 것이다. 청와대 국민청원은 30일 이내에 20만 명이 청원에 참여하면 정부 관계자가 의무적으로 답하도록 한 시스템이다. 이에 조국 당시 청와대 민정수석은 "태아의 생명권은 매우 소중한 권리이지만 처벌 강화 위주 정책으로 임신 중절 음성화 야기, 불법 시술 양산 및 고비용 시술비 부담, 외국 원정 시술, 위험 시술 등의 부작용이 계속 발생하고 있다"고 했다.

결국 2019년 4월 헌법재판소는 '낙태죄는 헌법 불일치'라 판결했다. 헌재의 이러한 판단은 문재인 정권 출범 이후 재판관이 진보 성향으로 대거 교체된 데 따른 것이다. 2012년 헌재 심판에서 낙태죄 처벌은 합헌 결정이 났다. 합헌과 위헌 의견이 4대4로 팽팽했지만 헌재의 위헌 결정은 재판관 9명 중 6명 이상이 동의해야 한다.

헌재는 낙태죄 헌법불합치 결정을 하면서 2020년 12월 31일까지 대체 입법안을 마련하라고 주문했다. 정부안에 따르면, 임신 14주 이내 여성에게만 낙태를 허용한다. 국민의힘 조해진 의원이 낸 안은 임신 10주까지만 낙태를 허용했고, 여성계의 입장을 대변한 더불어민주당 권인숙 의원 안은 낙태죄 완전 폐지 내용을 담고 있다. 하지만 국회에서 낙태죄 개정안에 대한 합의는 불발됐다. 이에 따라 형법상 낙태죄 처벌 조항은 2021년 1월 1일부터 대체입법 없이 자동 폐지 수순을 밟았다.

조해진의 법안은 '한국형 심장박동법'이라고 불린다. 미국에서 만들어진 '태아심장박동법'은 현대의학으로 태아 심장박동을 감지할 수 있는 시기부터 낙태를 금지하고 있다. 조해진은 "신앙적 관점에서 임신 이후엔 낙태하지 않는 게 맞지만, 현실적으로 법을 제정해야 하는 상황"이라고 설명했다. 법안은 태아가 심장박동을 시작하는 임신 6주 이내를 기본적인 낙태 허용 기간으로 삼았다. 사회·경제적 이유가 있을 경우 태아와 산모에 신체적 손상을 입히지 않는 10주를 낙태 시술 한계로 정했다.

박선영 | facebook　　　　　　　　　　2021. 01. 04.

이 나라는 낙태 천국인가

　2020년 우리나라는 출생보다 사망이 무려 2만 명이나 많아 대한민국 역사상 처음으로 인구가 줄어드는 기록을 남겼다는데…

　출생을 장려하고 아이 키우기 좋은 여건 조성은커녕 올해부터 우리나라에서는 임신 개월 수에 상관없이 그 어떤 낙태 행위도 모두 합법화되고 처벌도 전혀 하지 않는 낙태 천국, 생명 경시 국가가 되었다. 합법적인, 그것도 헌법재판소 결정에 따라 자유민주국가가 낙태 천국이 된 것은 근대 입헌주의 이후 세계 최초의 일, 공산국가에서도 전무후무한 일이다. 2020년 12월 31일까지 낙태 시기와 기준을 정하라며 벌건 헌법재판소가 그나마 헌법기구라고 2019년 4월에 헌법불합치 결정을 내렸건만 180석을 가진 여당이 깔아뭉갰다. 쓸 데 없는 법, 만들어서는 안 되는 악법은 무더기로, 전광석화처럼 만들면서 꼭 만들어야 하는 입법의 의무는 쓰레기처럼 내던져버린 것이다.

　직무유기. 입법살인이다. 국가 살인이다. 입법부의 직무유기, 국가의 직무유기로 이 나라는 낙태 천국이 되었다. 명실상부하게 대한민국은 낙태 완전 자유화라는 오명, 생명을 경시하는 살. 인. 국. 가.라는 타이틀을 거머쥐게 된 것이다. 국가의 주인은 국민인데… 그 국민은 자꾸만 줄어들고 있는데… 국가가 나서서 국민을 죽이고, 국민이 죽도록 환경을 조성하는 나라, 이런 나라가 바로 대한민국이다.

박선영의 **희망출산제도**

박선영이 18대 국회 때 제출한 '낙태방지 및 출산지원에 관한 법안'은 '희망출산제도'라는 이름이 붙었다. '희망출산제도'는 원치 않는 임신을 한 여성이 분만 당시 자신의 신분과 입원·출산 사실에 대한 비밀 준수를 요구할 경우 이를 보장한다. 입원 및 출산에 따른 해산급여 지원, 출산 후 사회복귀를 위한 지원도 가능토록 했다. 특히 희망출산을 요청한 경우는 출생 아동에 대한 친권을 포기한 것으로 간주, 산모와 신생아의 권익을 보호하기 위해 '개인출생정보에의 접근을 위한 국가위원회' 설치·운영이 명문화된다. 아직 한 번도 논의된 적이 없는 새로운 제도다.

제안이유
우리나라는 세계적으로 낙태 1위 국가라는 불명예를 안고 있음에도 불구하고 국가 차원에서 낙태를 방지하거나 생명을 보호하기 위한 적극적인 입법이 존재하지 않음.

결혼과 출산이 규범적으로 연결되어 있는 우리 사회에서 결혼을 전제하지 않은 임신은 비난과 경멸의 대상이기에 수많은 여성들은 생명의 귀중함을 알면서도 자신의 생존을 위하여 낙태를 선택하게 됨. 미혼모가 어렵게 결심하여 출산을 하더라도 '미혼모'라는 사회적 편견 속에서 차별대우를 받는 것이 두려워 낙태를 하거나 출산을 하더라도 출산의 사실을 숨기고자 하는 경우가 많음.

낙태는 여성 개인의 상처와 한 생명의 소멸에 머물지 않고 일국가의 미래와도 직결되는 문제임. 우리나라는 심각한 저출산고령화사회에 접어들어 조만간 노동력부족과 사회적 기반의 붕괴를 경험하게 될지도 모름. 이러한 문제를 풀기 위한 국가적 노력이 필요한 시점임.

축복받는 출산과 그렇지 못한 출산을 구분하는 사회에서 누구도 원치 않는 출산을 결심한 용기와 비록 자신이 키우지는 못하더라도 이 세상을 이롭게 할 한 새로운 생명을 탄생케 한 노력은 국가의 미래를 밝힐 초석이므로 국가와 사회의 배려와 관심의 대상이 되어야 함.

입원과 출산에 대한 지원을 보장하고, 미혼모의 사회적 복귀를 용이하게 할 수 있는 제도적 장치를 마련하여 궁극적으로는 낙태를 방지하여 생명을 보호하고, 저출산으로 인한 국가적 위기를 해결하기 위하여 이 법안을 제안함.

주요내용

가. 원하지 않는 임신을 한 여성을 위해 희망출산제도를 신설하여 분만 당시 본인의 신분과 입원 및 출산 사실에 대한 비밀의 준수를 요구한 여성에게 입원 및 비밀의 보장을 제공하고(안 제3조), 입원 및 출산에 관하여 국민기초생활보장법상의 해산급여를 지급하며(안 제4조), 출산 후 사회복귀를 위하여 「한부모가족지원법」상의

지원을 받을 수 있도록 함(안 제5조).
나. 희망출산을 요청한 여성은 희망출산 요청 시에 출생한 자(子)에 대한 입양에 동의한 것으로 보고(안 제10조), 여성과 그에게서 출생한 자의 권익을 보호하기 위하여 개인정보공개를 위한 조정위원회를 설치, 운영함(안 제13조).
다. 국가 및 지방자치단체에 희망출산전담공무원을 두어 희망출산을 요청한 여성의 비밀보장과 출산지원업무를 담당하게 하고, 비밀유지의무. 증언거부권. 위반 시 벌칙에 관한 규정을 둠(안 제9조 및 제14조).

필자가 '낙태죄'를 언급한 건 어떠한 입장을 옹호하기 위함이 아니다. 진보진영은 '전면 폐지'라는 일관된 입장을 고수하고 있는데 반해 보수진영은 아직 제대로 논의조차 해본 적이 없다는 점을 알리고 싶어서다. '박선영안'도, '조해진안'도 보수진영의 입장을 대변하고 있지 않다. 조중동이라고 일컬어지는 보수 언론조차 2020년 '낙태' 문제에 대한 사설을 쓴 바 없다.

2018년 3월 문재인 청와대가 공개한 대통령 개헌안에서는 생명권 신설이 눈에 띈다. 생명권과 안전권은 세월호 참사를 계기로 국민이 안전하게 살 권리를 명시하고 재해 위험으로부터 국가가 보호의무가 있다는 내용을 담았다. 개헌안은 먼저 제12조에 "모든 사람은 생명권을 가지며, 신체와 정신을 훼손당하지 않을 권리를 가진다"는 내용의 생명권을 신설했다. 생명권은 현행 헌법에 명시되어 있지는 않지만 모든 기본권 중의 기본권으로 헌법 전반에서 가장 중요히 인정받고 있었지만 구체적으로 명시한 것이다.

생명권 신설을 두고 개헌안을 발표한 당시 조국 민정수석과 진성준 정무기획비서관에 기자들이 사형제와 낙태죄 폐지 여부를 물었다. 조국은 "생명권이 헌법에 들어간다고 해서 낙태가 자동적으로 위헌이 되는 것은 아니다"라며 "태아의 생명 보호를 어떻게 할지는 법률에 맡겨진다"고 설명했다. 진성준은 "천부인권적 권리로 부당하게 생명권을 훼손당하지 않을 권리를 규정한다는 의미"라며 "현재 사형제가 위헌이 아니라고 하는 결정은 유지된다"고 강조했다.

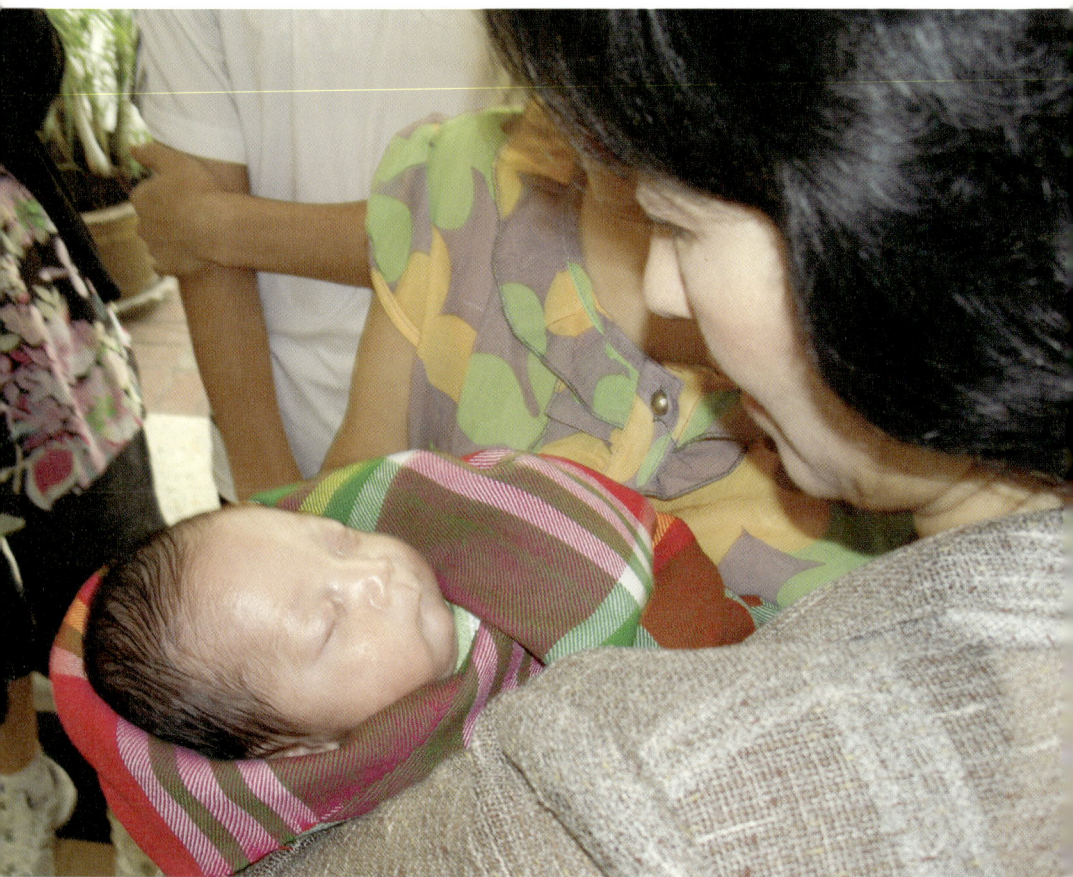

박선영 | 다이어리　　　　　　　　　　　　　　2008. 08. 12.

축복받지 못할 생명은 없다

　세상에 태어나지 말아야 할 생명이 없듯이, 사회 경제적 이유로 태어날 수 없거나 축복받지 못할 생명도 존재해서는 안 된다고 생각합니다. 저도 태어났을 때는 너무 작고 병약해서 돌아가신 저희 할머니가 출생신고도 못하게 하셨답니다. 그 덕분에 저는 호적이 실제 생일보다 훨씬 늦습니다. 100일을 온전히 넘겨 생존가능성이 있다고 판단한 다음에서야 출생신고를 했기 때문이지요.

　저는 축복받지 못할 생명은 없다는 확신을 갖고 있습니다. 부모를 잘못 만나서 사라져야 할 생명도 없어야 하구요. 이제는 임신과 출산이 개인의 몫이 아니라, 우리 사회, 우리 국가가 함께 짊어져야 할 숙제라고 생각합니다. 그래서 '낙태방지와 출산지원에 관한 법률'을 만들게 되었지요. … (중략) …

　단 한 명의 생명이 구조될 지라도 그 생명은 전 지구보다도 무겁고 소중하다는 것이 제 생각입니다. 그래서 낙태천국이자 '인구소멸 제1호 국가'라는 불명예를 벗어남과 동시에 모든 생명이 존엄한 대우를 받을 수 있는, 정말 따뜻한 사회, 살 맛 나는 사회를 만들고 싶은 것이 작지만 단단한 제 소망입니다. 도와주세요.

개헌은 필요한가?
가능한가?

참 나쁜 대통령

　노무현은 '4년 연임제'로 임기만 고치는 이른바 '원포인트 개헌'을 제안했다. 대통령과 국회의원 임기의 주기도 맞추는 이른바 '원포인트 개헌론'이다. 노무현은 2007년 1월 '대국민특별담화'를 통해 "국민적 합의 수준이 높고 시급한 과제에 집중해 헌법을 개정하는 것이 필요하다는 판단에서 대통령 4년 연임제 개헌을 제안한다"고 밝혔다. 노무현은 "대통령 5년 단임제를 임기 4년에 1회에 한해 연임할 수 있게 개정한다면 국정의 책임성과 안정성을 제고하고 국가적 전략 과제에 대한 일관성과 연속성을 확보하는 데 크게 기여할 것"이라고 말했다. 노무현은 이어 "대통령 임기를 조정하면서 현행 4년의 국회의원과 임기를 맞출 것을 제안한다"고 설명했다.

　노무현과 당시 국회의원들의 임기 만료가 2008년에는 3개월 밖에 차이나지 않았다. 노무현은 "대통령이든 국회의원이든 임기를 줄인다는 것은 대통령이나 국회의원 어느 쪽도 수용하기 어려우므로 사실상 불가능한 일"이라며 "대통령과 국회의원의 임기를 특별히 줄이지 않고 개헌을 할 수 있는 기회는 20년에 한 번밖에 없다"고 했다.[53]

　노무현은 5년 단임제의 부작용으로 "대통령의 책임정치를 훼손한다"는 점을 들었다. 대통령의 국정수행이 다음 선거를 통해서 평가

받기 어렵다는 것이다. 단임제 속성에 따라 대권 경쟁이 조기에 격화되어 "임기 후반기에는 책임 있는 국정운영을 더욱 어렵게 만들어 심하면 국가적 위기를 초래한다"고도 했다. 특히 노무현은 "국가적 전략과제나 미래과제들이 일관성과 연속성을 갖고 추진되기가 어렵다"고 강조했다. 대통령과 국회의원 임기를 맞추는 건 선거 반복으로 인한 국력 낭비와 국정 혼란을 최소화하기 위함이라고 설명했다.

하지만 대한민국은 양당 체재로 '보수 정권이냐 진보 정권이냐'라는 평가가 작동하고 있다. 대북정책을 예로 들면 김대중과 노무현 정부는 10년은 '비둘기파', 이명박과 박근혜 정부 9년은 '매파' 기조를 유지했다. 대통령이 국정을 훌륭히 수행해야 정권 재창출로 이어진다. 문재인 정부는 이명박·박근혜 정부에서 추진했던 정책들을 모두 뒤집고 김대중·노무현 정부의 정책들을 계승하고 있다. 우리 국민은 이러한 대통령의 선택들을 모두 기억하고 평가한다. 이를 통해 충실한 책임 정치가 구현되고 있다.

노무현은 "대통령과 국회의원의 임기불일치는 여소야대 정치구조를 만드는 주요 요인"이라고 지목하기도 했다.[54] 노무현은 "대통령과 국회의원의 임기를 일치시키면, '87년 이후 일상화되고 있는 여소야대 정치구조를 극복하여 대통령과 여당이 보다 책임 있게 일하고 다음 선거에서 평가받는 정치를 만드는 데 크게 기여할 것"이라고 말했다.

하지만 노무현은 물론이고 이명박, 박근혜 정부와 문재인 정부 모두 '여대야소' 체제 하에서의 국정운영을 경험했다. 노무현 탄핵반대 바람이 불었던 17대 국회의원 선거에서 여당은 과반의석을 확보했고, 이후 이명박과 함께한 18대 국회, 박근혜와 함께한 19대 국회 모두 여대야소 정국을 이어갔다. 문재인 정부가 들어서고 치러진 21대 국회의원 선거 결과도 여당이 과반의석을 차지했다.

노무현의 개헌 시도는 별다른 논의도 해보지 못하고 실패했다. 박근혜는 "참 나쁜 대통령이다. 국민이 불행하다. 대통령 눈에는 선거밖에 안 보이느냐?"고 반문한 후 "민생경제를 포함, 총체적인 국정위기를 맞고 있고 선거가 일 년밖에 남지 않은 시점에서 개헌 논의를 하면 블랙홀처럼 모든 문제가 빨려 들어갈 수 있다"고 우려했다. 그는 "개헌 시기에 대해서는 각 당의 대선후보가 확정이 되면 대선 공약으로 내걸고 국민의 심판을 받은 후에 추진하는 것이 바람직하다"고 말했다. 그러면서도 박근혜는 "정치를 처음 시작할 때부터 정책의 연속성과 책임정치 구현, 국가경쟁력 제고 차원에서 4년 중임제에 대한 확고한 소신을 갖고 있다"면서 "하지만 지금은 결코 개헌을 논할 시점이 아니다"라고 했다.

그러나 박근혜도 2016년 10월 '개헌' 카드를 들고 나왔다. 국회에서 열린 '2017년 예산안' 시정연설에서 박근혜는 "이제는 1987년 체제를 극복하고 대한민국을 새롭게 도약시킬 2017년 체제를 구상하고 만들어야 할 때"라고 말했다. 박근혜가 언급한 개헌의 필요성은 노무현과 크게 다를 바 없는 내용이었다.

"우리 정치는 대통령선거를 치른 다음 날부터 다시 차기 대선이 시작되는 정치체제로 인해 극단적인 정쟁과 대결구도가 일상이 되어버렸고, 민생보다는 정권창출을 목적으로 투쟁하는 악순환이 반복되고 있습니다. 대한민국의 발전을 가로막는 구조적 문제를 해결하고 국가적 정책현안을 함께 토론하고 책임지는 정치는 실종되었습니다. 대통령 단임제로 정책의 연속성이 떨어지면서 지속가능한 국정과제의 추진과 결실이 어렵고, 대외적으로 일관된 외교정책을 펼치기에도 어려움이 큽니다."[55]

'고양이 목에 방울 달기'라는 말이 있다. 쥐들은 고양이 목에 방울을 달고 싶어 했다. 방울 달린 고양이가 나타나면 소리를 듣고 피할 수 있었으니 말이다. 그렇지만 고양이 목에 방울을 달 수 있는 쥐가 없었다. 따지고 보면 쥐들이 고양이 목에 방울을 달 수 있는 능력이 있다면 방울을 달 필요도 없었을 것이다. 고양이 습격을 피하는 건 식은 죽 먹기였을 테니.

개헌론도 일종의 '고양이 목에 방울 달기'다. 개헌안에 대한 정치인들의 생각이 워낙 달라서 국회에서 단일안을 만들기가 어렵다. 우리 정치인들이 소통하고 타협해 개헌안을 통과시킬 수 있을 정도로 성숙해진다면 개헌 자체가 필요 없을지도 모른다.

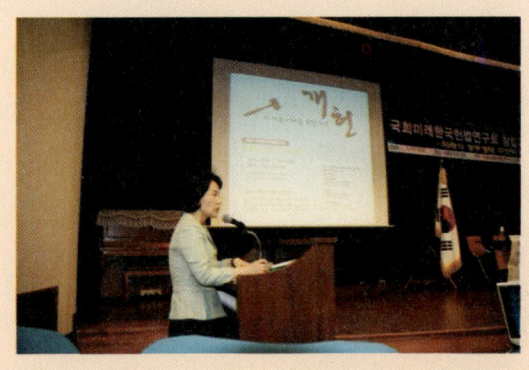

권력구조 개헌에 반대한 박선영

"대통령이 되어서 여러 가지 검토한 결과 내각제를 하기 어려운 실정이라는 판단을 하게 됐습니다. 약속을 못 지킬 것 같습니다. 죄송합니다."[56]

1999년 7월 김대중은 김종필에게 위와 같이 말했다. 김대중과 김종필이 대선 전에 합의 서명한 'DJP후보단일화 협약문'에 따르면 "공동정부에서 내각제 개헌은 대통령이 발의하여 99년 말까지 완료한다. 개헌 이후 내각제 총리는 자민련이 맡는다"고 되어 있다. 김대중이 대통령에 당선되고 김종필은 약속대로 총리가 됐지만 결국 김대중은 약속을 지키지 못하겠다고 실토한 셈이다. 이에 김종필은 "대통령님의 말씀을 이해했습니다. 그렇게 하겠습니다. 이제 다음 장으로 넘어갑시다"고 결론을 내렸다. 김종필은 이때를 자신의 증언록에서 다음과 같이 적었다.[57]

DJ는 주례회동에서 내각제 문제를 중심 의제로 꺼내지는 않았지만 "IMF 외환위기는 후보단일화를 합의할 때 생각지 못한 돌발 변수였다" "지금 경제개혁에 성공하느냐 마느냐에 죽느냐 사느냐가 달려 있다" "핵무기를 발사하려는 북한을 화해의 자세로 유도하는 데 국민 총력의 결집이 필요하다"고 심각하게 얘기했다. 그 말이 무슨 뜻인지 나는 알고 있었다. 내각제 개헌을 유보하자는 우회적인 표현이었다.

나는 내각제에 관한 한 약속 이행을 촉구해야 할 당사자이지만 국난을 헤쳐 나가는 문제에선 DJ와 한 배를 탄 국정의 공동책임자였다. 그의 말에 과장과 축소는 없었다. 무엇보다 DJ가 개헌을 발의할 경우 국회에서 3분의 2의 찬성이 나와야 하는데, 절반에 가까운 의석을 차지하고 있는 한나라당이 동조해 줄 리 만무했다. 국민회의 내부에서 김대중의 임기 중단을 의미하는 내각제 개헌을 할 수 없다는 주장이 나온 지는 오래됐다. 국민 여론조사에서도 내각제보다 현행 대통령제를 선호하는 비율이 높은 건 어쩔 수 없는 현실이었다. 이런 상태에서 개헌을 추진하면 국론 분열과 국력 소모, 국가 목표의 분산으로 나라가 다시 위험에 빠질 것은 불문가지(不問可知)였다.

'DJP 연합'조차 내각제 개헌론에 실패할 정도로 대통령의 권한을 국회로 넘기는 데 대한민국 국민은 호의적이지 않다. 대통령을 직접 뽑고 싶은 열망이 누구보다 강하기 때문이다. 2021년 동아일보 신년 여론조사에서 우리나라에서 바람직한 권력 구조가 무엇인지 묻는 질문에는 28.8%가 대통령 중임제, 23.8%가 현 제도인 대통령 단임제를 택했다. 이어 분권형 대통령제(15.8%), 의원내각제(13.6%) 순이었다.[58]

질문을 조금 달리한 매일경제 조사에서도 결과는 비슷하다. 대통령 5년 단임제를 개헌해야 하느냐는 질문에 대해서는 찬성이 48.1% 반대가 36.8%였고 개헌 방향에 대해선 4년 중임제가 39.2%, 의원내각제가 6.6%, 이원집정부제가 2.3%로 나타났다.[59] 이처럼 만약 개헌을 한다면 '4년 연임제'로 시도하는 게 타당할 것이다.

현행 대통령 5년 단임제는 전두환 퇴임 직전인 1987년 개헌을 통해 바뀐 것이다. 개헌 당시에는 6년 단임과 4년 중임의 의견이 엇갈렸다. 하지만 군사정권의 장기집권에 대한 반발심이 컸던 시기라 결국 5년 단임제로 타협이 이뤄졌다. 여기에는 전두환의 뜻이 강하게 작용한 것으로 알려졌다.[60] 훗날 김대중은 "현재의 5년 단임제는 세계에 유례가 없는 것이며 중간평가를 받을 기회도 없다"면서 '4년 연임'을 지지했다.[61] 이명박은 "내가 대통령을 해보니 권력이 너무 대통령에게 집중돼 있더라. 지금은 대통령이 온갖 사안에 대해 다 결정하게 돼 있다."면서 주요 20개국(G20) 서울 정상회의 준비 과정을 예로 들어 설명했다고 한다.

> "G20 정상회의만 해도 준비하는 데 1년 이상 걸리는 일인데 대통령이 어떻게 모든 걸 다 할 수 있겠느냐. 복지나 행정처럼 국내 문제가 중심인 부분은 다른 사람이 하고 대통령은 외교 등 국제적인 부분이 중심인 문제를 맡는 게 바람직하다."

이명박은 "우리의 (현행) 헌법 아래서도 (국무총리의 권한을 강화하는) 책임총리제를 할 수 있기는 하지만 총리 임명권을 대통령이 가지고 있어 제대로 시행되지 않는다. 한계가 있다"고 말했다고 한다. 또 "대통령에게 너무 권력이 집중돼 있으면 권력이 바뀔 경우 이전 정부의 성과가 평가절하되기도 쉽다"고 말한 것으로 전해졌다.[62]

그러나 헌법학자이기도 한 박선영은 권력구조 개헌에 대한 논의만 이뤄지는 데 대해 반대의 뜻을 분명히 밝혔다. 박선영은 특히 '제왕적 대통령'이라는 문제에 대해서도 제도적 문제라기보다는 행위자의 문제, 즉 대통령제보다 대통령 자체의 문제로 바라봤다.

박선영 | 논평   2010. 07. 16.

제헌절 62돌을 맞아 개헌논의를 경계한다

제헌절 62돌을 맞으며 기쁨보다는 착잡함이 앞선다. 힘들 때마다 헌법을 찾아보며 위안과 희망을 느끼기는 바라지도 않는다. 헌법이 우리네 삶을 시시각각 비추며 방향타 역할을 해주기도 언감생심, 꿈꾸지 않는다. 적어도 대한민국 헌법이 정략적으로 이용되는 모욕과 경멸의 역사만은 제발 되풀이되지 않기만을 간절히 바랄 뿐이다.

우리 헌법의 아버지들은 명백히 자유민주주의와 시장경제 질서를 확고하고 든든한 두 기둥으로 삼았다. 그리고 9번에 걸친 무자비한 개헌과정에서도 그 두 기둥은 적어도 글자 상으로는 무너지지 않았다. 그러나 그것은 종이 위의 글자일 뿐, 현실에선 거의 작동하지 않았다. '자유' 보다는 '획일적 평등'을, '시장' 보다는 '관치' 를 선호했고, 악용해 왔다. 그리고 그 때마다 '개헌' 카드를 꺼내들며 국민을 우롱하거나 기만해 왔다.

이번 정권도 예외는 아니다. 집권초기부터 이 정권은 국회의장과 한나라당 대표를 통해 개헌논의에 불을 지피고자 해왔다. 지금까지도. 그러나 그 개헌논의는 21세기 세계화, 분권화에 부응할 수 있는 '열린' 헌법을 만들기 위한 것이 아니라, 오로지 권력구조 하나 만을 바꾸기 위한 특정 목적의 원포인트 개헌을 위한 것이다. 노무현 정권과 다를 바가 전혀 없다. 집권 말에 노무현대통령도 원포인트 개헌에 매달리며 나라를 온통 흔들어댔었다.

대통령은 헌법을 한 번이라도 제대로 읽어보았는가? 우리 헌법 어느 조항이 대통령에게 제왕적 권한을 부여하고 있는가? 헌법상 상당한 권한이 부여된 국무총리가 그동안 왜 핫바지 총리, 그림자 총리, 심지어 자원총리, 세종시 총리 등 '특임총리'로 전락해 왔는가? 우리 헌정사상 헌법이 부여한 국무총리의 권한을 행사하려했던 유일한 총리는 왜 그날로 사표를 던져야 했겠는가? 헌법 규정 때문인가?

아니다. 대통령 때문이다. 모든 권력을 독점하고 싶어 하는 대통령, 바로 사람이 문제다. 그런데도 많은 정치인들은 마치도 우리헌법이 '제왕적 대통령제'를 규정하고 있는 것처럼 혹세무민하며 실패한 세종시에 이어 또다시 개헌카드를 내밀고 있다. 지난 노무현 정권에 이어 이번 정부도 원포인트 개헌을 집권 후기에 주장하는 진정한 속내는 과연 무엇인가?

20세기에 만들어진 폐쇄적이고도 중앙집권적인 헌법을 21세기 '열린' 헌법, '분권화' 헌법으로 만들 필요는 분명히 있다. 도도한 역사의 수레바퀴에 올라타지 못해 속국이 되어야했던 처절한 역사를 되풀이하지 않기 위해서라도 국가 대개조를 위한 개헌은 시급하고도 필요하다.

그러나 그런 본질은 외면한 채 권력다툼의 씨앗이 될 '권력구조'만을 위한 원포인트 개헌은 정치권이 또다시 우리 헌법을 유린하는 파렴치한 행위이다. 대한민국 헌법정신과 이념수호를 위해 부단히 피 흘려온 자유 민주시민을 능욕하는 행위이다. 50년, 100년 앞을 내다보는 열린 헌법을 위한 개헌에 자신도, 의지도 없다면 있는 헌법이라도 제대로 준수하라!

통일헌법을 만들자

제헌헌법을 넘어 이제는 통일헌법을 만들자

[충남일보 칼럼 중에서 2011.07.18]

현행 헌법은 1987년, 마지막 민주화의 불꽃이 타올랐던 그 때, 불과 넉 달 만에 정말 전광석화처럼 만들어졌다. 그렇게 만들어졌기 때문일까? 현행 헌법은 단순히 20세기적 헌법이라는 틀 외에도, 정치 세력 간의 야합으로 급조되다 보니 여기 저기 아귀가 안 맞는 것도 사실이다. 가장 큰 문제는 통일에 대비한 내용이 전혀 없다는 사실이다. 그래서 현실적으로 북한이 무너졌을 때 어떻게 통일을 진행할 수 있을지, 그저 막막하기만 하다.

통일은 DMZ 철조망을 넘어 북한주민이 물밀 듯이 내려오는 것은 아니다. 국제사회에서 한 국가가 인정받기 위해서는 헌법이 필요하듯이, 통일을 하기 위해서도 헌법이 필요하다. 최소한 헌법에 통일을 할 수 있는 근거조항은 있어야 한다. 막연히 '평화통일'이라는 단어만으로는 불가능하다. 동서독이 통일을 하기 위해서 통일합의서를 썼듯이 우리도 이제는 통일을 준비하기 위한 헌법개정작업에 빨리 착수해야 한다.

'통일이 밤도둑처럼 올 수도 있다'는 대통령의 말은 최고통치자의 비유로서는 적절치 않지만, 사실이다. 언제 어떤 모습으로 통일이 이루어질지 아무도 예측할 수 없다. 그러나 그럴수록, 대비는 철저히 해야 하지 않겠는가? 다른 체제를 유지해온 두 주체가 통일한다는 것은 결코 쉬운 일이 아니다. 그 유례를 찾아볼 수 없는 긴 휴전상태에 있기 때문에 더욱 더 통일에 대비한 통일헌법을 빨리 만들어야 한다. 통일 후 북한 주민에게 체제변동에 따른 적응기간을 부여하기 위해서라도 통일헌법은 절실하다. 북한주민들이 통일 후에 2등 시민이 되지 않게 하기 위해서도 통일헌법은 지상명제라고 할 수 있다.

대통령제로 할 것이냐, 의원내각제로 할 것이냐, 양원제로 할 것이냐, 단원제로 할 것이냐는 중요한 문제가 아니다. 원래 헌법에서 권력구조는 국민의 권리를 최대한, 잘 보장하기 위한 수단에 지나지 않는다. 그럼에도 불구하고 우리나라에서는 개헌 얘기만 나오면 권력구조에 함몰되어 아귀다툼을 한다. 참 한심한 일이다. 권력구조는 인권보장을 모색한 끝에 따라붙는 첨언 같은 부록에 불과하다.

'우리의 소원은 통일'이 아직도 유효하다면 헌법을 다시 보자. 그리고 통일에 대비한 개헌논의를 빨리 시작하자! 그래야 대한민국이 21세기의 태평양 시대도 주도할 수 있다. 기회는 두 번 다시 오지 않는다. 국운 상승의 시기임을 인지한다면 머뭇거릴 시간이 더 이상 없다.

보수의 위기

CHAPTER 4

" 보수가 이제 그만 분노와 울분을 승화시켜야 할 때라고 생각한다. 누구도 화내고 난리 치는 사람 옆에는 안 가는 게 인지상정이다.

2018.07.02, 박선영 주간조선 인터뷰 중에서 "

보수다수시대는
끝났다

단일화는 필승이란 환상

　이명박 정부 들어 첫 민선 교육감 선거부터 박근혜 정부까지 교육감 선거는 보수적이라 평가받는 후보들이 꽤나 높은 지지를 받아왔다. 그러나 2010년 서울시 교육감 선거에서 이변이 일어났다. 보수 성향 후보들의 득표는 이원희 33.22%, 김영숙 12.8%, 남승희 후보 11.82% 등 65.63%를 차지했다. 하지만 단일화 실패로 진보 단일후보였던 곽노현 후보는 34.34%만으로 당선됐다.

　'이기고도 진 선거'를 통해 뼈아픈 경험을 한 보수진영이 '단일화'에 목매는 건 어쩌면 당연한 일이 아닐 수 없다. 그 결과 2012년 서울시교육감 보궐선거에서는 보수 문용린이 단일화에 성공했다. 당시 단일화에 응하지 않으려는 후보자에 대한 보수진영의 공격은 상당히 매서웠다. 그 결과 보수단일후보 문용린은 54.17%, 진보단일후보였던 이수호 후보는 37.01%로 문용린이 압도적으로 승리했다. 이러한 경험에 비춰 교육감 선거에서 보수진영은 잘못된 '착각'을 하고 있다. 보수로 단일화하면 이긴다는 일종의 '환상'이다. 보수진영은 정치지형이 달라져도 '단일화하면 이긴다'는 말만 되풀이하고 있다. 정말 그럴까?

　'보수끼리' 단일화해도 이길 수 없게 된 건 2014년 서울시교육감 선거부터였다. 교육감 선거 직전에 발생한 세월호 참사로 보수정권의 안전사고 대응 문제에 대한 분노가 들끓었다. '고시 3관왕' 고승덕 변호사가 출마한 것도 판을 뒤집었다. 고승덕의 가장 큰 장점은 오랜 방송 활동으로 인지도가 타의 추종을 불허한다는 점이었다. 보수냐 진보냐로 고승덕을 구분하기 어려워졌다. 그가 독자 완주해도 승리할 수 있다는 여론조사 결과도 꽤 많았다.[63]

사전투표 결과는 조희연 34.6%, 고승덕 33.7%, 문용린 25.6%를 기록했다. 선거 당일투표는 조희연 40.1%, 고승덕 22.1%, 문용린 31.8%였다. 고승덕은 당일투표에서 사전투표보다 11.6%가 줄어든 반면에 조희연과 문용린은 각각 5.5%, 6.2% 늘어났다. 고승덕 이탈표를 조희연과 문용린이 비슷하게 나눠가졌다는 해석이다. 선거가 끝난 직후 고승덕 측의 한 관계자는 필자에게 "고승덕은 조희연보다 문용린을 더욱 문제라고 인식했다"고 말했다. 고승덕은 교육감 선거 출마를 준비하면서 기존 보수진영 교육시민사회에 대한 문제의식을 강하게 느끼고 있었다. 고승덕은 애초에 보수 후보와 단일화할 수 없거나 그럴 가능성이 높지 않았다.

그렇다면 2018년 서울시 교육감을 돌아보자. 2018년 서울시 교육감 선거 당시 진보진영에서는 현역 교육감이었던 조희연이, 보수에서는 박선영, 중도로는 조영달이 후보로 나왔다. 교육감 선거는 정당의 선거 관여행위가 금지돼 있다. 그렇지만 언론에서는 이미 시도지사와 교육감을 러닝 메이트로 다루면서 안철수의 멘토로 알려진 조영달을 안철수와 함께 '중도' 후보로 표현했다. 2014년 선거와 비교하면 조영달은 고승덕과 비슷한 위치에 있었다. 교육감 선거 투표 결과는 조희연이 46.58%, 박선영이 36.15%, 조영달이 17.26%를 각각 기록했다.

박선영은 조희연과 일대일로 붙을 수 있었을까? 박선영과 조영달은 단일화를 이룰 수 있었을까? 아니면 박선영을 위해 조영달이 사퇴함으로써 박선영에 표를 몰아줄 수 있었을까? 그 반대는 가능했을까? 박선영과 조희연이 일대일로 붙었다고 하더라도 조영달의 표를 박선영이 과연 온전히 흡수할 수 있었을까?

모두 다 불가능한 일이었다. 선거 기간 박선영과 조영달의 단일화에 대해 거론한 인사는 아무도 없었다. 박선영은 조영달과 몇 차례 만남을 제의했지만, 소위 서울사대 출신들조차 두 사람의 만남을 도울 생각은 하지 않았다. 더욱이 조영달이 보수진영을 위해서 그만둘 생각이 전혀 없었음이 직간접적으로 알려졌다.

보수와 중도 단일화에 대한 이야기는 2018년 교육감 선거가 아닌 서울시장 선거에서 나왔다. 조선일보 김대중 고문은 "서울에서 한국당 김문수씨, 바른당 안철수씨가 단일화하는 문제"를 거론했다. 김대중은 "두 후보 중 한 사람이 사퇴함으로써 표를 몰아주는 것"을 제안했다. 조갑제 조갑제닷컴 대표도 김대중의 제안을 소개하면서 "전폭적 지지와 동감을 보낸다"고 평가했다. 조갑제는 2017년 대선에서도 홍준표와 안철수의 단일화를 촉구한 바 있다.

"국민 승리를 착각 말라"

2020년 21대 총선을 앞두고 터진 '조국 사태'로 연패의 늪에 빠져 있던 보수 야당에게는 이번에는 해볼 만하다는 분위기가 있었다. 특히 정부여당 편이었던 진보진영 일부가 '민주당만 빼고' 투표하자는 운동을 펼치면서 이러한 분위기는 힘을 얻기도 했다. 진보 성향의 임미리 고려대 한국사연구소 연구교수가 경향신문에 '민주당만 빼고'라는 제목의 칼럼을 기고한 게 결정적이었다. 칼럼은 "촛불 집회 당시 많은 사람이 '죽 쒀서 개 줄까' 염려했다. 하지만 우려는 현실이 됐다"며 "많은 사람들의 열정이 정권 유지에 동원되고 있다. 더 많은 사람들의 희망이 한 줌의 권력과 맞바꿔지고 있다"고 했다. 그러면서 "민주당만 빼고 투표하자"고 했다.

임미리 교수는 며칠 뒤 페이스북에 민주당이 자신을 고발한 사실을 알리면서 "2004년 노무현 대통령은 열린우리당에 압도적 지지를 당부했다. 당선 운동은 되고 낙선 운동은 안 된다는 얘긴가"라며 "1987년 민주화 이후 30여 년 지난 지금의 한국 민주주의 수준이 서글프다. 민주당의 완패를 바란다"고 썼다. 그러자 진중권 전 동양대 교수도 "나도 고발하라"며 민주당을 비판했다. 김경율 전 참여연대 공동집행위원장도 "나도 고발하라!!!!!!!!!"라고 거들었다. '민주사회를 위한 변호사 모임' 소속의 권경애 변호사도 페이스북에 "어디 나도 고소해봐라"라고 가세했다. '88만원 세대' 공동 저자인 박권일 사회평론가는 "민주당은 기어코 전체주의 정당 내지 파시스트당으로 가려는 건가"라고 했다. 같은 책 공동 저자인 우석훈 박사도 "이런 건 진짜 아니다"라고 했다.

이처럼 21대 총선은 일부 진보 인사들까지도 '반민주당' 운동에 적극적이었다. 거기다 안철수의 국민의당은 '지역구 무공천'을 선언했다. '반민주당' 기치를 들어 뭉친 '보수 야권'으로서는 호재를 만났다. 탄핵 이후 갈라졌던 보수 정당도 하나로 합쳐졌다. 보수와 중도가 연대를 했다고 봐도 무방한 상황이었다.

하지만 결과는 지역구 투표에서 득표율이 민주당 49.9%, 통합당이 41.5%였다. 민주당과 정의당, 민생당, 민중당까지 포함한 진보진영에 표를 준 유권자가 53.8%다. 진보진영이 중도보수진영보다 12.3%나 앞섰다. 박근혜 탄핵 이후로 보수진영이 지리멸렬했던 19대 대선 때보다 분위기가 더욱 나빠졌다. 당시 문재인이 41.08%를 얻었고 심상정은 6.17%로 두 사람은 총 47.25%를 받았다. 홍준표와 안철수, 유승민의 득표율을 모두 합치면 약 52%가 됐다. 이때만 하더라도 중도보수진영이 진보진영보다 4.75% 앞섰다.

왜 그랬을까. 21대 총선 결과에 대한 여론조사[64]에서 '더불어민주당이 총선에서 180석을 차지한 반면 미래통합당이 103석에 그친 이유'를 물은 결과 '통합당이 잘못해서'라는 응답이 61%가 나왔다. "민주당이 잘해서"라는 응답은 22%에 불과했다. 여야 정당에 대한 호감 여부도 통합당에 '호감이 가지 않는다'(73%)가 '호감이 간다'(20%)보

다 세 배 이상 높았다. 민주당에 대해선 '호감이 간다' 56%, '호감이 가지 않는다' 37%였다.

2021년 4·7 서울시장 보궐선거에서 야당은 서울 전 지역을 석권했다. 2018년 지방선거 3년 만에 여야의 득표가 정반대로 뒤집혔다. 그동안 여당에 콘크리트 같은 지지를 보냈던 강북 지역마저 야당으로 지지를 바꿨다. 작년 4월 총선만 하더라도 민주당은 서울 49개 지역구에서 304만 표를 얻어 41개 의석을 차지하며 압승했다.

뭐니 뭐니 해도 여당의 참패 원인은 성난 부동산 민심이었다. 문재인 정부는 부동산 대책을 20차례 넘게 쏟아내고서도 집값·전셋값을 잡지 못한 정책 실패에 대한 국민들의 불만은 차곡차곡 쌓이고 있었다. "부동산만큼은 자신 있다"(문 대통령)던 약속은 어느새 퇴색했다. 1주택자도, 무주택자도 정부에 화를 냈다. 집 살 기회를 사실상 박탈당한 2030세대의 분노가 특히 거셌다. "정부 믿다 벼락 거지가 됐다"는 자조가 흘렀다.

정부가 대대적 조사를 벌이고 대책 마련을 시작했지만, '부동산 정책에 실패한 데다 도덕성까지 없는 정부'라는 인식이 확산했다. 선거를 코앞에 두고 터진 '김상조·박주민 전월세 내로남불'은 더 깊은 상처를 남겼다. 전월세 상한제를 골자로 임대차 3법 입법을 주도한 이들이 지난해 국회 법안 통과 직전 임대 계약을 다시 하면서 전월셋값을 올린 사실이 드러났다. 문 대통령이 김상조 청와대 정책실장을 경질하고, 민주당은 박영선 서울시장 후보 캠프에서 박주민 의원을 배제했지만, 민심을 되돌리기엔 역부족이었다.

전직 서울시장의 성범죄로 인해 치르게 된 이유도 컸다. '우리 당 소속 선출직 공직자의 잘못으로 치러지는 보궐선거에 공천하지 않는다'는 당헌을 문재인의 당 대표 시절 만들었지만, 당헌의 규정을 바꾸는 무리수까지 두면서 후보를 냈다 결국은 명분도 실리도 잃고 실정(失政)에 실망한 적극적 중도층의 존재만 확인했다. 박 전 시장에 대한 민주당의 추모 열기는 지지층의 이탈을 더욱 부추겼다. 선거 기간 임종석 전 대통령 비서실장은 난데없이 "박원순 재평가·복권"을 주장해 '쐐기'를 박았다.

하지만 이번 선거 결과를 자축하기에는 이르다. 80% 가까운 유권자는 여당의 실정에서 승리의 원인을 찾았다. '국민의힘이 잘해서'라고 생각하는 유권자는 7%에 그쳤다.[65] 정부여당에 등을 돌린 국민이 늘어난다고 해서 무조건 보수야당에 오라는 법은 없다. 보수 진영이 가장 오해하고 있는 게 바로 '정권심판론'을 보수 야권에 대한 지지로 착각한다는 점이다. 동아시아연구원이 21대 총선을 심층 분석한 보고서에 따르면 유권자는 상당수 정부여당에 대한 판단과 야당에 대한 판단을 독립적으로 하고 있다. 즉 정부여당에 실망했다는 것이 곧바로 야당에 대한 지지로 귀결되지 않으며, 야당에 대해서는 대안 권력으로서 별도의 평가를 하게 된다는 것이다.[66]

중도층은 이념에 상관없이 자신이 믿는 가치가 훼손되면 여야를 불문하고 이에 대해 응징할 준비가 돼 있다. 문재인 정부는 적폐청산에 집착하다가 국민 갈등과 국론 분열로 사회적 스트레스를 키워 중도층이 갖고 있던 포용 정치에 대한 기대를 외면했다. 관용과 포용, 화합은 제스처마저도 없었다.

국회에서 절대다수 의석을 차지한 이후에는 상임위원장 독점, 법안의 단독 통과 강행, 회전문 인사와 문제가 제기된 인사에 대해서도 인사청문회 결과 무시와 임명 강행으로 밀어붙였다. 여기에 법무부 장관과 검찰의 대립 구도 조장, 주택정책 실패와 공시지가 대폭 상승, 한국토지주택공사(LH) 직원을 비롯한 공직자의 땅 투기와 권력층의 임대차 3법 시행 직전 임대료 대폭 인상까지 더해져 결과적으로 중도층이 진보 진영에 응징을 가한 것으로 볼 수 있다. 박근혜 정부의 국정농단, 이명박 전 대통령의 '다스' 소유권과 특수활동비 사건에는 보수 진영을 응징했던 것도 바로 중도층이다.

박선영 | facebook   2021. 04. 07.

국민의힘은 정신 바짝 차려라

이번 선거의 승리는 국힘당이 잘 해서가 아니다. 국힘당이 이뻐서도 아니다. 90%는 부동산 문제로 인해 60%의 국민이 분노했기 때문이다. 그러니 국힘당은 고개를 숙여야 한다. 한껏 몸을 낮추고 조심해야 한다. 안 그러면 내년 선거 때 또 훅 간다.

민주당은 조만간 쪼개질 것이다. 문재인을 출당시킬 것이며 과거를 부정하면서 잘못했다고, 용서해달라고 싹싹 빌 것이다. 과거에 DJ한테 했듯이! 그러면서 노무현을 앞세워 정권을 재창출했듯이 또 빅쇼를 할 것이다. 그러면 국민은 또 속아 넘어간다.

그러니 국힘당은 선수를 쳐야 한다. 안철수는 약속한 대로 합당해라. 그리고 국힘당은 빅텐트를 치고 큰 용광로 속에 홍준표 등 모든 잠룡들을 다 집어넣고 펄펄 끓이며 담금질을 하듯이 컨벤션효과를 극대화해야 한다.

안 그러면 죽 쒀서 개 준다. 정신 바짝 차려라. 내일 아침에 웃지 마라. 오세훈과 박형준이 잘나서, 잘 해서 이긴 선거가 절대로 아니다. 고개를 숙이며 결기를 보여라. 그래야 내년에도 이길 수 있다.

"보수가 싫다" 'No보수'[67]

'보수의 몰락'이라는 책은 보수 진영에 대한 안티 팬덤을 'No보수'라고 부른다. 저자들은 "No보수는 이제는 보수 세력이 정확하게 알아야 하는 집단"이라고 강조했다. 저자들은 "이들은 '보수가 정말 싫어'라는 안티-보수, 보수 혐오의 정서를 공유하면서 선거 때마다 보수의 선거 패배를 이끄는 거대한 흐름이 되고 있다"면서 "이제 한국 정치의 키워드는 'No보수'"라고 재차 강조했다. 저자들은 No보수를 다음과 같이 정의했다.

규모 신흥 정치 집단인 No보수는 1200만 명 정도의 정치 집단을 유지하는 것으로 추정된다. No보수에 동조하는 이들은 50대, 865만 명의 37%, 40대, 836만 명의 45%, 30대, 699만 명의 43%, 10대와 20대, 775만 명의 35%로 추정할 수 있다. 이 데이터는 조국 사태로 인해 문 정부의 지지율이 가장 낮을 때(긍정 39%/부정 53%)의 여론조사를 기반으로 추정한 것으로 No보수 규모가 가장 줄어든 시점이라 하겠다.

역사성 No보수는 노무현 정부를 겪으면서 형성된 고도로 정치화된 지각력을 지닌 집단이다. 노무현 정부 시절 정치 이슈를 체득했으며 이명박 정부 시절에는 거리에서 체계적으로 조직화됐고, 박근혜 정부에서는 현직 대통령 탄핵을 이끌어내는데 동참한 시민 조직이다. 10년 사이에 두 명의 대통령을 상대로 강력한 집단의사를 관철시켰다는 점에서 86세대를 잇는 시민 정치 집단으로 불릴 수 있다. 새로운 집단은 86세대의 정치 DNA를 이어 받았다.

성향   안티 팬덤과 피아 구분에 따른 혐오 정서가 강하다. 군국주의 국가였던 일본을 혐오하고 사물 판단에 있어서 디지털 집단의 특징과 유사하게 강한 여론몰이 성향이 있다. 옳고 그름이란 이분법적 논리가 강력하다. 집단주의 성향이나 집단 내 위계질서에 대한 욕구가 강력하다. 같은 진영이나 편에 속한다고 생각해도 공론과 다른 소수 의견을 내는 내부자에게 더욱 가혹한 비판에 나서는 경향이 있다. 예를 들어 민주당 당론을 거부한 의원에 대해 거센 비판이 쏟아지는 것도 그와 비슷하다. 옳고 그름에 민감하기에 찬성과 반대의 진영 이슈가 생길 경우 집결하는 성향이 높다.

No보수는 정치적으로 세대별의 특징이 있으나 진보 No보수, 중도 No보수, 무당층 No보수, 반진보 No보수 등 다양한 정치적 스펙트럼으로 파악되며 이들을 묶는 기반은 '보수 혐오' 정서다. No보수는 혐오 대상에는 근본주의적 입장을 개진하며 찬성과 반대를 피아로 전환시키는 집단적 속성을 가지고 있다. 특정 인물이나 주장에 대한 강력한 지지 과정에서 자신들의 입장을 관철시키며 이 과정에서 합리성을 벗어난 모습을 보이기도 한다.

文 정부와 No보수   진보 진영은 '연합 세력'이다. 친노 세력과 운동권 86정치인의 연합이 현재 진보 정치 세력의 권력 합작 방식이다. 문

정부와 진보 여당이 원조 친노 출신 정치인과 문 정부에 입성한 친문 정치인, 그리고 운동권 세력인 86정치인이 연합된 야권 연대 세력이 듯, 진보 진영은 다양한 세력과의 합종 연대를 통해서 권력을 운영하는 방식에 상당히 특화된 집단이다. 문 대통령도 2012년 대선에서는 안철수 후보와 연합하기도 했고, 노무현 전 대통령도 2002년 대선에서 다른 당인 정몽준 후보와의 단일화를 진행하기도 했다.

제도권 정치에 있던 민주 진영과 운동권 세력의 조합 이후 과거사 문제나 정부 세력의 단죄와 처벌이 새롭게 강화된 '정의'라는 이름으로 진보 진영의 주요 화두가 되었듯 No보수 세력과의 조합은 한국에 새로운 정치 지형을 가져다줬다. 보수가 쉽게 이해할 수 없는 진보 진영의 행동이 나타나기 시작했다.

'No보수'가 왜 생겨났는지 책 내용을 좀 더 살펴보자. 저자들은 노무현 정부 집권 5년의 결과물로 지금의 보수와 진보라는 이념 정치 구도가 새롭게 재정립된 것으로 보고 있다. 노무현 정부 이전 '민주주의냐, 아니냐' 문제는 김영삼 정부가, '권위주의냐, 아니냐'는 김대중 정부가 대단원의 막을 내렸다.

노무현은 5년 임기 내내 늘 현안을 이념 진영으로 나눠 찬성과 반대, 정(正)-반(反)이 대립하는 국민적 이슈로 만들었다. 이를 통해 진보는 '정의'라는 기준점을 세우고 보수는 '불의'라는 프레임을 씌웠다. 옳고 그름을 떠나 이라크 파병, 대연정, 과거사 청산, 수도 이전, 대통령 탄핵, 부동산 문제 등 모든 현안을 대통령이 끌고 다녔는데 이는 분명 새로운 정치 방식이었다.

압도적인 지지를 통해 당선된 이명박 정부가 왜 그토록 쉽게 무너진 것일까. 진보 진영은 '광우병 집회'를 계기로 '새로운 보수 정부=미국산 쇠고기 강행=시민의 반대편=과거 권위주의 정부=악=타도 대상'이라는 등식을 만들어 여론전에 나섰다. 물론 좌파 단체나 일부 불온 세력이 선전 선동하기도 했다. 하지만 매번 10만 명 이상이 모이는 대규모 시위가 가능하게끔 한 본질은 선과 악의 정치 구조에 따른 것이었다. 이명박의 이도 저도 아닌 어설픈 대응은 오히려 "MB 정부는 나쁘고, 나(시민)는 반대편"이라고 온 국민이 인식하게 만들었다.

박근혜는 '좌향좌' 깜빡이를 켜고 우여곡절 끝에 정권 재창출에 성공했다. 하지만 세월호 참사를 시민 눈높이에 맞춰 대응하지 못하면서 진보 야당이 시도한 '생명을 도외시한 나쁜 보수'라는 프레임 속으로 서서히 끌려가기 시작했다. 가뜩이나 '유신공주', '독재자의 딸'이라는 부정적인 이미지가 쌓여있던 박근혜였다. '최순실 사태'가 터지자 박근혜는 헌정사 초유의 탄핵 대통령이 된 채 막을 내리게 된다. 보수 집권 9년, 한국 사회에는 보수 정치 세력에 대한 어느 때보다 강력하고 거대한 안티 팬덤이 완성됐다.

보수 위기의 요인들

'친동성애자'로 공격받은 박선영

박선영은 그동안 기자로, 교수로, 그리고 18대 국회의원으로 공개적 활동을 펼쳐왔고, 사단법인 물망초라는 시민단체까지 운영하면서 국민들의 많은 관심을 받고 있는 인사였다. 이미 웬만한 대다수의 언론이나 정치권에서는 박선영을 가장 대표적인 보수 인사로 분류하고 있었다. 그럼에도 박선영이 출마 의사를 밝히자 반대세력은 의혹을 부풀렸고 이러한 의혹은 기정사실이 되었다. 교육감 선거에 출마한 박선영은 좌우로부터 동시에 공격을 받은 셈이다.

특히 동성애를 둘러싼 논쟁이 가장 대표적이었다. 어떤 단체는 박선영을 '동성애를 혐오하는 후보'라 평가했고[68], 또 다른 단체는 박선영을 '동성애를 옹호하는 후보'라고 했다.[69]

박선영에 대해 정반대의 논란이 극심했던 동성애 관련 이슈는 한 번 짚고 넘어가 보고자 한다. 필자도 '동성애' 문제에 대해서는 종교계 입장과 궤를 같이한다고 확신할 수 있다. 하지만 일부 종교계가 박선영을 '친동성애자'라 낙인을 찍고 공격한 건 아직도 이해할 수 없다. 가장 먼저 등장한 '친동성애자' 논란은 박선영이 설립하고 이끌고 있는 물망초에서 나온 책 가운데 한 탈북자의 자전적 소설 때문이었다. 동성애자가 쓴 책이고 동성애자가 주인공이라는 이유를 들먹이며 '박선영=친동성애'자라고 주장하는 기독교 세력이 등장한 것이다.

도서출판 물망초는 탈북자 심리치료를 위해 '나도 작가'라는 글쓰기 프로그램을 지원하고 있었다. 해당 작품은 순수 문학적인 시각과 감수성이 좋은 평가를 받아 선정된 책이었다. 당연히 작가가 동성애자인 점은 고려사항이 아니었다.

그렇다면 동성애자인 탈북자에게는 우리 정부가 정착지원금

을 지급하면 안 되는 것인가? "소설 속 주인공이 '동성애자'이니 이 책은 동성애자의 책이고 이 책을 펴낸 출판사의 이사장은 또한 동성애자다"라는 주장은 터무니없다. 살인범이 주인공으로 나온 영화나 소설이 '살인을 조장하는 영화나 소설'이 아니라는 걸 누구나 다 알고 있다.

일부 종교계를 배경으로 한 극렬 세력은 이 책이 국내에서 '퀴어문학'으로 소개되고 있다고 해서 '동성애를 조장하는 책'이라고 반복적으로 강조했다. 하지만 국내 퀴어문학에서 소개대상인 작품은 '성소수자가 등장하는 모든 것'을 대상으로 한다. 책의 내용이나 분량과 선정 기준에 아무런 관계가 없다는 걸 퀴어문학플랫폼에서 분명히

밝히고 있다. 이 책이 동성애를 조장하고 있지 않다는 건, 퀴어문학 플랫폼 리뷰어들의 글을 봐도 알 수 있다. 리뷰어들은 "그의 기구한 인생을 하나부터 열까지 늘어놓은 글에서 기구함 이외에 어떤 것을 느껴야 하는지 잘 모르겠다", "그의 삶이 얼마나 힘들었고 숨 막혔는지는 솔직히 내게 중요하지 않다" 등으로 평가했다.

네이버에서 이 책에 대해 블로그로 리뷰를 남긴 네티즌들의 글을 보면 애초에 이 책이 의도한 바가 무엇이었는지를 보다 자세히 알 수 있다. 한 네티즌은 "북한이라는 사회를 이해하는 데도 정말 많은 도움을 주는 책"이라며 "책 앞부분은 성장소설의 성격이 강하고 뒷부분은 탈북 수기의 성격이 강하다"고 썼다. 또 다른 네티즌도 "읽다 보니 '북한에도 사람이 살고 있었네'라는 생각이 든다"고 하였고, 다른 네티즌도 "강요된 전제주의와 강요된 교육 속에서 자율성을 잃고 살아가는 사람들, 현실이 뒷받침되지 않는 이상이 만들어가는 피폐한 문화까지 잘보여주었다"고 했다.

박선영은 '친동성애자'가 아님을 수차례 강조했다. 박선영의 SNS나 언론에 나온 발언들을 보면 오히려 과할 정도로 입장을 밝혔다. 그럼에도 '친동성애자'가 아님을 물어보는 모든 단체나 집단을 일일이 찾아다니며 입장을 명명백백히 밝히라고 강요하던 일부 단체와 인사들이 있었다. "때리는 시어머니보다 말리는 시누이가 더 밉다"란 말이 있듯이 매우 부적절한 일이 아닐 수 없었다. 선거가 끝난 뒤 지인으로부터 들은 이야기다. 박선영을 '친동성애자'로 공격했던 세력은 투표를 하지 않았거나 조영달을 찍었다고. 심지어 조영달을 적극 도왔다고.

도서출판 물망초는 국군포로, 탈북자에 관한 책들은 물론 '나는야 코리안!', '6·25가 뭐예요?' 등 어린이를 위한 역사 동화책도 펴내고 있다.

박선영 | 페이스북　　　　　　　　　　　　　　2020. 02. 27.

신천지에 대한 단상斷想.
그리고 낙인에 대한 잔상殘想.

　어려운 일은 해결 가능하지만 어이없는 일은 대처하기 힘들다. 상대방은 룰이나 원칙은커녕 기본이나 윤리에서도 크게 벗어나 있으니까. 내가 신천지라는 공격이 신호탄이었다. 신천지? 나는 신천지에 대해 아는 것이 없었다. 가끔 지하철 등에서 신천지 선교하는 걸 본 적이 있고, 예전에 있던 학교의 학생 몇몇이 신천지 신도라는 얘기를 얼핏 들은 적은 있지만 왜 신천지가 문제인지도 잘 몰랐다. 알고 싶지도 않았다. 그런데 내가 신천지 신자라며 인터넷에서 나를 공격하는 글들이 급속도로 퍼지고 있다는 것이다. 특히 보수들이 들어가는 각종 sns에 독버섯처럼 도배가 되면서 왈가왈부 난리가 났다는 것이다.

　나는 천주교 신자, 가톨릭신자인데. 뭘 잘 못 알고 그러겠지, 싶어서 그냥 두라고, 곧 사그라들 거라고 했다. 나는 자유시장경제와 똑같은 표현의 자유 시장 free market of idea, 그 자정능력을 믿는 사람이니, 스스로의 잘못을 깨닫고 스스로 부끄러워 스스로 그 글들을 내릴 테니 그냥두라고. 특히 그렇게 나를 공격하는 글들이 다른데도 아닌, 보수들의 sns에 돈다니 현명한 우리 보수들이 스스로 참과 거짓을 분별할 테니 그냥 두라고. 내가 가톨릭 신자임은 대부분이 아는 공지의 사실이라고!

　홍보쪽에서는 대응을 주장했지만, 그저 '가만있으라'고, 내가 극구 말렸다. 대신 그런 말을 퍼트린 사람은 찾아두고 캡쳐해 두라고 했다. 답은 놀라웠다. 선교사들이란다. 보수쪽에서 열심히 일하시는 분으로 예전에 예비등록 하셨던 분을 돕던 그쪽 분들같다고 알려왔다. OK. '그러면 더욱 가만히 있어라'. 자기들이 밀었던 분이 갑자기 뛰어든 사람한테 밀렸으니 당연히 지금은 상실감이 클 거다. 그러니 절대로 자극하지 말고 모르는 척 하면서, 혹시 마주치거든 친절하게 대하라, 고 신신당부했다.

왜? 그분들이 정말 보수라면 지금은 내가 누군지 몰라도 곧 알게 될 테고 그런 글을 쓴 게 부끄러워서 스스로 내리게 될 테니까. 그리고 대응이라면 결국 고소고발인데 그러면 좌파들이 얼마나 좋아하겠느냐? '분열된 보수들이 이제는 자기들끼리 법정다툼까지 벌인다'며 좌파언론들이 하이애나처럼 나서서 교육문제보다는 보수분열문제로 나와 보수를 싸잡아 공격할 테니 '일절 대응하지 말고 그냥 두라'고 했다.

그러나 결과는 악화일로였다. 신천지라고 나를 공격하던 사람들은 내가 무대응으로 일관하자 그 다음엔 나를 동성애자, 이슬람, 막판에는 좌파라고 공격했다. 선거를 며칠 앞두고는 대형교회에까지 파고들어 내가 신천지에 동성애자, 이슬람, 좌파라는 유인물까지 마구 뿌려댔다. 많은 친구, 친지들이 놀라서 전화와 문자를 보내왔다. 빨리 대응하라고. 목사라는 분들은 내게 수시로 전화를 하거나 직접 찾아와서 기자회견을 하든지! 자기들 앞에서 내가 동성애자도, 이슬람도 아니라는 것을 입증하는 구두시험을 보라고 윽박질렀다. 거절하자 문항을 보내면서 필기시험처럼 체크해서 달란다. 놀라웠다. 그 언행과 사고방식에 기함했다. 보수 내부가 어떻게 움직이는지 적나라하게 들여다 보는 놀라운 순간이기도 했다.

멀쩡?한 사람을 어떻게, 어떤 식으로 매도하고 낙인찍으며 집단농락하는지, 뼈저리게 느낀 사건이었다. 특히 좌파가 아닌, 자유우파, '보수'라는 분들이 어떻게 보수를 분열시키는지 똑똑히 체험한 소중한 시간이었다. 이런 어이없는 자유우파, 보수 내부의 총질을 받으면서도, 기울어지고 뒤집어진 운동장에서 투표결과 36%이상의 득표율을 기록했음은 기적이다. 도와주시고 응원해주신 모든 분들께 감사드린다. 넘치도록 많은 사랑을 받았으면서도 요즘 각종 언론과 sns에 신천지 뉴스가 나올 때마다 내게 씌워졌던 각종 '낙인'이 되살아나 씁쓸해진다. 이런게 트라우마일까, 싶을만큼!

꼰대들의 보수순혈주의

　당초 교육감 선거에 출마하기로 예정된 사람은 곽일천 서울디지텍고등학교 교장이었다. 그는 2014년 초 보수성향으로 평가받던 교학사 한국사 교과서를 채택하기 위해 무진 애를 썼다. 2016년 초에도 곽일천의 서울디지텍고는 서울시교육청이 '친일인명사전' 구비 예산을 각 학교에 내려보내자 예산 반납 의사를 밝혔다. 친일인명사전은 민족문제연구소가 일제강점기에 친일행위를 한 한국인 명단과 친일 행적을 정리해 2009년 발간한 3권짜리 책자다.

　이렇듯 보수진영으로부터 박수받을만한 활동을 펼치던 곽일천이 단숨에 스타가 된 결정적인 계기는 그가 2017년 초 종업식에서 "대통령 탄핵이 정치적으로 이뤄졌다"고 주장하면서다. 그는 박근혜 정부가 심혈을 기울여 만든 국정 역사 교과서로 수업을 하겠다고 밝힌 첫 학교이기도 했다. 그가 서울시 교육감에 출마하는 건 기정사실화 된 것이나 마찬가지였다. 이런 가운데 갑작스럽게 '박선영 교수를 서울시 교육감 후보로 추대하는 사람들'이라는 단체가 만들어져 교육감 후보자로 '곽일천으로는 무언가 부족하니 박선영이 나서야한다'는 취지의 기자회견을 열었으니 그 반발심은 충분히 짐작할 수 있는 것이다.

필자는 개인적으로 곽일천의 강경한 정치 성향이 확장성에 한계를 가질 것이라고 생각했다. 가뜩이나 탄핵으로 정권을 내준 뒤 치러지는 첫 선거였다. 박근혜를 지지하는 인사가 대중의 마음을 사로잡는다는 건 불가능한 일이었다. 더구나 교육감 선거가 아니던가!

그러나 일부 보수진영이 곽일천을 보수의 대표 주자로 인정하지 않는 이유는 필자와는 완전히 다른 이유에서였다. 곽일천이 환경운동연합에서 활동했던 경력을 들먹이며 '곽일천은 좌파'라는 낙인을 찍었기 때문이다. 갑작스러운 박선영 추대와 더불어 곽일천에 대한 공격이 이어졌으니 곽일천 측에서도 불만이 나올 수밖에 없었다.

곽일천은 억울했다. 곽일천은 "1994년부터 2001년까지 유엔지속개발위원회 한국정부대표단으로 있으면서 1995년부터는 환경운동연합 국제환경분과 자문위원으로도 활동했는데 그것이 왜 좌파 경력이 되는지 이해할 수 없다"면서 "환경단체에서 활동할 때 '反원전'이라든가 '反기업 입장'에 대해 분명한 반대 입장을 고수해 왔다"고 해명했다.[70]

누군가의 과거를 이유로 그를 적대시하는 건 보수진영에 마이너스다. 곽일천은 오히려 환경 전문가가 부족한 보수진영에 가뭄의 단비와도 같은 존재가 될 수 있다. 그의 학교를 운영한 경험도 높이 살만하다. 정확하게 드러나지 않은 친인척들의 학교운영 등의 문제와는 별개로 말이다.

전교조 저격수의 **출마선언문**

2018년 6월 4일 조영달은 박선영을 공직선거법 위반 혐의로 검찰에 고소했다. 박선영이 한 라디오 방송에서 조영달에 대해 "당신이 합법화시켰던 전교조", "전교조의 원천"이라고 밝힌 것을 두고 허위사실이라며 책임을 묻겠다는 것이었다. 조영달은 입장문을 통해 "전교조는 '교원의 노동조합 설립 및 운영 등에 관한 법률'이 1999년 1월 6일 국회를 통과함에 따라 1999년 7월 1일 노동부에 설립신고서를 제출하면서 합법화되었고, 제가 교육문화수석에 발령받은 것은 2001년 9월 12일이었다"며 전교조 합법화와 자신은 전혀 관계없다"고 밝혔다.

박선영은 "조영달과 단일화해야 한다는 의견이 많다"는 기자들의 질문에 "조영달 후보가 중도를 표방한다고 하는데 이해할 수 없다. 조영달 후보는 전교조가 합법화 된 김대중정부 시절 교육문화수석비서관을 지낸 인물"이라고 공격했다. 다만 박선영은 "조 후보가 동의하면 단일화를 안할 이유가 없다"며 조영달과의 만남을 여러 차례 시도했다. 하지만 단일화는 끝내 불발됐다.

조영달이 청와대 교육문화수석으로 재직하는 동안 전교조 활동을 어떻게 평가하고, 어떤 조치를 취했는지는 알려진 바가 없다. 그러나 그가 김대중 정권에서는 친전교조 활동을 펼쳤더라도 현재 시점에서는 생각이 바뀌었을 수 있다.

'친전교조' 진보 교육감 시대가 열린 건 2014년부터다. 당시 전국 17개 시·도 교육감 선거에서 진보 좌파 성향의 친(親) 전교조 후보가 압승했다. 전교조 출신은 8명이고 나머지 5곳에 당선된 민교협 출신들도 대다수 전교조의 직·간접적 지원을 받은 것으로 알려졌다. 역대 서울시교육감 직선제 선거에서 진보 좌파 진영을 대표해 출마했던 후보들은 조희연, 주경복, 곽노현, 이수호 등 4명이었다.

조희연과 주경복, 곽노현은 민교협의 중심 멤버였고 이수호는 전교조와 민주노총 위원장을 모두 지냈다. 전교조와 민교협은 반미 친북 성향을 강하게 드러낸다. 진보진영의 단일화를 추진한 단체에는 각종 반정부 시위에 단골로 등장하던 이른바 '진보 원로'들이 항상 함께하고 있다.

보수 진영도 이념적으로 맞서 싸울 수밖에 없는 분위기가 조성된 건 분명하다. 특히 단일화에 실패하여 서울시 교육감 자리를 곽노현에 내준 건 뼈아팠다. 훗날 곽노현이 서울시장 자리까지 진보진영에 넘겨주는 '폭탄'이 될 줄은 아무도 몰랐을 것이다. 2012년 교육감 선거에서 범보수 진영이 뭉친 건 필수불가결한 일이었다. 2014년 서울시 교육감 자리를 다시 진보진영에 넘겨줬으니 2018년 선거에 대한 보수진영의 각오가 어떠했을지 충분히 짐작하고도 남는다. 더구나 당시는 박근혜 탄핵과 동시에 문재인 정부가 출범하고 처음 벌어지는 선거였다. 몰락한 보수진영은 반전의 계기가 필요했다.

> "이번 교육감 선거에서는 무엇보다도 국가정체성에 대한 투철한 신념과 함께 '전교조' 소속은 물론 '종북·좌파'적 사고에 경도되어 있는 인사를 철저히 배격하는 것이 가장 중요한 선택의 기준이 되어야 한다고 굳게 믿습니다."

박선영을 추대한 원로 인사들의 각오는 남달랐다. 여기에 화답하듯 박선영도 출마 선언문을 통해 "전교조 30년 교육은 서울의 학력을 전국 꼴찌로 떨어뜨렸고, 학생들을 특정 세력의 정치적 희생양으로 만들었으며 개인과 사회, 국가를 모두 돌이킬 수 없는 절망에 빠뜨렸다"며 전교조에 직격탄을 날렸다. 그러면서 "전교조가 더 이상 대한민국 교육을 망치도록 좌시하지 않을 것이며 전교조의 30년 적폐를 반드시 청산 하겠다"고 밝히면서 전교조와의 일전을 예고했다.

전교조에 대한 문제의식은 보수나 중도진영 모두가 공감하고 있다. 필자가 전교조의 문제가 무엇인지를 더 이상 정리할 필요도 없을 것이다. 다만 강조하고 싶은 부분은 과연 전교조에 대한 반발심을 강하게 표출하는 게 과연 선거에 도움이 되는지 여부다. 옳고 그름을 떠나 '배격', '청산', '심판' 등 공격적인 메시지로 가득한 이미지가 대중에게 어떻게 비칠지 생각해 보면 답은 정해져 있지 않을까. 박선영은 선거가 끝난 뒤 이번 선거에서의 주요 패인에 대해 다음과 같이 말했다.

> "보수가 이제 그만 분노와 울분을 승화시켜야 할 때라고 생각한다. 누구도 화내고 난리 치는 사람 옆에는 안 가는 게 인지상정이다. 어려운 상황에 처한 보수의 분노와 울화, 국가 걱정을 충분히 이해한다. 근데 그걸 담아내는 그릇을 너무 투박하게 하면 점점 고립될 수밖에 없다. 하지만 아직은 울분을 승화시키기에는 숙성 시간이 더 필요한 것도 사실이라고 본다."[71]

2014년 경기도교육감에 출마했다가 떨어진 조전혁은 '전교조 저격수'로 통한다. 그는 18대 국회의원 당시부터 전교조와 대립각을 세워 전교조의 '주적'과도 같은 인물이었다. 2010년에는 전교조 소속 교사의 명단을 발표했다. 그는 "전교조 명단을 떠나 당시 학업성취도, 학교폭력 실태, 학교급식 만족도 등 교육 정보가 전혀 공개되지 않았다"며 "일부는 제도화해 지금은 공개를 하고 있지만 교사들 명단 공개는 정보 공개라는 큰 그림에서 앞으로 대한민국 교육 정책 방향으로 공개해야 한다"고 말했다.

그랬던 그의 2014년 경기도교육감 출마선언문을 보면 '전교조'라는 단어는 아예 자취를 감췄다. 당시 조전혁 측 관계자는 "정책 중심으로 가는 것이 좋다고 판단했다"고 그 이유를 밝혔다. '전교조' 이미지가 부정적이어서 진보진영도 전교조를 앞세우면 오히려 역풍을 맞는다는 '학습효과'가 작용하고 있다는 설명이었다[72]. 2012년 말 대통령선거와 함께 치러진 서울시교육감 재선거 결과가 말해 주듯 전교조에 대한 국민들의 부정적 정서가 넓게 퍼지면서, 진보진영도 과거처럼 전교조의 힘에 목을 매지 않는다는 설명이었다.

물론 자세히 들여다보면 전교조를 암시하는 대목은 찾을 수 있다. 경기도 학생들의 학력이 해마다 최하위권을 벗어나지 못하는 이유를 설명하면서 전교조를 에둘러 비판한 부분이다. 조전혁은 "교육정책이 편향된 교육집단의 이념적 도구로 전락했기 때문"이라고 했다. '전교조 귀족학교'라는 지적을 받고 있는 혁신학교에 대해서도 "일부 혁신학교에 대해서는 긍정적 평가도 있다. 그러나 따지고 보면 일반학교의 행정적, 재정적 희생 위에서 얻어진 결과"라며 일반학교와의 역차별 문제를 우회적으로 비판했다.

박선영의 대국민 호소문

1. 국가의 근간인 교육이 속속들이 썩었습니다

　서울시민 여러분, 특히, 유치원생으로부터 고등학생까지의 자녀를 두고 계신 서울시 학부모 여러분. 이 글은 서울시 교육감 후보 출마선언문 이전에, 대한민국 국민 모두에게 전해드리고픈 간곡한 호소문입니다. 지금 제 가슴을 가득 채우고 있는 서울시 교육에 대한 혁신 의지는 다름 아닌, 슬픔과 분노 위에 자리 잡고 있다고 말씀드리고 싶습니다. 서울시 교육은 대한민국의 교육을 선도하고 대표해야하기에 그 슬픔과 분노는 이 나라 교육 현실에 대한 슬픔과 분노이며, 이것이 곧 제가 이번 6월 13일 서울시 교육감 선거에서 반드시 승리하고자 하는 이유입니다.

　경제가 무너져도 더불어 고치고 노력하면 재건할 수 있습니다. 안보가 흔들려도 온 국민이 끝까지 단결하면 외적을 물리칠 수 있습니다. 그러나 30년 동안 조금씩 알게 모르게, 시나브로 망가져버린 교육은 이제 개인과 가정, 사회와 국가를 돌이킬 수 없는 절망에 빠뜨리고 있습니다. 교육은 국가존속을 위한 선택이나 조건의 문제가 아니라 본질이자 전부이고, 국가영속을 위한 뿌리이자 기둥입니다. 교육의 본질이 썩어 국가의 근간이 흔들리고 문드러졌는데도 버틸

수 있는 것은 세상에 존재하지 않습니다. 이제 시간이 얼마 남지 않았습니다. 부디 정치적 진영논리를 내려놓으시고 우리가 처한 급박하고 끔직한 위기를 함께 고민해주십시오.

2. 초토화된 공교육, 박선영이 바로 세우겠습니다.

공교육은 이미 오래 전에 붕괴되었습니다. 유익한 경쟁은 죄악시되고, 실력과 꿈을 생산해야할 학교는 남 탓과 자기비하를 전염시키는 어두운 장소로 전락했습니다. 학생은 교사를 멸시하고 교사는 교장에 맞서 투쟁합니다. 교사와 교사가 반목하고 교실은 선동과 거짓이 횡횡합니다. 세계 상위권인 줄로만 알았던 대한민국 학생들의 학업능력은 언제부터인지 추락에 추락을 계속하고 있습니다. 교권이 땅에 떨어진 교사들은 신념과 의욕 대신 자괴심과 낙담으로 자살까지 생각합니다.

학년마다 달라지는 입시제도는 학원만으로는 모자라 입시컨설팅 회사들의 배를 불리고 있습니다. 몰개성과 기계적 평등이 지배하는 학교는 학생들에게 무의미해졌습니다. 우수한 학생들은 수업의 질에 실망해 학원으로 가고 부진한 학생들은 수업을 쫓아가지 못해 학원에 갑니다. 학교폭력은 잔인한 폭력을 넘어 성폭력으로까지 이어지고 가해학생의 인권을 보호한다는 미명 하에 피해학생과 그 가족의 고통은 아무런 보호장치도 없이 내팽개쳐지고 있습니다. 한숨과 눈물, 불안과 한탄만 가득합니다. 공교육이 초토화되었습니다. 왜 이렇게 되었습니까?

3. 전교조 30년의 결과: 꼴찌 서울교육

　조희연 현 서울시 교육감을 위시한 전교조 교육감들과 전교조교사들이 지난 30년 동안 대한민국의 교실을 자신들의 어리석고 비윤리적인 정책 실험실로 만들어버렸기 때문입니다. 학생과 학부모를 철저하게 수단화했기 때문입니다. 자신의 오른팔인 비서실장이 뇌물비리로 징역 6년의 실형을 살고 있는 조희연 서울시 교육감은 알고 있습니까?

　2016년 학업성취도 평가에서 자랑스러운 우리 대한민국의 수도 서울은 전국 꼴등이었습니다. 기초학력 미달학생 비율은 6%에 달해서 0.9%의 전국 1위 울산에 비해 무려 여섯 배 이상이나 높았습니다. 저는 20점짜리 학생을 80점까지 올려 놓겠습니다. 학력 2080을 실현하겠습니다. 사교육비는 39만원을 초과해 전국 최고입니다. 반면에 사교육 참여율은 76.7%로 전국 수석입니다. 30년 동안 교육비라는 명목 하에 부모의 고혈을 짜낸 결과 이제 대한민국 젊은이들은 결혼도 하지 않으려 하고, 결혼을 해도 아이도 낳지 않으려고 합니다. 대한민국의 현재 모든 문제점의 근원에는 잘못된 교육이 자리잡고 있습니다. 교육의 질을 향상시키는 데에는 투자하지 않고 교육 포퓰리즘을 공약하고 실현하기 위해 전교조교육감들이 서울시민의 혈세를 쏟아 부은 결과가 바로 이렇습니다.

　3년 동안 유죄인 신분으로 사신 조희연 후보. 선거법 위반으로 1심에서 당선무효형에 해당하는 유죄판결을 받은 뒤 2심의 '선고유예 판결(무죄가 아니라, 2년 동안 형사법을 어기지 않아 2017년에 '면소처분'을 받음)'로 간신히 기사회생한 조희연 후보는 알고 있습니까? 44%에 이르는 서울의 청소년들이 학교폭력이 두려워 등교거부 충동을 느꼈고 21%는 자살까지 고려했다고 합니다. 학생끼리의 성추행과 성폭행은 지속적으로 증가하고 있고, 지난 3년 동안 똑같은 가해자와 똑같은 피해자 사이의 학교폭력이 240건이 넘는다는 통계도 있습니다. 교육이 실종했다는 단적인 증거입니다.

게다가 서울시 교육청은 맑지 않습니다. 깨끗하지 않습니다. 2015년, 2016년 2년 연속 서울시 교육청은 청렴도 평가 최하위였습니다. 이것이 짧게는 조희연 교육감 4년, 길게는 전교조 교육 30년의 성적표이자 결과입니다.

4. 학생들을 특정세력의 정치적 희생양으로 만든 전교조

서울 시민 여러분. 특히, 유치원생으로부터 고등학생까지의 자녀를 두고 계신 서울시 학부모 여러분. 소중한 우리 학생들은 리트머스 시험지가 아닙니다. 미래는 짊어질 우리의 자녀들이 실험대상이 되어서도 안됩니다. 이념의 노예가 되어서는 더더욱 안 됩니다. 특정 집단의 정치적 목적 달성을 위해 우리 학생들을 더 이상 농락한다면 그들은 단언코 교육자가 아닐 것입니다.

우리의 미래세대인 학생들은 자유민주주의 사회의 일원으로 자신이 원하는 인생을 살 수 있도록 교육현장을 대대적으로 재

건해야 합니다. 각자 자신의 재능을 마음껏 펼치도록 부단히 도와주어야 합니다. 자유인으로 온전한 인격체로 성장하도록 학교가 그 발판이 되어야 합니다. 기성세대인 우리는 목숨처럼 책임지고 우리 자녀들을 교육해야 합니다.

자유와 경쟁은 개인의 역량과 행복을 키우고 사회의 발전을 이끄는 가장 기본적인 가치입니다. 자유에 먹칠을 하는 방종과 무자비한 경쟁만능주의는 막아야 하지만, 모든 경쟁을 죄악으로 몰아붙이는 전교조식 획일주의는 전체주의적 세계관에서 자라난 악성 종양일 뿐입니다.

5. 내로남불 조희연 교육감

악보다 더 사악한 것이 위선입니다. 조희연 서울시 교육감이 분명 악인은 아닐 것입니다. 그러나 그는 자신의 바람과는 달리, 위선적인 교육시스템의 폐해 속에 우리의 아이들을 방치하거나 장기 구금하고 있습니다. 자신의 두 아들은 외고를 졸업시켜 놓고 이제 와서 자사고와 특목고를 폐지하겠다고 합니다. 특목고를 때려잡겠다고 합니다.

백년대계는커녕, 유효기간이 1년도 되지 않는 선심성 교육정책들을 남발하고 있습니다. 상황이 이런데도 또 다시 조희연 씨에게 대한민국의 수도 서울, 서울특별시의 교육감을 맡기시겠습니까? 만일 그렇게 된다면 대한민국 교육의 미래가 대체 어찌 되겠습니까?

6. 학교를 학교답게 만들겠습니다

희망과 용기가 동력이 되어 도전과 성취의 꽃을 피우는 자유민주주의 교육을 기필코 완성하겠습니다. 자사고와 특목고는 유지되어야 하고 정시는 확대되어야 합니다. 학교마다 특성과 학풍, 자율을 살려야 헌법 제31조가 실현됩니다. 열심히 공부하는 학생들의 정당한 기회를 박탈하는 교육제도는 마땅히 폐지되거나 수정되어야 합니다. 부모의 경제력이나 정보력에 따라 자녀가, 학생이 희생되는 일도 없어야 합니다. 부유한 집 자녀들만이 수준 높은 교육을 독점하고 대물림하는 일을 전교조 교육감과 전교조 정권들이 해 왔음을 우리는 이제 똑똑히 알고 있습니다.

나라의 앞날과 교육의 문제점 때문에 밤잠을 설치시는 서울 시민 여러분. 특히, 유치원생으로부터 고등학생까지의 자녀를 두고 계신 서울시 학부모 여러분. 학교폭력 해결의 최일선에 있는 각급 학교 학교폭력위원회의 전문성을 강화해야 합니다. 현재 서울시 학폭위 학부모 위원들의 연수 이수율은 60%에 불과해 전국 꼴찌이고 50%가 못되는 학교도 절반에 육박합니다. 서울시 교육청 차원의 대책이 시급합니다.

초중고 건물들의 3분의 1이 35년 이상 된 노후건물이고 서울의 학교들 가운데 내진설계가 된 건물은 26.6%가 고작입니다. 2016년 기준으로 석면 제거가 필요한 교실은 4만6천여 개 이상입니다. 이처럼 학교 안전이 크게 위협받고 있는데도, 당장 별로 필요하지도 않은 여고생들을 위한 파우더룸을 설치하겠다니, 이게 웬 말입니까? 생명이 위협받고 있는데 화장을 고치고 어디로 가라는 말입니까? 전형적인 포퓰리즘 전시행정입니다. 지난 30년간 우리는 이러한 적폐들을 막아내지 못했습니다. 30년의 전교조 적폐청산, 박선영이 하겠습니다.

7. 서울 '교육' 특별시로 만들겠습니다

교육 현장에서의 효율적인 자유와 공정한 경쟁의 새 틀을 짜겠습니다. 제일 먼저, 서울시 교육의 품질을 확실히 끌어올려 서울특별시가 아니라 서울교육특별시로 만들겠습니다. 그것이 제 정책의 1순위입니다. 교사들의 안식학기제, 연구비 지원 등의 프로그램을 개발하겠습니다. 워킹맘들을 위해 '굿모닝교실'을 열겠습니다.

지역사회와 함께 방과 후 '드림(Dream) 교실'도 열겠습니다. 학생들 각자의 개성과 요구를 충족시키는 맞춤교육을 제공하겠습니다. 0교시를 폐지하는 전교조식 교육개혁은 '학교는 가기 싫은 곳'이라는 부정적 사고에서 출발하고 있습니다. 교실이 즐겁고 자신의 비전이 선명하면 0교시 수업도 학생들 스스로 가고 싶은 곳이 될 것입니다.

4차 산업시대에 맞는 서울형 기숙초등학교를 시범운영하겠습니다. 창의적 인재를 양성하기 위해 융복합 중고등학교를 설립, 적극 지원하겠습니다. 학생인권조례가 학생들의 인격을 도모해 주는 것은 아닙니다.

학교라는 울타리 안에서 학생을 책임지고 가르치며 길러내는 것은 교사의 권한입니다. 교육적인 환경에서 폭력에 대한 두려움 없이 자신의 인격을 형성해 갈 수 있는 교육을 받는 것이 진정한 학생인권의 첫걸음이라고 저 박선영은 굳게 확신합니다. 교사를 자살로 내모는 학생인권은 '인권'이 아닙니다. 교사를 죽음으로 몰아넣고 학교를 망치는 도구입니다.

8. 맘(mom)이 통하는 맞춤교육

저는 워킹맘 1세대입니다. 언론인과 교육자로서 두 아들을 키우며 온 몸으로 우리 교육의 현실에 맞서왔습니다. 저의 두 아이 모두 공립학교에서 초중고등학교를 마쳤습니다. 해외유학을 한 경험도 없습니다. 그러기에 저는 당당합니다. 그러기에 저는, 감히, 어느 남성 교육감 후보보다 대한민국 교육과 입시의 불합리함과 문제점, 그에 따른 학부모들의 고충을 잘 알고 있습니다. 12년의 기자생활과 20년이 넘는 교육자 경력, 워킹맘 1세대인 저는 탈북 청소년들을 위한 대안학교까지 설립, 운영해 온 명실공히, 21세기형 준비된 교육전문가라고 자부할 수 있습니다.

혹자는 저를 정치인이라고 합니다. 맞습니다. 저는 4년 동안 가장 치열하게, 가장 성공적으로 국회의원 생활을 해 온 사람입니다. 비례대표로 들어가면서 입당을 하고, 4년 임기를 마치고 국회를 나올 때는 탈당계를 내고 깨끗이 학교로 돌아온 정치인입니다. 그러나 저는 교육에 있어서 철저히 교육적일 뿐 정치적이지 않습니다.

헌법학자로서의 전문성을 인정받아 국민의 사랑을 받았던 저는 의정활동 기간 동안 교육관련 입법을 많이 일구어내기도 했습니다. 대한민국 최장수 여성대변인으로 근무하고, 당의 정책위의장으로 중책을 수행하면서 저는 거대정당들과 어떻게 협상을 해야 하는지도 터득했습니다. 당정협의는 또 어떻게 해야 성공하는지도 알게 되었습니다.

서울시민 여러분, 서울시 교육감이라는 자리는 단순히 교육행정가로 안주할 수 있는 자리가 더 이상 아닙니다. 법에 대한 정확한 인식이 없으면 모든 행정은 불법적이 되고 맙니다. 조희연 후보가 아주 대표적인 예입니다. 자신의 비서실장은 현재 징역을 살고 있고, 본인도 3년 동안 '유죄'라는 멍에에서 자유로울 수 없었으며, 청렴도 꼴찌라는 불명예를 안고 살아야 했습니다.

법을 몰랐거나 경시했거나 무시했을 것입니다. 다시 말해 서울시 교육감이라는 자리는 교육자로서 법적인 지식과 균형 잡힌 협상, 과감한 업무추진을 합법적으로 할 수 있는 자질이 요구되는 자리입니다. 저, 박선영은 그 모든 자질을 갖추고 있습니다.

반드시 성공하는 교육감이 되어 대한민국의 썩은 기둥을 튼실하게 되돌려놓는 결실을 아름답게 얻어낼 자신이 있습니다. 비상한 정치력까지 겸비하고 있기 때문입니다. 교육자인 저는 정치적이진 않으나, 정치인이었던 저는 정치력이 있습니다. 서울시 교육을 세계 일류로 끌어올리겠습니다. 그래서 서울특별시가 아니라 반드시 서울'교육'특별시가 되도록 이 한 몸 바치겠습니다.

9. 공교육 정상화를 위한 위대한 발걸음

서울시민 여러분. 대한민국 국민 여러분. 오늘 저의 출마선언문은 서울시 교육감 예비 후보로서의 출마선언문 이기 전에, 대한민국 국민 모두에게 전해드리고픈 간곡한 호소문이라는 사실을 고백합니다. 여러분의 자녀들을 위해 제 모든 것을 바쳐 일할 기회를 주십시오. 그래서 이 호소문이 훗날, 여러분께 보고드릴 서울시 교육의 빛나는 혁신과 참다운 성과를 예비했던 밀알로 기억하게 해주십시오.

우리 모두 함께 서울교육, 아니 대한민국 교육을 위해 동참해 주신

다면, 모든 분들이 지금 느끼고 계신 서울시 교육에 대한 슬픔과 분노가 4년 후에는 희망과 비전으로 변할 것이고, 우리 학생들은 탁월한 역량을 가진, 늠름하고 행복한 학생이 되어 있을 것입니다. 감사합니다.

공교육 정상화, 전교조 적폐청산을 위한 서울시 교육감 후보, 박선영올림

CHAPTER 4. 보수의 위기

교실이데아

CHAPTER 5

> 한국 사회는 철학적 바탕이 극히 빈약한, 부박(浮薄)하다고 표현할 수밖에 없는 사회이다. 교육을 통해서 이를 바꿔가야 한다. 인문과 IT, 예술이 융합할 수 있도록 지원해야 한다. 과거의 상고나 공고 이런 식의 개념에서 탈피해야 한다.
>
> 2018.06.08 제3의길 인터뷰 중에서

현실판
스카이캐슬

정시냐 수시냐 그것이 문제로다

"지금은 학종시대예요. 부모의 경제력과 정보력에 따라 대학이 달라진다고요!"

종합편성채널 JTBC 드라마 '스카이(SKY)캐슬'에 나오는 한 장면이다. 학종(학생부종합전형)은 수능 성적이 아닌 고등학교 때 학생부와 자기소개서, 면접 등을 토대로 학생을 선발하는 입시제도를 뜻한다. 2018년 말부터 2019년 초까지 방영된 '스카이캐슬'은 대학병원 의사들과 판·검사 출신의 로스쿨 교수들만 모여 사는 고급주택단지를 배경으로 한다. 이들은 자녀들이 이 부(富)와 명예를 누리도록 '그들만의 교육법'으로 강하게 조련한다. '스카이캐슬'이 드라마 특유의 과장이 있긴 해도, '학종'이 부모 능력으로 대학을 가게 만든다는 건 학부모들 사이에서는 이미 공공연한 사실이었다.

2018년 서울시 교육감 선거에서도 가장 중요한 이슈는 '학종'이었다. 당시 문재인 대통령 지지율은 고공행진을 이어가고 있었지만 '교육' 분야만큼은 그렇지 못한 이유도 바로 '학종' 때문이었다. 문제가 수면 위로 드러나기 시작한 건 2017년 8월 10일 교육부(당시 김상곤 장관)가 수능 개편안을 발표하면서였다. 학부모들은 대다수 '학종'에 문제가 있다고 생각했는데 교육부가 '학종 개편안'이 아닌 '수능 개편안'을 발표한 것이다.

교육부의 수능 개편안은 수능 변별력을 낮추는 방향이었다. 수능 비중이 줄고 학종 비중을 높이는 결과를 초래할 수밖에 없다. 학부모들의 반발에 결국 교육부는 수능 개편을 1년 연기하고 수능을 포함한 대학입시제도 전반을 대통령 직속 국가교육회의에서 충분한 숙의·공론화를 거치기로 결정했다.

대입제도 개편의 공을 넘겨받은 대통령직속 국가교육회의는 '대입제도 개편 특별위원회(대입특위)'와 '공론화위원회(공론화위)'를 꾸려 정책을 결정하기로 했다. 대입특위가 공론화 범위를 설정하면 공론화위는 세부적인 공론화 안건을 정하고 공론화 과정을 관리한다. 이를 토대로 국민토론을 거쳐 대입제도가 마련되는 것이다.

공론화에 앞서 진행되고 있던 마지막 공청회에서 김진경 대입특위 원장의 발언이 도마 위에 올랐다. 수시·정시 비율을 정하는 것에 회의적인 입장을 내비쳤을 뿐 아니라 수능이 공정한 전형요소가 아니라는 견해도 내놨다. 이에 대해 박선영은 강하게 반발했다. 그는 "대입제도 개편 공론화를 위한 절차가 진행되고 있고 가장 큰 핵심 쟁점이 수시·정시 비율 즉 정시확대 여부인데 '수시·정시 비율 의제를 공론화 과정에서 빼겠다'는 것은 공론화를 하지 말자는 것과 다를 게 없다"고 말했다.

"대입제도 개편을 위한 공론화 과정이 이제 막 시작한 단계에서 대입개편특위 위원장이 '수시정시 비율을 정할 수 없다' 또는 '수능은 불공정하다'는 가이드라인을 설정한 것은 무책임하고 중립성을 위반한 것"이라며 "저는 대입제도 개편을 위한 공론화 의제에 반드시 '수시·정시 비율이 포함돼야 한다'는 점과 '대입정시가 확대돼야 한다'는 점을 분명히 밝힌다"고 강조했다[73].

2018년 8월 김영란 전 대법관을 위원장으로한 대입제도 개편공론화위원회는 수능위주전형의 적정 비율을 묻는 질문에 시민참여단 중 82.7%가 현행 비율인 20%보다 높아야 한다고 답했다. 결국 교육부는 2022년 대입제도 개편안을 발표하면서 종전의 20%수준에 머물렀던 수능선발을 30%로 확대할 것을 권고한다는 내용을 담았다. 그리고 김상곤은 돌연 교체됐다. 문재인 정부 초기, 국정 지지율이 80%를 상회했지만 유일하게 반대 여론이 압도적이었던 정책 분야가 교육이었다는 점에서 질책성 경질이란 분석이 가능하다.

박선영 | 브리핑　　　　　　　　　　　　2018. 05. 06.

공정한 교육제도가 만들어지기를 바랍니다

현재 대입에서 정시:수시의 비율은 2:8이며, 수도권 주요 대학의 경우 수시의 다수를 학생부종합전형(학종)이 차지하고 있는데, 저는 이렇게 생각합니다.

첫째, 학종을 간소화해야 합니다. 부모의 재력과 정보력이 자녀 학생부 수준에 영향을 끼친다는 겁니다. 부모가 수행평가도 챙겨 주고, 동아리 활동도 짜주고, 독후감을 작성해 주는 경우가 있다고 합니다. 자기 소개서, 소논문은 컨설팅 학원에 수 백 만원 주고 만들어 온다는 얘기도 들립니다. 이로 인해 학생들도 힘들겠지만 학부모들도 학종 때문에 너무 힘들어 합니다. 혹여나 아이가 대학에 떨어지면 본인의 능력 부족을 탓하며 자괴감이 든다고 합니다.

둘째, 지나치게 축소된 정시의 비율을 확대해야 합니다. 정시 비율이 23% 밖에 되지 않습니다. 이는 늦게 철든 학생들의 기회를 박탈한다는 겁니다. 한 때 방황했던 학생들에게도 기회가 주어져야 합니다. 재수생도 다시 도전할 수 있어야 합니다. 아무리 노력해도 바늘구멍 정시비율로 원하는 대학에 가는 것이 쉽지 않습니다. 아무쪼록 대입제도 개편 공론화위에서 공정한 교육제도가 만들어졌으면 하는 바람입니다. 감사합니다.

조국 사태로 쪼그라든 학종

 문재인의 공고했던 지지율에 균열이 나기 시작한 건 '조국 사태'부터였다. 조국의 자녀 문제는 한때 '조카이캐슬'(조국 법무부 장관 후보자 + 스카이캐슬)이라는 신조어로 소셜미디어 및 온라인 커뮤니티를 달궜다.

 조국의 딸은 의학논문 제1저자로 등재되고 단국대 의과학연구소 인턴 및 체험활동 확인서, 공주대 생명공학연구소 인턴 및 체험활동 확인서, 동양대 총장 표창장 등 7개를 모두 허위로 발급받아 고려대와 부산대 의학전문대학원에 진학했다는 의혹을 받고 있다. 조국 자녀의 입시 특혜 의혹도 결국은 '학종'에서 비롯되었다는 점에서 민심이 현 정부에 등을 돌리는 중요한 계기도 궁극적으로는 '학종' 때문이었다고 볼 수 있다.

 결국 대통령이 나섰다. 문재인은 2019년 9월 1일 "대학 입시제도 전반을 재검토하라"고 발언했다. 문재인 발언 사흘 뒤 교육부는 대입 개편 논의에 착수했다. 유은혜 부총리 겸 교육부장관은 수시·정시 비율 조정 문제에 대해 "수시·정시 비율이 곧 바뀔 것처럼 생각하는 것은 굉장한 오해고 확대해석"이라며 선을 그었다.[74] 하지만 다시 한달여 뒤 문재인은 국회 시정연설에서 더 나아가 정시 확대까지

고려해야 한다는 생각을 분명히 밝혔다.

곧바로 사흘 뒤 교육개혁관계장관회의에서도 문재인은 "서울 주요 대학의 수능 정시 비율을 높이겠다"고 밝히면서 대입 개편 방향성을 구체적으로 제시했다. 문재인은 "핵심적인 문제는 서울의 상위권 대학의 학생부종합전형 비중이 그 신뢰도에 비해 지나치게 높다는 데 있다"며 "서울의 주요 대학을 중심으로 수시와 (수능) 정시 비중의 지나친 불균형을 해소할 방안을 조속히 마련해주기 바란다"고 재차 강조했다.

결국 교육부는 서울 16개 대학 정시 40% 확대와 학교생활기록부(학생부) 비교과 영역 축소 등을 골자로 하는 '대입제도 공정성 강화 방안'을 확정해 발표했다. 이에 따르면 서울대, 고려대, 연세대를 포함한 총 16개 대학이 2023학년도까지 정시 비율을 40%로 확대한다. 이들 대학의 정시 비율은 29.0%(2021학년도 기준) 수준이었다. 그간 학종이 '금수저 전형'이라는 비판을 받게 한 학생부의 비교과 영역도 중학교 2학년이 치르는 2024학년도 대입부터 대폭 축소된다. 일명 자동봉진(자율·동아리·봉사·진로활동) 중에서도 부모의 사회·경제적 영향력에 좌우될 수 있는 자율동아리, 개인 봉사활동 등은 대입 전형 자료로 활

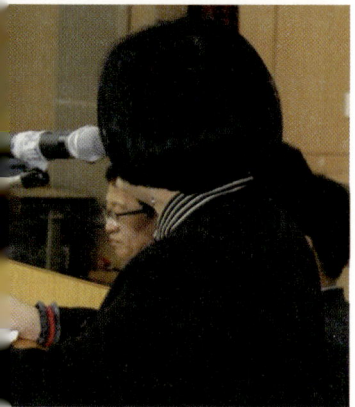

용하지 않기로 했다.

2019년 11월, 자유한국당(현 국민의힘)은 당 특별위원회인 '저스티스리그'를 출범시켰다. 저스티스리그는 슈퍼맨, 배트맨, 원더우먼 등 슈퍼히어로가 등장하는 미국 영화 제목을 차용한 이름이다. 조국 전 법무부 장관의 자녀 입시 특혜 의혹으로 불거진 현 대입 제도의 불공정 사례를 발굴하고 제도적 대책을 마련하기 위해 만든 당 대표 특별기구로 박선영이 공동의장을 맡았다.

'저스티스리그'는 '공정 세상을 위한 청진기 투어'라는 이름으로 전국을 돌며 교육 관련 전문가, 학부모 단체 대표, 학생 등을 만났고, 그 결과물로 대학 입시에서 대학수학능력시험으로 정시 선발하는 인원을 50% 이상으로 확대하는 내용을 골자로 하는 고등교육법 개정안을 만들었다. 이 법안은 나경원 의원이 대표 발의하고 한국당 의원 109명 전원이 발의에 참여했다. 개정안은 현재 시행령에 규정돼있는 입학 전형에 관한 사항을 법률로 상향하고, 일반전형 중 수능으로 선발하는 모집인원 비율을 100분의 50 이상으로 명시하도록 했다.

박선영 | facebook　　　　　　　　　　　　2019. 11. 28.

5년짜리 위헌적인 땜빵 대입제도

　대통령이란 자가 예산관련 시정연설을 국회에서 하면서 예산과는 전혀 상관도 없는 '대입 정시 확대'를 교육부와 사전 논의도 없이 발표해 전교조가 반대하고 나서며 극심한 내부 혼란을 겪더니 조국사태로 급냉 직하한 정국을 타개하기 위해 정시 40% 확대 방안을 오늘 대입개편계획안이라며 내놓았다. 말도 많고 탈도 많은 학종, 즉 학생부종합전형에서 비교과 활동와 자기소개서를 폐지하면서 수능으로 뽑는 정시비율은 40%로 올리겠다는 것이다.

　문제는 정시 40%도 부족할 뿐만 아니라 대학의 학생선발권을 교육부가 근본적으로 박탈하고 침해한다는 점에서 위헌적이지만, 그보다는 이러한 대입방식을 지금의 중학교 3학년 학생들, 즉 2023년부터 적용한다는 점이다. 그런데 이 정권은 2028년부터는 대입제도를 대대적으로 개편하겠다고 했으니 겨우 5년짜리 땜빵 반창고라는 점이다. 이건 꼼수 중의 꼼수다. '나 꼼수'가 아니라 '너 꼼수'다. 일회용 반창고를 이마에 붙이고 나와서는 대입제도를 개편했다고 하는 대국민 사기극이다. 현직 대통령은 2022년에 바뀐다. 내년엔 총선이고. 다시 말해 총선과 대선에서 이기면 이 제도는 그 자체로 물거품이 될 것이다. 그 다음엔 또다시 전교조 뜻에 따라 우리 학생들과 학부모들을 볼모로 어떤 짓을 할 지 생각만 해도 끔찍하다. 조국 사태를 겪으면서 온 국민은 지금, 대입제도가 엄마찬스, 아빠찬스에 의해 좌우 됐음을 절감하고, 분노하며 절망했다. 그 분노, 그 절망감을 딱 5년짜리 위헌적인 대입제도 땜빵으로 국민의 눈과 귀, 입을 또 막아보자는 꼼수 중의 꼼수로, 일회용 반창고로 들고 나온 것이다.

곽노현 보좌관의 문재인 교육 비판

　문재인 대통령 후보의 선거캠프에서 교육정책 담당자로 일한 교육전문가 이범은 가히 진보진영을 대표하는 교육계 인사다. 그는 과거 곽노현, 김상곤 교육감 후보의 당선을 도왔고 곽노현 서울시교육청에서 정책보좌관과 더불어민주당 씽크탱크 민주연구원에서 부원장을 지냈다. 그럼에도 그는 문재인 정부의 교육정책을 매섭게 비판했다. 하물며 그가 낸 책 이름도 '문재인 이후의 교육'이다. 이범은 한국 교육의 역사가 '문재인 이전'과 '문재인 이후'로 나뉠 것이라고 예상했다.

　그는 자신의 책에서 코로나19사태로 인한 '보편적 원격 교육'과 더불어 2017~2019년의 '대입제도 논쟁'이 '불가역적' 변화를 상징한다고 주장했다. 그는 "소수 관료나 전문가들이 교육정책을 좌우하던 시대가 종말을 고했다. 앞으로도 시민들은 '정치'를 매개로 교육정책에 개입해서 자신의 의견과 가치관을 투영할 것"이라고 내다봤다.[75]

　이범은 '대입제도 논쟁'에서 드러난 진보진영의 가장 큰 약점으로 진보진영이 '대학 입시'를 잘 모른다는 점을 꼽았다. 진보진영이 '수능 자격고사화' 및 '수능 폐지'를 주장하지만 수능 영향력이 줄어들거나 없어지면 내신 성적이 중요해진다. 바로 주위 친구들과 경쟁하는 내신은 오히려 학생들의 경쟁 강도를 높일뿐이라는 게 이범의 판단이다.

그는 책 9장에서 '사교육 대책은 이명박정부에서 배우자'며 상당한 분량을 할애해 이명박정부의 교육정책이 사교육비를 줄이는데 기여했다고 설명했다. 이명박정부 중후반인 2010~2012년 3년 연속으로 학생 1인당 사교육비가 조금씩 줄었는데 그 이전에 사교육비가 줄어든 건 IMF 외환위기 직후인 2008년밖에 없었다.[76] 이명박정부는 집권 첫해에 대입 정시모집의 '수능+내신+면접'을 수능 위주 전형으로 만들었다. 더불어 수능 난이도를 낮췄다. 이명박정부는 대입뿐만 아니라 고입(외고·과학고 등 특목고)도 단순하게 바꿨다. 외고와 과학고 전형에서 모든 시험을 폐지했다. 중학교 내신 성적 가운데 외고는 영어 한 과목, 과학고는 수학과 과학만 반영하도록 제한했다. 이른바 더하기 개혁이 아닌 빼기 개혁이다.

이범은 주로 진보진영을 대상으로 책을 썼지만 책 속에는 '빼기 개혁'이라는 개념을 비롯해 보수진영도 배울만한 내용들이 많다. 이에 대표적으로 "혁신학교로 지정되어도 학생들 학력이 낮아지지 않는다", "특목고와 자사고 때문에 일반고가 황폐해졌다는 주장은 근거가 희박하다"[77]는 이범의 2가지 주장을 소개하고자 한다.

이범은 "특목고·자사고 때문에 일반고가 황폐해졌다는 주장은 거짓이거나, 적어도 과장"이라고 강조했다. '교실 붕괴'는 이미 1990년대 중반에 시작된 20여 년간 지속된 일이라는 지적이다. 이범은 그 원인으로 '문화적 부조화'와 '제도적 부조화'를 꼽았다. 문화적 부조화 현상이란 기존 학교 질서가 새로운 세대의 특성과 매치되지 못한 현상을 말하며 제도적 부조화는 인문계 비율이 급증함에 따른 적성과 교육과정 사이의 미스매치를 가리킨다.

> 1980년 고등학생 중 인문계 대 실업계 비율은 55 대 45였다. 당시 만 15~17세 가운데 고등학교에 다니는 비율(취학률)이 불과 48.8%였으므로, 해당 연령집단 중에서 인문계 교육을 받는 비율은 26.8%밖에 안 되었다. 그런데 불과 10년 뒤인 1990년에 인문계 교육을 받는 비율이 15~17세 인구의 51.2%로 늘어나고 이후 계속 증가해서 2018년 76.1%에 달한다.
> 실업계란 직업적(vocational)이라는 뜻이고, 인문계란 학문적(academic)이라는 뜻이다. '학문적' 교육과정이 적성에 맞는 학생이 그토록 많을 리가 없다. 특히 서울의 경우 1990년대 이후 중학교에서 거의 꼴찌를 해도 인문계 고등학교에 진학할 수 있게 되었다. 인구의 12~14%에 달하는 '경계선 지능' 학생들에게까지 획일적인 인문계 교육과정을 제공하는 것은 일종의 폭력 아닐까? 왜 모든 선진국이 의무교육을 고등학교가 아닌 중학교까지로 설정하는지 숙고해 봐야 한다.[78]

보수진영은 특히 '혁신학교가 학력이 낮다'는 주장에 대한 이범의 팩트체크도 주목할 필요가 있다. 이범에 따르면 혁신학교가 평균 학력이 낮다는 건 사실이다. 2016년 국가수준 학업성취도 평가 결과를 보면 중학생의 '기초미달' 비율은 3.6%인데 혁신학교는 5.0%였다. 고등학교의 경우 '기초미달' 비율이 4.5%인데 혁신학교는 11.9%였다.

하지만 이범은 "혁신학교로 지정되었기 때문에 학력이 '낮아진' 것으로 이해해서는 곤란한다"면서 "혁신학교는 상대적으로 평균소득이 낮은 지역 학생들에게 혜택을 주기 위해 지정한 경우가 많았다"고 주장한다.[79]

<혁신학교가 학업성취도에 미치는 영향>(2019)은 3개년 동안 혁신학교 재학생을 추적 조사했을 때 학력 향상도가 일반학교 재학생과 동등하거나(초등학생) 약간 더 높게(중학생) 나타남을 보여준다. <혁신학교 성과 분석>(2018)은 지역 특성이 서로 유사한 혁신학교와 일반학교를 3년·7년간 비교했을 때 혁신학교의 학력 향상도가 더 크게 나타남을 보여준다. 아울러 혁신학교를 1년 이상 경험한 학생은 그러지 않은 학생에 비해 상급학교에서 학력 향상도가 더 크게 나타남을 보여준다. <서울형 혁신학교의 종단적 효과 분석>(2016)은 중3 학생이 자율고에 진학했을 때보다 혁신고에 진학했을 때 2년 뒤 학력 향상도가 더 크게 나타남을 보여준다.[80]

이범은 책에서 진보진영에 '경쟁'에 대한 잘못된 인식을 바꿀 것을 요구했다. 이범은 "대입 경쟁과 계층 상승의 사다리에 매달리는 사람들이 바보도 아니고 부도덕한 존재도 아니"라고 했다. 또 "구조의 문제를 도덕의 문제로 치환하면 학부모들의 반성이 필요하다는 무기력한 결론에 이를 뿐"이라고 비판했다.

그렇다면 보수진영은 어떻게 바뀌어야 할까. 진보진영이 '경쟁'에 대해 잘못 인식하고 있다면 보수진영은 '평등'에 대한 입장을 정리할 필요가 있을 것이다. 박선영도 이와 비슷한 맥락의 답을 했다. 박선영은 한 언론사와의 인터뷰에서 '선거를 거치면서 보수가 살려면 어떤 가치를 내세워야 한다고 느꼈는가'라는 질문에 이렇게 답했다.

"흔히 '보수=자유, 진보=평등'이라고 말한다. 그런데 지금 대한민국 사회는 '자유'를 아쉬워하는 사람이 거의 없다. 보수 진영이 자꾸 자유를 얘기해봐야 국민에게는 와 닿지 않는다.
더구나 우리 국민은 굉장히 평등 지향적이다. 21세기는 점점 더 사회 불평등 구조가 강해질 수밖에 없다. 그런 상황에서 보수가 '평등' 문제에 계속 딴죽을 거는 것처럼 하면 안 된다. 사회 불평등, 특히 기회의 불균등 문제에 대해 보수는 진보보다 더 앞서서 문제를 제기하고 대안을 제시해야 한다."[81]

이범은 2018년 교육감 선거에서 "이러다간 6월 교육감 선거에서 역풍이 불 것"이라고 경고하며 당시 진보진영의 잘못된 교육정책을 정면으로 비판한 바 있다. 이범의 발언을 소개한 기사에서는 "진보 교육감에 맞서 출마할 후보들이 '진보후보=공부 안시키는 후보'라는 프레임을 강화하면서 이에 맞서는 정책들을 쏟아낼 것이라는 예측"이라고 분석했다.

기사에 따르면 이범은 "서울시교육감의 경우 '초등학교 숙제를 없애겠다'고 한 조희연교육감을 겨냥해 '적절한 분량의 숙제를 계속 내주겠다'고 하면 저절로 선거운동이 될 것"이라면서 "학부모들의 민심을 등에 업고 '유치원, 어린이집과 초등1,2학년 방과후 영어 허용하겠다'는 후보도 나올 것"이라고 설명했다.

그는 "초등방과후 영어교육이 문제가 된 이유는 2가지인데, 하나는 학원보다 저렴해서 이용한 사람들이 그 기회를 박탈당한 데 대한 분노이고 다른 하나는 내 자녀가 초등학교 영어교육과정의 기준에 못 미칠 경우 학교나 교사가 나서서 기초학력을 책임질 생각은 않고 모든 것을 부모에게 떠넘기면서 부모가 알아서 공부시키겠다는 그 방법까지 막은데 대한 분노"라고 설명했다.[82]

이범의 발언은 박선영이 교육공약을 내놓기 한달쯤 전에 나온 발언으로 2018년 교육감 선거에서 박선영이 선방할 수 있었던 이유를 정확히 짚어주고 있다.

박선영의
서울교육

고교선택권 완전보장

교육감 선거에 언론이나 대중의 관심은 많지 않다. 박선영의 교육 공약을 살펴보면 한국 교육의 미래를 제시했다는 평가를 받을 수 있는 훌륭한 내용들이 많았다. 그중에 가장 대표적인 공약은 '학생·학부모 고교선택권 완전보장'이다. 학생·학부모들이 학교 유형이나 소재지에 구애받지 않고 원하는 고교에 지원할 수 있고, 각 고교도 면접 등 자체 전형을 운영해 선발할 수 있는 제도다.

학생 수가 급감하는 상황에서 학생의 선택을 받기 위해 320개 고교가 선의의 경쟁을 벌이고 자사고·외고처럼 가고 싶은 학교로 바뀌도록 하겠다는 구상이다. 일반고가 다양화되면 외국어, 수학 과학, 음악, 미술, 체육 등 다양한 학교 프로그램을 자율적으로 선택하게 하여 일반고이지만 새로운 유형의 수많은 외고, 과학고, 음악고, 미술고, 체육고, 게임고, 요리고 등이 되어 학생의 선택을 유도하게 된다.

"외고 자사고가 있어서 일반고가 무너지는 게 아니고 일반고가 무너져 있기 때문에 학부모들이 그런 특목고 외고 자사고 과학고 이런 걸 원하는 겁니다. 공교육이 무너졌기 때문에 부모들이 불안해서 사교육비를 부담하면서까지 학원에 보내는 것이지 외고 자사고를 보내려고 사교육비를 더 부담하는 것이 아니라는 사실을 알 필요가 있습니다."

이렇게 되면 외고, 자사고를 없애야 할 필요가 없어진다. 23개 자사고, 6개 외고를 자사고로 전환할 시 연간 1000억 이상의 추가예산 지원이 필요하다. 일반고에 해당 예산을 최대 1억까지 지원하면 공교육이 좋아질 수밖에 없다. 지금은 부자 동네, 예컨대 강남·목동 등에 좋은 학교가 몰려있어서 잘 사는 집 자식들이 좋은 학교에 배정받는다는 점 때문에 경제적 요인이 곧 고교 진학의 기반이 되는 부작용이 있다.

'학생·학부모 고교선택권 완전보장' Q&A

Q1 자기 동네 학교에 못가는 것 아니냐?
A1 학령인구가 줄고 학생 수가 줄어들면서 원래 받을 수 있는 학생 정원보다 50%가량밖에 못 받는 학교도 있는데 이를 정원 전체로 받을 수 있게 하겠다.

Q2 학교 서열화가 심화되지 않겠나?
A2 학교 서열화가 아니라 다양화이다. 선택을 받지 못하는 학교는 머리를 싸매고 학생 선택을 받을 방안을 마련해야 한다. 한편, 기초학력보장법을 제정해 기초학력이 부족한 학교에 대해서는 교육청에서 학력신장 방안을 제공하겠다.

Q3 학교선택이 명문대 진학률 위주로 이루어지지 않을까?
A3 과거 명문대를 많이 보내는 게 명문고의 기준이었으나 게임, 요리, K-POP 등 다양한 개성을 지닌 학교들이 많아지고 인기를 끌면 새로운 명문고가 탄생할 수 있다. 더구나 학생과 학부모는 학교의 교육적 성과보다는 학교자체의 교육 분위기를 보다 중요하게 여긴다는 분석도 있다.

KPOP 학교 설립 공표

　SM엔터테인먼트와 대형 입시 업체인 종로학원하늘교육은 2016년부터 정식 학교 형태인 'K팝 스쿨'을 추진했다. 10대 외국인·한국인 200여 명을 뽑아 국어와 영어·수학·사회·과학 등 정규 교과를 온라인으로 가르친다. 교실에서는 보컬 레이너, 안무가, 작곡가 등이 노래와 춤, 작곡을 가르친다. 이를 통해 청소년들이 아이돌 활동을 위해 학업을 중도에 그만두는 일을 막기 위한 구상이다. SM은 학생 개개인 학업 성취도를 측정하고, 수준에 맞춰 교과 수업을 이수하도록 하는 인공지능(AI) 온라인 프로그램도 도입했다.[83]

　안타깝게도 이러한 학교는 우리나라에서 만들 수 없다. 민간은 우리나라에서 '온라인 학교'를 설립할 수 없기 때문이다. 정식 '고등학교'를 세우려면 학교 부지나 체육시설 확보, 일정 규모의 교사진 등이 필요하다. 'K팝 스쿨' 설립을 가로막는 규제들이 즐비한 셈이다. SM이 추진 중인 'K팝스쿨'을 만들고 있는 최진영(51) SM인스티튜트 대표의 한숨 섞인 말이다. "지자체나 교육 당국을 찾아가 'K팝스쿨' 얘기를 하면 다들 '너무 좋다'고 해요. 그런데 막상 학교를 설립하겠다고 하면 '그런 학교를 만들 수 있는 제도가 없다, 안타깝다'고 하죠."[84]

결국 2020년 SM엔터테인먼트와 종로학원은 글로벌 K팝 교육기관인 'SM인스티튜트'를 서울에 세우겠다고 공식 발표했다. 대신 SM은 K팝 등을 가르치는 온라인 고등학교인 '디지털스쿨'(가칭)을 미국 캘리포니아에 설립했다. 박선영의 구상과는 조금 달랐지만 이렇게 K팝을 알리고 퍼뜨릴 전진 기지는 규제 탓에 한국이 아닌 미국에서 먼저 선을 보였다.

박선영 | 브리핑　　　　　　　　　　　　　　　　2018. 06. 08.

KPOP 학교를 만들겠습니다

　얼마 전 우리 대한민국의 대표적인 아이돌 그룹인 방탄소년단의 앨범이 미국 '빌보드 200' 1위에 올랐습니다. 한국 가수 최초일 뿐만 아니라 영어가 아닌 언어로는 12년 만이라고 합니다. 대한민국의 K-POP은 가히 전세계적인 언어가 되었습니다. 한류가 전 세계를 뒤덮을 정도로 세계인의 마음을 사로잡고 있는 상황입니다.

　저 박선영은 'K-POP 학교'를 설립해 우리 아이들이 세계 무대를 마음껏 뛰어놀 수 있는 글로벌 인재로 키우고자 합니다. 인문학과 예술, 기초과학 등을 아우른 '융복합 중·고등학교' 가운데 하나로 만들어질 예정이며, 춤과 노래에 끼가 많은 학생들은 거주지에 상관없이 'K-POP 학교'에 지원할 수 있게 됩니다. K-POP에 관심이 있는 친구들을 인문계 중고등학교에 앉아있으라고 하니, 저녁에 사설 학원에 가서 연습하고 그 다음날 학교에서 자게 됩니다. 본인이 갖고 싶은 꿈을 최대한 실현하고 발전시킬 수 있는 학교를 만들 필요가 있습니다.

　자꾸 학교에 시험보고 들어가는 것 아니냐는, 20세기적인 사고에서 벗어날 필요가 있습니다. 예술을 사랑하는 청소년들이 보다 선진화된 교육의 장에서 공부할 수 있는 환경이 만들어졌으면 하는 바람입니다. 저 박선영은 국가가 발전에 원동력이 될 수 있는 양질의 'K-POP' 인재 양성을 위한 교육에 최선을 다할 것입니다.

박선영 | facebook 2021. 01. 17.

진보라는 자들이 가장 꼴통스럽다.

 과거는 가능한 한 잊자, 했지만 때로는 그 각오도 무용지물. 가끔씩 지난 시간이 밀려온다. 전세계를 휩쓸고 있는 k-pop. 그 k팝을 배울 수 있는 과정을 정규 교육에 도입한 K팝학교. 연령, 국적 상관없이 입학할 수 있는 기숙학교로 개발, 인가하겠다는 대담한 공약을 내놓았었다. 내가. 언론도 별로 주목하지 않았지만 지난 2018 교육감선거때 그랬다. 선거에 2등이란 없으니 물거품이 됐지만 누구라도 그 정책을 이어가길 바랬다. 이념을 떠나서. 국익을 위해서. 그런데 온갖 법규와 규제 때문에 K팝 학교가 한국에선 못 세우고 미국 캘리포니아에 세운단다.

 이게 한국이다. 진보라는 자들이 가장 꼴통스럽다. 보수정권이라도 크게 달라지진 않았겠지만 정치권도 행정부도 시대를 못 읽는다. 읽으려고도 하지 않는다. 지금도 100년 전, 대원군시대를 살고 있다. 21세기에. '우리나라'에서는 모두가. 코르동블뢰가 국적을 따지던가? 줄리아드가 국적을 따지던가? 미네르바대학에 캠퍼스가 있던가? 깨어나야 한다. 시대를 읽어야 한다. 안 그러면 설 자리가 없다. 나도 너도 우리도 대한민국도 사그러드는 건 순간이다. 훅!

방과 후 **영어수업**

 교육부의 오락가락 정책은 대입제도개편 이외의 부문에서도 나타났다. 교육부가 전국 5만여 곳 유치원과 어린이집의 영어 수업 금지 방침을 결정한 것은 2017년 12월 27일. 하지만 학부모들의 반발이 일자 "의견을 수렴하겠다"며 하루 만에 번복했다. 그랬던 교육부는 이틀 뒤인 12월 30일 주무부처인 보건복지부에 유치원처럼 어린이집도 새 학기부터 영어 특별활동 수업을 금지해 달라고 요청했다. 유치원과 초등학교 1, 2학년 영어 방과후 수업이 금지되는 만큼 일관성 측면에서 어린이집도 이 방침에 따라야 한다는 입장이었는데 이는 결과적으로 1주일 새 금지→철회→금지로 혼란만 부추긴 꼴이 됐다.

 교육부가 유치원·어린이집 영어교육 금지 방침을 밝히면서 불안감에 휩싸인 학부모들의 발걸음은 학습지 방문과외 시장으로 향했다. 학부모들은 "월 3만 원에 영어교육을 받을 수 있는데 100만 원짜리 영어 학원으로 가란 말이냐"라고 반발했다. 각종 온라인 커뮤니티를 통한 학부모들의 비난 여론도 거셌다. 결국 청와대와 여당이 나서 유치원·어린이집 영어수업 금지 방침에 급제동을 걸었다. 교육부는 원칙적으로 금지 방침은 밀고 가되 시행은 1년 유예하는 방향으로 한 발짝 물러섰다.

유치원과 어린이집뿐만이 아니라 초등학교 1·2학년의 방과 후 학교 영어 수업 금지도 문제였다. 차이가 있다면 초등 1, 2학년 영어 수업 금지는 2014년에 마련된 선행학습금지법에 따른 조치이지만 영유아복지법 적용을 받는 어린이집의 경우 방과후 영어 수업을 못하게 할 법적 근거가 없다.

문제는 유치원이나 어린이집, 그리고 초등학교에서 영어 교육을 받을 수 없으면 결국 사교육으로 가기 마련인데, 이 경우 비용 부담이 배로 늘어난다는 것이다. 대한민국의 학부모라면 누구나 영어의 선행 학습이 중요하다고 생각한다. 학부모들이 박선영을 찾아 답답함을 토로했음은 불 보듯 뻔한 일이었다. 박선영은 유치원·어린이집 방과 후 영어수업도 허용하고 초등학교 1·2학년 방과 후 영어수업도 학교장에 자율선택에 맡기겠다는 공약을 내세웠다.

"21세기는 글로벌시대 세계화시대인데 세계시민하고 우리 학생들이 어려서부터 소통하려면 말하기 영어, 기존에 저도 그렇게 배웠습니다만 지금도 하나도 안 달라진 게 영어가 문법과 독해 위주예요. 전혀 말하기가 가르치지 않아요.
그런데 유치원 때 조금 가르치다가 1, 2학년에는 안 가르치다가 3, 4학년에서 가르친다. 이런 교육정책이 어디 있습니까? 그래서 저는 법을 고치기 이전까지는 학교장 자율로 말을 하는 영어교육을 아침이나 저녁에 교과 시간이 아닌 자율로 선택해서 하게 하면 문제가 달라지지 않을까 완화되지 않을까 해결되지 않을까 이렇게 생각하고 있습니다.[85]"

중·고교가 바뀌어야 대학 바뀐다

"중고교의 자율 학생선택권부터 보장해야"
[제3의길 주동식 기자 인터뷰 중에서/ 2018.06.08]

-교육감 후보로서 우리나라 교육의 문제가 무엇이고 향후 어떻게 변화해야 한다고 보는가.

우리나라 교육이 변하려면 먼저 중고등학교의 학생 선택권이 보장되어야 한다. 이게 안 되면 대학의 변화도 불가능하다. 현재 대학은 자체 역량으로 변화한다는 것이 불가능하다. 교육부의 예산지원을 받는, 심하게 말하자면 '정부의 종'이나 마찬가지이기 때문이다. 불가피하게 교육부의 지휘 감독을 받을 수밖에 없는 것이다.

이제는 중고등학교가 변화해야 대학에 파급효과가 생긴다. 30년 전 패러다임과 달라진 것이다. 1965년에는 이른바 이 생길 정도로 중학교 입시가 과열되면서 평준화가 시작됐고, 이후 지역별 학군으로 묶는 등 규제형 정책으로 일관해왔다. 하지만 21세기에는 지역별 학군이라는 게 의미가 없어졌다. 지하철 등 교통수단이 발달했기 때문이다. 100% 자율화와 개방화의 방향으로 변화해야 한다.

1960년대에는 한 반에 70~80명씩 몰아넣고도 오전 오후반으로 나

뒤야 했다. 하지만 지금은 교실이 남아돌아 서울의 경우 시설용량이 학생 수의 2~2.5배에 이른다. 학생들이 학교를 고르는 걸 막을 이유가 없어졌다. 학생들마다 학교를 선택하는 기준은 모두 다를 수 있다. 현실적으로 전교조가 강하지 않은 학교에 대한 요구도 많고, 명문대 입학률도 따질 것이다. 학생에 따라서는 학교재단의 종교적 색깔도 중요한 기준이 될 수 있다. 이런 요구에 자율과 개방을 허락해야 한다.

-우리나라 교육에서 가장 예민한 이슈가 입시 제도의 문제이다. 어떤 방식의 변화가 필요하다고 보는가?

교육청이 규정하는 학교별 학생 정원이라는 기준은 이미 무의미하다. 학급이 줄어들고 학교가 사라지는 상황에서 그런 정원 따위가 무슨 소용인가. 학교별로 학생 선발권을 인정하고 허용해야 한다. 당연히 학생 선발 방식도 학교의 자율에 맡겨야 한다.

개인적으로는 학생 개인의 학업계획서가 가장 중요하다고 본다. 이밖에 학생부종합전형이나 블라인드 면접도 활용할 수 있을 것이다. 중요한 것은 학교에 자신들이 가르칠 학생들을 자율적으로 선발할 수 있는 권한을 보장하는 것이다.

다만, 전체 정원의 10% 정도는 우선 배려 학생에게 배정해야 한다고 본다. 저소득층이나 장애인, 학교폭력 피해자, 다문화 가정, 외국인 등이 대상이 될 수 있다. 이 정도 가이드라인만 제시하고 나머지는 학교의 자율에 맡기는 게 바람직하다.

-학교의 운영 방식이나 시스템도 바뀌어야 하지 않는가? 학교의 위상이나 성격도 변화해야 할 것 같다.

지금 서초동 소재 서울고는 처음 강북에서 이전해가던 당시에 비해 학생 수가 절반에도 못 미친다. 이렇게 정원 못채우는 학교들이 점차 늘어나고 있다. 한마디로 말해 학생들의 인기를 끌지 못한 결과이다. 이런 학교들에 대해서는 3년 정도의 유예 기간을 뒀다가 폐교해야 한다고 본다. 그리고 그 시설은 융복합 고등학교로 변신하는 것이 바람직하다.

광주의 대안학교인 지혜학교의 사례가 인상적이었다. 인문학과 철학 교육을 시켰는데 수학 점수가 올랐다는 사례가 보고되고 있다. 졸업생이 100여 명도 안 되는데, 서울대에 3명이 진학했다고 들었다. 대안학교의 경우 학력 측면에서 포기한 경우가 많은데 이 학교의 사례는 참고할 필요가 있다.

한국 사회는 철학적 바탕이 극히 빈약한, 부박(浮薄)하다고 표현할 수밖에 없는 사회이다. 교육을 통해서 이를 바꿔가야 한다. 인문과 IT, 예술이 융합할 수 있도록 지원해야 한다. 과거의 상고나 공고 이런 식의 개념에서 탈피해야 한다. 애니메이션이나 미디어 등의 특화된 영역도 포함할 수 있다.

결국 다양화와 자유, 자율이 미래의 학교, 미래의 교육이 지향해야 할 가치이다.

-예산 등 그런 변화에 필요한 자원을 확보하는 것도 과제일 것 같다.

혁신학교에 들어가는 예산을 없애고, 이렇게 쓸데없이 새나가는 비용을 아껴야 한다. 그리고 급식 등에서 공동구매를 통해 규모의 경제를 추구해야 한다. 지금 학교 급식은 영양사와 식료품 구입 담당, 조리사 등을 각각 따로 두고 있어 인건비 부담이 크다. 그러면서도 음식의 수준이 낮아 남는 음식이 많다. 가정의 식생활 수준은 높아지는데, 학교는 반대로 가고 있는 것이다.

공동구매, 공동조리를 통해 이런 문제를 해결하고 급식 수준을 높일 수 있다. 구청과 협의하여 유치원과 초중고등학교를 포함해서 규모의 경제를 달성할 수 있다. 필요할 경우 다른 구와의 공동협력도 가능하다. 이렇게 하면 음식의 품질과 위생상태 등이 대폭 개선될 수 있다. 이렇게 하면 급식에서만 서울에서 연간 1천억 원의 예산 절감이 가능해진다.

교육 예산도 늘어야 한다. 선진국은 교육예산이 전체 국가예산의 30% 수준이다. 우리나라는 아직 15% 정도에 불과하다. 교육비가 결국 양육비라고 할 수 있고, 이게 늘어야 저출산 문제가 해결된다. 워킹맘의 부담을 덜어줘야 한다.

내가 어렸을 때 초등학교 학급 당 학생 수가 대개 70~80명이었다. 당시에는 집집마다 형제들이 많아 비교적 쉽게 사회화가 이루어질 수 있었다. 하지만 요새 아이들은 그렇게 자연스럽게 가정에서 이뤄지는 사회화의 기회가 없다. 그래서 교사가 감독하기가 훨씬 어렵다. 교사를 줄이기는커녕 오히려 보조교사를 붙여줘야 할 판이다.

-구체적인 원칙이나 방법론이 있다면?

우리 아이들은 부모의 소유물이 아니다. 우리나라의 미래, 국보 1

호이다. 이렇게 소중한 존재를 잘 키워내기 위해서는 부모와 교사, 사회의 공동 작업이 필요하다.

사회 전체가 교육에 참여하는 방식의 변화가 필요하다. 0교시를 없앤 것은 그만한 배경이 있었지만 결과적으로 엄마들만 힘들어졌다.

내가 교육감에 당선되면 굿모닝교실을 운영할 생각이다. 학교가 아이들 아침밥을 해결하고 케어해주는 것이다. 무상급식이니 뭐니 하는 차원의 얘기가 아니다. 이런 시간과 공간을 활용해서 아이들이 교과 외에 하고싶은 것, 춤과 노래 기타 취미 활동을 하는 것이다. 특히 비폭력 대화에 대한 교육이 절실하다.

우리 학생들은 지금 토론은커녕 정상적인 대화를 하지 못하는 경우가 많다. 대화가 되지 못하니까 폭력에 호소하게 되는 것이다. 이들을 위한 말하기 교실도 꼭 필요하다. 이를 위해 심리학자, 대화법 전문가의 도움이 있어야 한다. 교육 기부라는 형태로 이분들의 도움을 이끌어낼 수 있을 것 같다.

방과 후에는 '드림교실'이라는 애프터스쿨을 운영하려고 한다. 드림 교실은 dream과 give라는 의미를 포함한다. 드림교실은 교과목 50%, 몸을 쓰는 활동 50%으로 구성하게 된다. 학력 문제도 소홀히 할 수 없다.

내가 제안하는 드림교실은 학생들의 축구, 농구, 수영 등 체육 활동을 지역에서 공동으로 운영하자는 것이다. 독일의 경우 동네마다 공공 수영장이 있어서 학교가 이들과 계약을 맺고 학생들이 무상으로 이용할 수 있도록 한다. 우리도 이런 방식의 원용이 가능할 것이라고 본다.

초등학교에도 기숙사를 운영할 필요가 있다. 갈수록 이혼 등 가정 해체가 심각해지고 그 결과 편부모 가정, 조손 가정 등이 늘어나는 추세이다. 아이들이 가장 큰 희생자들이다. 아이들이 받는 스트레스가 극심하다. 이 아이들을 위해 없어지는 학교들, 폐교를 활용한 도심 속 기숙학교가 가능할 것이다. 즉, 일종의 융복합 기숙학교 형태이다.

나아가, 학교에서 떨어져나간 아이들, 제도교육의 밖으로 나간 아이들을 위한 새빛학교도 이런 방식으로 운영할 수 있다고 본다. 사회 안전 차원에서도 학교밖 아이들을 어떻게든 교육의 틀 안으로 데려와야 한다.

이런 방안에 대한 학부모들의 반응은 매우 호의적이다. 재동초등학교의 경우 올해 1학년 신입생이 28명이다. 당연히 폐교하는 게 맞지만, 그 상징성 때문에 손을 대지 못하고 있다. 누군가 나서서 정책 방향 전환의 물꼬를 터줘야 하는 것이다.

서울교육 1등 세계 수준으로

박선영의 약속1

희망교육

대한민국을 선도하는 서울교육
새로 시작합니다

서울교육 세계 1등 수준의 미래교육체제를 만들겠습니다

학생·학부모에 서울 전지역 지원이 가능한 학교선택권 완전 보장
- 폐교 위기 학교시설을 '도심 속 24시간학교'로 운영
- 4차산업혁명 시대에 과학, IT, AI 분야의 '융복합 중고등학교' 신설

화장실, 도서관, 급식실을 선진국형 최첨단시설인 '신뉴딜 학교개선사업' 추진

**맘(Mom)이 통하는 맞춤형 교육으로
아이 키우기 편안한 세상을 만들겠습니다**

수요자를 위한 '굿모닝 교실' 운영
균형 있는 영양식으로 아침밥 무상제공
학생에게 꿈을 제공하는 방과 후 '드림 교실' 운영
학부모와 지역사회가 함께 만들어가는 '교육기부' 활성화

CHAPTER 5. 교실이데아

박선영의 약속2

공정교육
모두가 만족하는 서울교육 새로 시작합니다

교육의 기본인 기초학력, 학교자율, 공정교육을 실현하겠습니다
- 기초학력 최하위 서울교육의 최상위 학력신장 방안마련(기초학력보장법 제정)
- 유치원·어린이집 방과 후 영어수업, 초등학교 1·2학년 영어 등 외국어 수업의 학교장 자율선택
- 유아부터 고교까지 무상교육, 무상급식 추진
- 혁신학교 폐지, 일반학교 예산지원 최대 1억까지 확대
- 자사고·외고 현행 유지
- 학부모 정보제공을 위한 '교육지원정보청' 설치
- 입시비리 척결

정시 확대 및 대입정책 혼란 해소로 예측 가능한 입시제도를 만들겠습니다
- 정시 확대 및 수능시험 현행 유지, 학생부종합전형 간소화 추진
- 대입전형 6년 예고제 추진
- 유·초·중·고와 대학간 협력을 위한 '미래서울교육위원회' 설치

박선영이 만드는 서울교육특별시

박선영의 약속3

책임교육
학생과 학교현장을 책임지는 서울교육
새로 시작합니다

(성)폭력 없고, 미세먼지 없는 '안전학교 1번지'로 만들겠습니다
- 학교 급식의 질과 안전 확보를 위한 학교급식지원센터 운영
- 미세먼지 방지 최첨단 공조시스템, 공기청정기 단계적 설치
- 학교 석면과 드라이비트 시설 교체 등 각종 위험시설 개선
- 학교성폭력, 폭력 치료전담 '새빛학교' 운영
- 학교폭력, 생활지도, 안전지도 전담하는 교육청 직속의 스쿨폴리스제 도입
- 학생들의 안전한 귀가를 돕는 '스마트 안심귀가 서비스' 도입

학생, 학부모를 최우선하는 교육서비스 행정을 펼치겠습니다
- 교육청을 본청과 교육지원정보청으로 개편하여 행정효율화 추진
- 서울교육 예산을 적재적소 필요 분야에 지원하고, 정보공개 등 투명성 강화
- 서울교육개발원 신설을 통해 서울인터넷교육방송 준비, 서울미래교육비전(2030) 마련
- 학교폭력 업무처리를 위해 폭력전담 변호사 지원체제 확대
- 학생 건강 검진을 강화하고, 서울의사협회와 MOU를 통해 체계적 지원

21세기 학생들이 19세기 교실에서
공부하고 있는 서울교육
박선영이 확 바꾸겠습니다

박선영의 약속4

자율교육
학교의 자율권을 보장하는 서울교육 새로 시작합니다

교권확립 및 역량 강화로 교사가 긍지를 갖도록 하겠습니다
- 학생인권조례 독소조항(동성애 조장 등) 삭제 및 전면 개편
- 아동복지법 개정, 교원지위법 보완, 학교폭력예방법 등 교권강화 3대법안 개정
- 교사 7년 경력 이후에 유급 연구학기 운영
- 교사 역량강화 위해 대학원 진학 시 등록금 전액 지원
- 교육청 단위의 기간제 교사 인력풀제 운영으로 안정적 운영체제 마련
- 전교조 거점으로 전락된 내부형 교장공모제 폐단방지
- 교육의 정치적 중립성 확보와 전교조합법화 반대

사교육비 다이어트 1-2-3단계, 4년 내 실현하겠습니다
- 고교 대입지원 국내최초 종합정보시스템 구축 (서울진학 넘버 One)
- 대입 정보축적을 통해 사교육 컨설팅을 능가하는 대입컨설팅 시스템 운영
- 사교육 대체 가능한 방과 후 학교 활성화 위해 '서울After School공사' 설립
- 한국형 인공지능기반 학생 개개인 맞춤형 수업 및 학습지원 시스템 운영

따뜻한 보수

CHAPTER 6

> 보수가 '평등' 문제에 계속 딴죽을 거는 것처럼 하면 안 된다. 사회 불평등, 특히 기회의 불균등 문제에 대해 보수는 진보보다 더 앞서서 문제를 제기하고 대안을 제시해야 한다.
>
> 2018.06.28 조선일보 인터뷰 중에서

평등은 진보의
전유물인가

보여주기식 '일자리 상황판'

문재인은 대선후보 시절부터 일자리위원회를 직접 챙기겠다고 말한 바 있다. 문재인은 취임 당일 청와대에서 '일자리 상황점검 및 일자리위원회 구성'을 1호 업무지시로 내렸다. 얼마 뒤에는 집무실에 '일자리 상황판'을 설치하면서 "문재인 정부의 경제정책은 일자리로 시작해 일자리로 완성될 것"이라고 말했다.

그렇다면 과연 문재인 정부에서 실제로 일자리가 확 늘어났던가? 결과는 오히려 그 정반대이다. 이유는 간단하다. '일자리 대통령'을 자임했지만 정책은 일자리를 늘리는 방향과 정반대로 갔기 때문이다.

문재인은 취임 초 과속 인상한 최저임금, 무리한 주 52시간제와 노동계 요구를 대거 반영한 국제노동기구(ILO) 협약 비준안 등 친(親)노조 정책을 밀어붙였고, 임기 반환점을 돌면서는 상법·공정거래법·금융그룹감독법 등 반(反)기업 3법을 몰아붙였다. 그 결과 기업은 위축됐고, 탈한국 현상이 가속화했고, 자연스레 좋은 일자리도 줄었다.

일자리는 하루아침에 뚝딱 만들어지기 어렵다. 문재인은 취임 후 4년간 일자리 사업에 80조 원을 넘게 쏟아부었다. 대다수가 6개월짜리 혹은 1년짜리 일자리다. 문재인 정부 출범 이후 2020년 말까지(2017~2020) 비정규직만 95만 명 늘어났다는 조사 결과[86]가 나온 건 당연한 결과였다. 이명박 정부(2009~2012) 47만 명, 박근혜 정부(2013~2016) 53만 명에 비해 2배 가까이 늘어난 것이다.[87]

그럼에도 문재인은 2021년 초 "1분기까지 90만 개 이상 직접 일자리를 창출하겠다는 계획을 반드시 이행하겠다"고 선언했다. 문재인 지시에 맞춰 정부 부처들이 1분기에 만드는 직접 일자리를 고용노동부가 취합한 바에 따르면 대다수가 '노인 일자리 및 사회활동 지원 사업'이다.[88] 활동비가 월 27만 원 이하로 '용돈 벌기' 일자리로 일자리 목표를 채운다는 비판이 나온다.

일자리 문제에 대해서는 보수 정권도 뾰족한 수가 있던 건 아니었다. 박근혜 정권의 일자리 공약 핵심은 '고용률 70% 로드맵'이었다. 그러나 공약 달성에 집착하다 단기 공공근로·시간제 일자리만 늘리는 식의 폐해를 남겼을뿐이다. 이명박 역시 후보시절 매년 7%의 경제성장과 함께 연간 60만개씩 5년간 총 300만개의 일자리를 약속했지만 2008년 2월 집권 당시 실업률 3.6%, 고용률 62.6%이었던 것이 퇴임 시기인 2013년 2월 실업률은 오히려 3.8%로 상승했고 고용률(62.7%)은 거의 변화가 없었다.[89]

박선영 | 논평   2009. 12. 28.

20~30대 취업대란, 발등의 불이다

올해 25~39세 청년 취업자가 작년보다 무려 25만 명이나 줄어들었다. IMF 환란 이후 11년 만에 겪는 최대의 청년층 취업대란 상황이다. 25~39세 인력은 우리나라 경제활동 인구의 70%이상을 차지하는 핵심계층이다. 경제활동을 통해 청운의 꿈을 이루고, 가정을 새로 꾸미거나 자녀를 부양하고, 노부모를 봉양해야하는 이 인력들이 직장을 찾지 못해 이 엄동설한에 떨고 있다. 바람 부는 쪽으로 머리를 곧추 세운 채 시시각각 떨고 있는 풍향계처럼 신문의 구직란만 바라보며 파르르, 우리의 젊은 세대들이 떨며 의욕을 잃어 가고 있다.

그런데도 우리 정부의 청년실업 대책은 단기적인 처방에 몰려있다. 정부재정을 투입해 시행하는 희망근로사업과 행정인턴제는 실업자대기실일 뿐이다. 오히려 졸업예정자와 취업 재수생, 계약이 해지되는 청년인턴들이 한꺼번에 쏟아져 나와 청년 취업시장을 더욱 혼란의 도가니로 몰아가고 있다. 정부는 올해 희망근로사업으로 25만개의 일자리를 공급했다고 자화자찬하고 있으나, 참여자 가운데 65세 이상 고령자가 30%에 이르고 주부가 22%에 달했다. 희망근로사업이 효율적인 청년실업 대책이 아니라 생색내기용이었다는 반증이다.

'고용 없는 성장'을 추구하는 한 청년실업은 피할 수 없다. 또한 고용 없는 성장은 신기루일 뿐이다. 빈부격차만 더 벌어지게 하고 사회갈등만 부추길 뿐이다. 산업구조의 고도화로 제조업의 고용 창출효과에는 한계가 있다. 민간 기업에게만 의존하지 말고 정부가 발 벗고 나서야 한다. 고용창출 효과가 크고 부가가치가 높은 산업을 중점 육성해야 청년실업 문제를 해결할 수 있다. 청년층이 어려운 일이나 중소기업을 기피한다고 탓만 해서는 안 된다. 그들이 꿈과 희망을 펼칠, 신나는 무대를 만들어줘야 한다. 중소기업에도 대기업 못지않은 발전 가능성과 희망이 있다는 사실을 정부가 나서서 보여줘야 한다. 원전에 쏟은 힘의 1/100만 쏟아도 문제는 해결된다. 하고 싶은 일만 해서야 되겠는가?

소득주도성장은 실패했다

'낙수 효과'란 넘쳐흐르는 물이 바닥을 적시게 된다는 뜻이다. 쉽게 말하자면 대기업과 부유층을 키우면 중소기업과 서민층에게도 혜택이 돌아간다는 논리다. 한국은 1960년대 경제발전을 시작한 이래 1970~80년대는 낙수 효과가 컸다. 그러나 1990년대 이후 낙수효과 기능은 제대로 작동하지 않았다. 중소기업 매출액과 관련한 대기업의 낙수효과는 존재하지만 그 규모가 크게 감소한 것이다.[90]

그동안 우리나라의 대기업 체제는 압축성장과 추격형 산업화 전략의 추진 과정에서 유용하게 작용했다. 과거에는 나라 전체가 워낙 가난했던 터라 꼭 필요한 일이기도 했다. 그러나 대기업 우선주의를 구조화되면서 소득 및 자원 배분의 양극화 문제를 키웠다. 대기업 체제가 중소·중견기업의 사업 기회를 위축하고 성장 구조를 왜곡했다.[91]

이런 틈을 타고 새롭게 나온 개념이 바로 '분수효과'다. 문재인 정부는 낙수효과는 끝났다면서 경제 운영 패러다임을 기업 중심의 '공급정책'에서 가계 중심의 '수요정책'으로 바꿨다. '소득주도성장'은 가계소득을 늘려주면 소비가 증가하고 기업 투자와 고용이 늘어나 경제가 선순환한다는 '분수효과' 논리에 근거한다.

물론 분수효과를 노리고 문재인 정부가 추진한 '소득 주도 성장'

은 실패했다는 평가가 나온다. 통계청이 발표한 '2020년 4분기 가계동향조사 결과'에 따르면 소득 하위 20%인 1분위 가구의 근로소득은 월 59만 6000원으로 1년 전보다 13.2% 감소했다. 같은 기간 일용직·임시직 일자리가 34만 9000개나 줄어든 고용참사로 저소득층이 직격탄을 맞았다.

급격한 최저임금 인상은 최저임금조차 받지 못하는 근로자만 양산했다.[92] 대책 없는 주52시간 근무제 도입으로 임금이 줄어들어 근로자 상당수가 일자리를 옮길 가능성도 크다는 게 중소기업들의 호소다.

박선영 | 정책성명　　　　　　　　　　　　　　2011. 05. 20.

대기업과 중소기업의 상생을 위해서는
부당거래 관행부터 개선하라!

　대중소기업간 어음결제를 비롯하여 부당 하도급 등 부정적 거래관행이 없어지지 않고, 상호 불신도 여전하다. 뿐만 아니라 대기업들은 돈만 된다면 업종에 관계없이 뛰어들고 있어 중소기업이 갈수록 설자리가 좁아지고 있다. 대기업의 호황이 중소기업으로 확산하는 동반성장을 위해서는 상대적으로 개선되지 않고 있는 납품단가 후려치기 등의 관행을 시급히 개선해야 한다.

　2011년 5월 18일에 발표된 스위스 국제경영개발원(IMD)의 조사자료에 따르면 우리나라 중소기업의 효율성은 49위 수준이고, 서비스분야 수지는 50위다. 우리 경제의 뿌리인 중소기업이 튼튼해지려면 중소기업정책이 하나의 슬로건에 끝날 게 아니라 고질적으로 지적되어온 납품대금 현금결제, 기술개발지원확대, 해외동반진출 등의 치명적인 문제점들만이라도 제도적으로 개선하라!

낙수효과 vs 분수효과

2021년 4월 28일(현지시각) 조 바이든 미국 대통령은 취임 뒤 첫 연방 상·하원 합동회의 연설에서 "이제 미국의 기업과 가장 부유한 1% 미국인이 공정한 몫을 지불할 때"라며 "낙수경제는 작동하지 않는다"고 선언했다.[93] 이른바 부자 증세를 공식화한 것이다. 그러면서 인프라, 일자리, 교육 등에다 6조 달러(6700조원)라는 천문학적인 액수를 투자한다고 밝혔다. 물론 바이든 정부가 넘어야할 산은 많지만 '세계 대통령'으로 통하는 미국 대통령의 정책 방향성이라는 점에서 의미가 깊다.

특히 국내에 시사하는 바는 더욱 크다. 문재인정부의 '소득주도성장'과 궤를 같이하고 있기 때문이다. 바이든은 연설에서 시간당 최저임금을 15달러로 인상

해야 한다는 주장도 다시 꺼내 들었다.

'낙수효과'인가, '분수효과'인가. 필자가 여기서 답을 내리는 것은 아무런 의미가 없을 것이다. 문재인정부의 '분수효과'가 작동하지 않았다는 건 분명하지만 대중은 성장보다 분배에 더욱 관심을 가지고 있다는 사실을 잊어서는 안 된다는. 옳고 그름을 떠나 진보는 '분수효과'를 통해 대기업과 부유층이 아닌 중소기업과 서민층을 위한다는 이미지를 얻었다. 자연스레 보수는 그 반대되는 이미지, 즉 기득권 집단으로 인식되고 있다. 바이든 정부가 문재인 정부와 같은 '분수효과'를 기대하고 있다는 점에서 '낙수효과'를 앵무새처럼 반복해온 보수진영은 지금이라도 대안을 찾을 필요가 있다.

16대 대선 패배 직후 한나라당은 '중도보수 열린보수'를 선언하면서 노동, 환경 등 진보적 어젠다를 대거 가져왔다. 2004년 탄핵 역풍이 있었지만 17대 총선에서 선방한 것도 '천막당사'로 상징되는 당 개혁 때문이었다. 이후에도 한나라당은 서민을 위한 민생 문제에 그야말로 '올인'하며 2006년 지방선거에서 압승했다.

이명박은 중도실용주의 노선으로 대선 행보를 시작하여 핵심 공약들을 모두 중도개혁기조 위에 마련했다. 그 결과 이명박은 2007년 대선에서 압도적으로 승리했다. 박근혜는 '경제민주화'라는 진보적 어젠다를 선점했다. 무상보육과 기초연금 공약도 내놓았고 당 색깔을 '빨간색'으로 바꿀 정도로 당 개혁에 매진했다. 박근혜의 이명박과의 차별화는 2012년 아슬아슬했지만 박근혜가 대선에서 승리하게 되는 결정적인 요인이 되었다.

박선영 | 논평　　　　　　　　　　　2010. 06. 24.

정부는 서민대책을 아예 포기했는가?

서민생활이 갈수록 어려워지는 이유를 정부는 경제가 빠른 회복세를 보이지만 아직 온기가 서민층에게까지 전달되지 않아서라고 극구 변명하고 있다. 정부가 물가와 고용률에 대한 아무런 개선의지도 없는데 따뜻한 온기가 저절로 밑으로 내려올 리가 있겠는가? 가처분소득을 기준으로 한 빈곤층의 비중이 2007년 14.8%에서 지난해에는 15.2%로 증가했다. 중산층도 2007년 63.8%에서 지난해 63.2%로 감소했다. 이명박 정부 들어 중산층은 갈수록 사라지고 빈곤층만 늘어나고 있는 것이다.

빈곤층을 줄이는 서민대책의 핵심은 고용률 증대와 일자리 창출이다. 정부의 장밋빛 전망에도 불구하고 고용시장은 여전히 꿈쩍도 하지 않고 있다. 근본적인 일자리 대책을 서둘러 마련해야 한다. 취업 유발 효과가 큰 서비스업을 육성해야 하지만 이에 대한 정책추진은 눈을 씻고 찾아봐도 찾을 수 없다. 정부는 화려한 경제지표를 내세우기보다는 내실 있는 서민대책에 주력해야 한다.

불평등 문제 대안 제시해야

"선거 뛰어보니… 나라 걱정돼 울화 참아가며 돕는 보수 층 많더라" [조선일보 논설위원 인터뷰/2018.06.28]

지난 지방선거 때 서울 교육감에 출마한 박선영 동국대 법대 교수(18대 국회의원)는 36.2%를 얻었다. 조희연 현 교육감(46.6%)에게 졌지만 안철수 후보가 사실상 지원한 조영달 후보가 '기호 2번'이 되면서 17.3%를 가져간 것, 보수 진영 인사들 요청으로 선거 개시 한 달 전에야 급하게 나섰다는 점을 감안하면 상당한 선전이었다. 서울시장 선거에서는 박원순 시장이 52%, 김문수 후보가 23%, 안철수 후보가 20%를 얻었다. 그가 이사로 있는 '통일과 나눔' 재단 사무실에서 26일 만나 이번에 느낀 '대한민국 보수'의 현재 상황과 미래 전망, 유권자들 정서에 대해 들어봤다. 자유선진당 정책위의장과 대변인 등을 지낸 정치인 출신이기도 한 그는 "보수 정당뿐 아니라 진영 전체가 망한 상황으로 본다"며 "국민은 자유보다 평등에 관한 문제 해결을 더 바라고 있고 보수는 그에 대한 비전과 대안을 제시할 수 있어야 한다"고 했다.

- 선거 후 2주가 지났다. 돌아보니 뭐가 제일 아쉬운가.

"아쉬운 거 전혀 없다. 정말 열심히 싸웠다. 선거 한 달 전에야 출마가 정해졌다. 어머니가 돌아가시고 100일밖에 안 되고, 돈과 조직도 전혀 없었다. (보수 후보) 단일화 과정에서 많은 실망도 했지만 보수의 희망도 봤다. 열심히 했기에 아쉽지 않다."

- 보수의 희망? 전멸 수준의 패배 중에 어디서 희망을 봤다는 건가.

"어떤 자원봉사자께서 너무 열심히 일을 하셨다. 스스로 찾아와 뭐라도 돕겠다며 걸레질도 했다. 나중에 봤더니 이름만 대면 알 만한 분 사모님이었다. 그런 분이 참 많았다. 그러면서 자기가 누구라고 한 마디도 안 하신 분이 한둘이 아니었다. 젊은 층도 처음에는 내가 아는 제자 등으로 시작했지만 갈수록 늘어났다. 모두 '교육과 나라가 걱정이 된다'면서 도와주신 분들이다. 이런 분들에게서 희망을 봤다."

- 보수 진영 후보로서 이번 선거 상황이 많이 어렵던가.

"사무실도 못 구할 정도였다. 시내에 그렇게 빈 사무실이 많지만 대부분 '안 되겠다'고 했다. 계약하러 갔다가 우리가 누구인지 알고 취소하는 경우도 있었다. 그렇지만 갈수록 '힘내라'는 분이 많아졌다. 다른 선거에서 보수 정당 후보들은 선거 비용을 펀드 형태로 모으려는 시도도 못 했던 것으로 안다. 그러나 막상 해보니 저에게 16억원이 모였다. 법적 한도가 20억원 정도였는데 시간이 흐를수록 성원이 늘어갔다."

- '보수는 분열하고 진보는 단일화한다'는 것이 매번 교육감 선거의 특징이다. 이번에도 그런 현상이 있었다. 도대체 왜 그런다고 느꼈나.

"선거를 1년 이상 준비한 분들이다. 예비후보 단계에선 1000만원 등록비만 있으면 된다. 그런 후보들 뒤에는 단체나 조직들이 있다. 그중에는 종교 단체도 있다. 그러다 보니 단일화가 쉽지 않다. 경쟁하다 밀리면 승복하고 힘을 합해야 하는데 그게 안 되는 것이 보수의 더 큰 문제였다. 반면 진보 쪽에서는 보수 기득권을 깨기 위해 과거부터 단일화 노하우와 문화가 정착돼 있다."

- 결과적으로 보수 단일 후보로 등록했다. 그런데도 도와주지 않던가.

"내가 동성애 옹호론자라고 공격한 것도 보수 진영 예비후보 측이었다. 동명이인과 혼동에서 비롯된 잘못이라는 게 드러났지만 지금도 철회하지 않고 있다. 다문화 존중을 얘기했다는 이유로 나를 이슬람교도라고 하기도 했다. 나는 천주교 신자다. 다 보수 쪽 경쟁 진영에서 만들어 퍼뜨린 말이었다."

- 한국당만이 아니라 보수 자체가 무너졌다는 건 무슨 의미인가.

"현장에서 보니 보수 유권자들 마음속에는 자괴감, 분노, 억울함 같은 것이 쌓이고 쌓여 있더라. 나라에 대한 걱정까지 더해져서 울화가 돼 있다. 문제는 이걸 잘 승화시켜야 하는데 그대로 다른 사람에게 표출하고 있다. '나라 망한다'고만 하면 사람들이 공감해주지 않는다. 젊은 층이나 중도 성향 사람들에게 이런 식의 접근은 '강요'로 받아들여진다. 그런데도 자꾸 그러다 보니 이제 다 (보수 주변에서) 도망가 버리고 그분들끼리만 섬처럼 남아 있는 형국이다. 지금 우리 사회에 15% 정도다. 이게 보수의 현실이다. 울분과 분노만으로는 절대 상대를 이길 수 없다."

그러면서 박 교수는 보수 진영이 생각을 바꿔야 하는 일례로 교육 문제를 들었다. "유치원 무상교육 같은 문제를 과거 틀에서 반대만 해선 안 된다. 사람에 대한 투자를 '세금 퍼주기'라고 해선 안 된다. 아이를 낳지 않는 사회다. 교육에 들어가는 비용과 기회 불평등 문제가 중요한 이유라고 본다. 내가 '유치원 교육까지 국가가 책임져야 한다'고 했더니 당장 캠프 내부에서 '세금 퍼주기 안 된다'고 반대하더라. 보수는 변화를 먼저 읽고 진보보다 앞서서 비전을 제시해야 한다. 그런 부분이 지금 보수 진영에는 부족하다."

- 보수 정당은 무상 급식, 무상 교복 등에 반대해왔다. 틀린 방향이었다는 얘기인가.

"헌법은 '능력에 따라 교육받을 권리'를 명시하고 있다. 빈부가 능력이 돼선 안 된다. 과거 우리나라가 아이는 많고 재원은 없을 때는 충분한 교육 서비스 제공이 어려웠다. 이제는 그렇지 않다. 부모에 관계없이 누구든 능력을 발휘할 수 있는 교육 토대를 만들어줘야 한다."

- 교육감 17명 중 14명이 진보 · 좌파, 10명은 전교조 출신이다. 어떤 일들이 생길 것으로 보나.

"대한민국은 정점을 찍고 급격히 내려갈 거다. 유치원부터 전교조식 교육이 될 거다. 그들은 경쟁 자체를 죄악시한다. 시험도 안 보겠다는 것 아닌가. 시험은 서열화를 위해서가 아니라 잘하는 것과 못하는 것을 알기 위해 보는 것이다. 거기서 우수한 능력을 찾아내고 인재를 찾아내기 위해서다. 지금까지 세상은 20%가 80%를 먹여 살렸다면 앞으로는 정말 능력 있는 5%가 나머지 95%를 책임지는 사회가 된다. 그런 5%를 전교조식 교육으로는 찾고 키울 수 없다. 그리되면 대한민국은 존재할 수가 없다."

박 교수는 '95%, 5% 사회'를 얘기하면서도 보수 진영에 한마디를 했다. "이명박·박근혜 정권에서 이런 미래 사회에 대해 아무런 준비를 못 했다. 지금까지의 '보수'라는 관점에서만 보면 5%가 내는 세금으로 95%를 살리는 방식은 말이 안 된다고 할 것이다. 그러나 그건 사회 흐름상 피할 수가 없다. 그렇다면 보수는 이에 대해 가진 대안이 뭐라고 먼저 보여줘야 한다. 그런데 '안 된다'고만 하니 현실과 국민으로부터 점점 멀어진다"고 했다.

박 교수는 '선거를 거치면서 보수가 살려면 어떤 가치를 내세워야 한다고 느꼈는가'라는 질문에도 비슷한 맥락의 답을 했다.

"흔히 '보수=자유, 진보=평등'이라고 말한다. 그런데 지금 대한민국 사회는 '자유'를 아쉬워하는 사람이 거의 없다. 보수 진영이 자꾸 자유를 얘기해봐야 국민에게는 와 닿지 않는다. 더구나 우리 국민은 굉장히 평등 지향적이다. 21세기는 점점 더 사회 불평등 구조가 강해질 수밖에 없다. 그런 상황에서 보수가 '평등' 문제에 계속 딴죽을 거는 것처럼 하면 안 된다. 사회 불평등, 특히 기회의 불균등 문제에 대해 보수는 진보보다 더 앞서서 문제를 제기하고 대안을 제시해야 한다."

사회적 약자와의 동행

폐지줍는 노인의 나라

 2020년 국내 65세 이상 고령인구는 우리나라 인구의 15.7%로, 2025년에는 20.3%에 이르러 우리나라가 초고령사회로 진입한다. 통계청은 2060년에는 고령인구가 43.9%가 될 것으로 추산했다.[94] 그런데 2017년 기준 우리나라의 상대적 빈곤율은 44%로 OECD 국가 가운데 가장 높은 것으로 나타났다. 2위인 미국(23.1%)의 2배다. 그럼에도 노인 빈곤에 대한 정부 대책은 허점투성이다.

 가장 큰 문제는 기초연금이다. 현재 정부는 기초연금 지급액조차 소득으로 인정하고 있다. 기초연금을 받는 만큼 기초생활수급비도 줄어들고 기초연금이 소득인정액에 포함되면서 의료급여 수급에서 탈락하는 경우도 발생한다. 이른바 '줬다 뺏는 기초연금'이라는 비아냥이 나오는 이유다. 이러니 기초연금 신청을 '포기'하는 기초생활수급자 노인이 6만여 명에 달한다(2020년 9월 기준)는 통계도 있다.[95] 해법은 기초연금을 소득인정액에서 제외하면 된다. 장애인연금, 장애인수당, 아동보육료, 양육수당, 국가유공자수당은 소득인정액에 포함되지 않아 생계급여와 별도로 지급받을 수 있다고 한다.

 이렇게 간단히 해결할 수 있는 "줬다 뺏는 기초연금" 문제가 공론화된지도 7년이 지났는데 아직도 해결되지 않는 이유는 무엇일까.

"선거 때 맞춰 다수 노인의 지지를 얻을 수 있는 기초연금만 올려온 정치권의 이합집산 때문이 아니냐"는 의심의 눈초리도 있다. 빈곤노인기초연금연대는 "여당인 더불어민주당은 20대 총선에서 "줬다 뺏는 기초연금" 해결을 공약으로까지 내걸었지만 지금까지 모른체하고 있다"면서 "심지어 국회보건복지위원회에서 10만원이라도 부가급여로 지급하자는 절충안을 합의했으나, 예산결산특별위원회 문턱에서 무산되고 말았다"는 성명을 내기도 했다.

정부의 노인 일자리 확충도 '노인 빈곤'을 해결하는 데 별다른 도움이 되지 않고 있다. 대다수가 월급 30만 원도 되지 않는 데다 이 적은 급여도 소득으로 인정돼 기초생활수급비가 줄어든다. 하나 마나 한 일이 돼 버리는 셈이다. 결국 현금을 직접 받을 수 있는 일, 폐지를 줍는 것을 택하게 된다. 거리에서 폐지와 박스를 리어카나 카트에 끌고 가는 노인들을 오직 한국에서만 볼 수 있는 이유도 바로 여기에 있다.

노인들의 경제적 어려움은 자살로도 이어지고 있다. 보건복지부의 '2019 자살예방백서'에 따르면 자살을 생각해 본 적 있는 65세 이상 노인 가운데 27.7%가 바로 생활비 문제를 꼽았다. 우리나라 65세 이상 노인자살률(인구 10만 명당)은 2015년 기준 58.6명으로 OECD 회원국 평균인 18.8명보다 훨씬 높다. 박선영은 2011년 3월 논평에서 "노인자살 방지 종합 대책을 하루빨리 마련해야 한다"고 목소리를 높였지만 아직도 실효적인 정책은 요원해 보인다.

박선영 | 논평 2011. 03. 10.

자살공화국, 노인자살 방지 종합대책이 절실하다.

대한민국은 자살공화국인가? 우리나라는 OECD국가중 자살률 1위다. 평균 34분마다 1명씩 스스로 목숨을 끊고 있다. 더 큰 문제는 생을 포기하는 자살자가 해마다 급증하고 있다는 사실이다. 특히 65세 이상 노인 자살자가 20년 전에 비해 5배 이상 급증했다. 일부 언론에서는 '현대판 고려장'이라고 표현할 정도다. 이것이 바로 'G20 의장국'이라고 한껏 뽐내는 우리의 자화상이다. 우리나라 전체인구 중 65세 이상 노인비율은 2000년 7%에서 지난해에는 11%인 535만명으로 증가했고, 2018년에는 14.3%로 증가할 전망이다. 한국전쟁 이후 출생한 베이비부머 세대 720만명이 본격적으로 노인세대에 진입하게 되는 10년후에는 초고령화 사회로 진입하게 된다. 그러니 이제라도 노인자살 방지 종합대책을 하루빨리 마련해야 한다.

노인자살의 가장 큰 이유로는 사회적 무관심과 경제적 이유 때문이다. 65세이상 노인중에서 24.1%가 소득이 없고, 29.4%는 월 50만원 미만이다. 노인 전세대인 베이비부머들도 23.2%가 노후의 소득문제를 걱정하고 있다. 이러한 생활고 외에도 핵가족화에 따른 외로움과 소외감, 박탈감도 문제다. 특히 각종 질병과 의료비 부담은 노인들을 자살로 내모는 주요 원인이다. 더 이상 노인자살 문제는 개인이나 가족의 문제가 아니다. 우리 사회 공통의 문제로 인식하고 해결책을 적극적으로 모색해야 한다. 고령자를 위한 시간제 근로를 범정부 차원에서 대폭 늘려야 한다. 외롭고 병든 노인들을 위한 사회 안전망도 빈틈없이 갖추어야 한다. '인생은 70부터'라는 말을 실감하도록 정부가 제대로 앞장서야 한다.

근로자를 근로자로 부르지 못하고

'파출부' 등으로 불렸던 가사(家事) 근로자들의 근로자 지위를 인정하고 퇴직금·4대 보험 등을 보장해 주는 가사근로자 고용 개선 법률안이 본회의를 통과한 건 2021년 5월 말이다. 그간 맞벌이 가구 증가 등으로 가사 서비스에 대한 수요는 늘어나고 있으나, 대부분 개인 간의 계약 등 비공식적 방법으로 제공되어 양질의 가사 서비스가 충분히 공급되지 못했다.

앞으로 가사서비스 제공기관과 근로계약을 체결한 가사근로자에게는 최저임금, 사회보험, 퇴직금, 연차 유급휴가 등의 권리를 보장한다. 특히 제정안은 제공 기관과 이용자 간에 서비스 종류·제공시간·이용요금·손해배상 관련 사항 등이 포함된 이용계약을 서면으로 체결하고, 계약에 근거하여 서비스가 이루어지도록 했다. 가사 서비스 제공 기관은 가사근로자를 유급으로 고용하고, 서비스 제공 중 생길 수 있는 인적·물적 손해에 대한 배상 수당 등을 갖춘 법인만 인증한다. 정부 인증을 받지 않은 직업소개서나 주변 소개로 가사근로자를 구할 경우에는 이 법에 해당되지 않는다.

1953년 제정된 근로기준법 제11조 1항에는 근로자의 예외 조건을 두었는데 바로 '가사사용인에 대해 적용하지 않는다'는 규정이다. 근로자를 근로자로 부를 수 없도록 한 참으로 이상한 이 규정으로 인해 가사관리사, 베이비시터, 산후관리사, 간병인 등은 70년 가까이 근로자 지위를 인정받지 못했다. 가사근로자 보호를 위한 법안 논의는 2010년부터 시작됐지만 10년이 지난 2020년부터 법 제정 논의가 본격적으로 재개됐다. 박선영도 자유선진당 정책위원회 의장 시절 일찌감치 "가사도우미들에게도 4대보험 적용하겠다"는 제목의 성명을 발표하며 이 문제에 각별한 관심을 기울인 바 있다.

박선영 | 정책성명　　　　　　　　　　2011. 07. 11.

파출부, 어린이·노인 돌보미 등 가사 도우미에 대한 4대보험 적용이 시급하다.

자유선진당은 가사 도우미에 대한 사회보험 적용을 다음과 같이 추진할 것이다.

1. 근로기준법부터 바꿔 노동법상 지위부여가 필요하다. 사회안전망에서 제외된 근로자 가운데서도 노동자성을 인정받지 못하는 가사. 간병. 육아 도우미(노동자)는 30~60만명에 이른다. 가사 도우미는 그동안 비공식부문의 일자리로 간주되어 고용보험, 산재보험 등 사회보험 적용에 서 제외되어 왔고 근로기준법 등 노동관계법에서도 근로성을 인정받지 못해 왔다. 따라서 우리 당은 여성의 사회진출확대와 고령화 사회 진입에 따른 가사 도우미의 수요가 증가하고 있는 현실, 그리고 저소득근로자의 사회안전망을 확보하기 위한 차원에서 가사 서비스업 종사자에 대한 근로성을 인정하는 법 개정을 추진하겠다. 이를 통해 이들에 대한 사회보험을 적용하겠다.

2. 우선적으로 국가가 가사 도우미의 사회보험 재원을 부담해야 한다. 이미 선진국에서는 가사 도우미에 대한 근로자성을 인정하고 있으며, ILO (국제노동기구)도 가사사용인에 대한 고용. 산재보험 등 사회보험의 가입을 권고하고 있는 실정이다. 따라서 우리 당은 근로관계가 불분명한 가사 도우미는 국가. 자치단체에 등록하고, 일반인이 가사도우미 쿠폰을 구입할 경우 등록된 도우미의 사회보험을 국가와 자치단체가 부담하는 형식의 바우처 제도 도입을 추진

하겠다. 이와 같이 이용자가 쿠폰을 매입하면 국가에 등록된 도우미의 노동시간으로 사회보험을 적용받도록 하여 사회보험 사각지대를 해소할 수 있어서 효과적인 사회안전망 확보가 가능해진다.

지금 우리는 1/4분기의 실질임금이 -4.1%를 기록할 정도로 실질임금 하락도가 매우 빠르게 진행되고 있는데다, 소득이 가장 적은 1분위 가구의 사회보험료 부담이 가장 높게 나타나고 있다. 두 차례의 경제위기를 지나면서 소득 양극화 현상도 더 심해지는 이 시점에서 저임금, 비정규직 근로자들의 사회보험 사각지대만큼은 정부가 적극 해소해야 하며, 이를 통해서 기초적인 사회안전망을 확보해야 한다는 점을 다시 한번 강조한다.

"**여자라서** 무시당한다니"

"저도 여성으로서 이제 첫 외교 장관이라고하는 막중한 자리에서 기를 쓰고 다하고 있습니다만 저도 간혹 '여성이기 때문에 이런가' 이걸 느낄 때가 있어요. 그리고 우리의 남성 위주의 기득권 문화 속에서 '내가 받아들여지고 있나' 질문을 할 때가 없지 않습니다. 그럴 때마다 저는 그냥 제가 하는 일에 '최선'을 다하고 밤에 잘 때 '오늘 할일을 다 했나' 제가 편한 답을 할 수 있으면 편히 자고 그다음 날을 대비합니다."

강경화 외교부 장관이 '남성 위주 기득권 문화' 속에서 늘 여성에 대한 차별과 편견을 의식하며 일한다고 말했다. 2020년 11월 16일 외교부와 방송사 〈티브이엔〉(tvN)이 함께 진행한 '글로벌 혁신을 위한 미래대화' 포럼에서다. 재러드 다이아몬드 미국 로스앤젤레스 캘리포니아대학(UCLA) 교수(〈총, 균, 쇠〉의 저자)가 "한국은 여성이 잠재력을 충분히 발휘할 수 없어 위기"라고 한 데 대해 강경화는 위와 같이 말했다.

강경화가 한 발언의 뜻은 당사자가 아닌 이상 정확히 알 순 없다. 다만 분명한 건 그가 외교부장관으로서 '리더십의 한계'를 토로한 적이 있다는 점이다. 강경화는 위 논란이 있기 한 달쯤 전 해외 공관 직원의 잇따른 성비위 사건과 관련해 "장관인 제가 어떤 한계라든가 리더십의 한계를 느끼고 있다"고 발언했다. 이렇다 보니 언론에서는 강경화의 발언을 두고 '패싱 논란'에 따른 것으로 해석했다.

당시 마이크 폼페이오 미국 국무장관이 한국 방문을 취소하자 '한국 패싱' 논란이 일었다. 박지원 국가정보원장이 일본을 방문해 총리를 면담하는 등 국정원도 움직이는데 '외교부 역할이 무엇이냐'는 논란도 더해졌다. 더욱이 강경화가 해양수산부 소속 어업지도원이 북한군에 의해 피살된 사건을 처리하는 과정에서 관계장관회의[96]와 정부 외교·안보 라인 핵심 인사들이 미·중·일·러 등 4강 외교 현안과 대북 정책에 대해 논의하는 자리에도 참석하지 못하면서[97] '패싱 논란'에 따른 발언이라는 해석에는 더욱 힘이 실렸다.

"외교 정책에 대한 비판을 왜 여성 문제로 대응하느냐" "리더십을 스스로 깎아내릴 수 있다"는 외교부 안팎의 비판도 나왔다[98]. 박선영은 "자기 능력 부족인데 부끄러운 줄도 모른다"고 다소 강한 어조로 비판을 가했다. 박선영은 "오히려 무능한 여자이기 때문에 장관 타이틀을 거머쥐었다"면서 "이 정권에서 여성 장관들은 오로지 여자라는 이유로 그 자리를 꿰찼다고 봐야 한다"고 했다.

박선영은 강경화가 외교부 장관에 발탁된 건 순전히 대통령의 '여성 장관 30%' 공약 때문이라는 시각을 갖고 있다. 문재인은 대선 후보 시절 "집권하면 내각의 30%를 여성으로 채우고, 임기 내 여성 장관 비율을 50%까지 끌어올리겠다"고 공약했다.

문재인의 '내각 여성할당제' 논란은 계속되고 있다. 대표적인 건 바로 2021년 5월 과학기술정보통신부 장관에 임명된 임혜숙이다. 임혜숙은 가족동반 해외 세미나, 위장전입, 제자와 배우자의 무더기 공동 논문 등재, 논문 표절 의혹 등을 받았다. 정치권에서는 가장 논란이 많은 임혜숙을 낙마 1순위로 꼽았다. 그럼에도 임혜숙은 장관직을 수행하게 됐다.

그렇다고 임혜숙에 대한 '내각 여성할당제'가 도마 위에 오른 걸 단순한 정치 공세로 치부하기도 어렵다. 문재인은 "성공한 여성의 롤모델이 필요하다는 생각으로 임 후보자를 지명한 것"이라고 밝혔다. 민주당 강훈식 의원은 "여성 후보자를 찾기가 참 어렵다"며 "그런 것들을 감안해서라도 (임 후보자) 임명을 하고 싶은 마음이 있다"고 말했다.[99]

이를 두고 야당 소속 여성 의원들은 날 선 비판을 쏟아냈다. 윤희숙 국민의힘 의원이 대표적이다. 그는 "찾기도 힘든데 30% 채우기 위해 그냥 임명이라는 청와대와 여당의 발언은 양성평등을 크게 후퇴시킬 뿐"이라고 비판했다. 이은주 정의당 원내대변인은 "결격 사유가 분명한 후보자 임명을 강행하는 것은 공정·균형의 원칙에 서 있는 여성할당제도의 정신을 희화화하는 것"이라고 비판했다.[100]

여성할당제는 꼭 필요하다. 세상에 반은 여자인데 대다수의 조직이 남성 위주로 구성되어 있다. 분명 무언가 문제가 있다고 봐야 한다. '여성 할당제'라는 강제적 조치는 단순히 여성에게 공평한 기회를 준다는 의미에서 그치지 않는다. 조직에 여성이 늘어나면 남성 위주의 조직 문화는 바뀌게 돼 있다. 그러면 분명 조직은 더욱 발전할 것이다. 그렇지만 결격 사유가 있는 여성을 밀어 넣는 건 제도의 본래 취지에서 벗어나는 것일 뿐만 아니라 제도 자체에 대한 믿음까지 흔들리게 만든다.

박선영 | facebook   2020. 11. 17.

우리 외교가 잘못된 정도가 아니고
이미 파탄, 실종단계에 돌입했는데...

강경화 외교부 장관은 그 원인이 자신의 무능 때문인 줄은 모르고 자기가 여자라서 패싱당하는 거란다. 부끄러운 줄도 모르고, 자기 능력 부족인 줄도 모르고 어제 tvN에 나와서 그렇게 말했다네? 요즘 나훈아가, 아니 온 국민이 왜 하나같이 테스형만 찾아대는지 이제 알겠다. 너 자신을 알아야지,

무능한 자신은 돌아보지 않고 뭐? 여자라서 무시당한다고? 메르켈은 남성인가? 대처도 남성이었나? 울브라이트도 남성이고? 이들은 모두 강대국 여성들이라고? 그럼, 시진핑과 맞짱 뜨고있는 대만의 차이잉원도 남성인가? 핀란드의 산나 마린 총리, 라가르드 유럽은행총재, 폰 데어 라이엔 EU집행위원장, 벨기에의 윌메 총리, 노르웨이의 솔베르그 총리 등 이루 셀 수 없이 많은 여성지도자들이 지금 세계 곳곳에서 맹활약하고 있다. 그런데 무슨 피해자 코스프레? 오히려 '무능한 여자'이기 때문에 장관이라는 타이틀이 거머쥐고는! 지금 이 정권에서 여성장관들은 오로지 여자라는 이유로 그 자리를 꿰찼다고 봐야 한다. 시키는대로 고분고분 하니까. 어떤 일을 시켜도 반항하지 않고, 그건 안된다고 대들지도 않고 누구처럼 사표던졌다고 공개적으로 악악대지도 않고... 창피한 줄도 모르는 철면피들이니까, 그러니까 인형처럼 앉혀놓은 건데... 그것도 모르고 여자라서 패싱당해? 몸에 맞지 않는 옷은 빨리 벗어버리는 게 상책이다. 역사에 오점을 더 이상 남기지 말고. 이 땅의 여성들을 더 이상 집단 모욕하지 말고.

박선영 | 논평　　　　　　　　　　2010. 03. 07.

21세기 국가경쟁력은 여성의 사회참여와 고용확대에 달려 있다

　21세기에 나라가 발전하려면 여성의 사회적 진출이 원활해야 한다. 국가의 투명성과 경쟁력은 남녀의 고용평등 정도에 정비례하기 때문이다. 국가경쟁력이 세계 최고인 핀란드나 덴마크, 스위스, 호주 등이 좋은 예다. 남성 중심으로만 인력을 활용하는 사회는 남녀동등 고용사회보다 개인소득은 높지만 가족이나 국가소득은 낮을 수밖에 없고, 노사분규도 극심해진다.

　남녀평등은 단순히 헌법상의 사회정의 또는 윤리 차원의 문제가 아니다. 국가 경쟁력 확보를 위해 필요불가결한 기반이 바로 여성의 고용확대다. 직장보육시설을 늘리고, 육아휴직 제도를 실질화해야 한다. 우리 사회의 저출산 문제도 여성문제로만 인식하는 한 해결할 수 없다. 낙태금지로 어떻게 저출산 문제를 해결하겠는가? 무모하고 한심할 뿐이다. 사회전체가 성인지적 감수성을 갖지 않는 한, 선진국 진입은 불가능하다.

　지난 20세기가 육체적 힘을 필요로 한 남성중심의 역사였다면, 지식과 정보, 창의력이 중요한 21세기는 여성의 섬세한 노동력과 감성을 요구하고 있다. 여성을 위해서가 아니라, 국가경쟁력을 위해서 새로운 가치, 새로운 패러다임에 대한 인식의 전환이 필요하다. 그런데 국회는 지난 2월 임시국회 때 여성위원회를 단 한 번도 개최하지 않았으니, 이를 어쩌리오!

계속되는 '도가니 사건'

'광주 인화학교 사건'은 2000년부터 5년 동안 교장을 비롯한 교직원들이 장애학생들을 지속적으로 성폭행한 사건을 말한다. 놀라운 건 사건의 가해자들이 대부분 법적 처벌을 받지 않고 교단에 섰다는 것이다. 실형을 선고받은 사람은 10명 중 단 2명, 그것도 고작 징역 1년 8개월~2년 6개월에 불과했다. 당시 1·2심 재판부는 일부 장애인 피해자가 '항거불능' 상태에 있지 않았다고 판단했다.

이 사건을 토대로 쓴 공지영의 장편소설은 큰 인기를 끌었고 영화로도 만들어져 400만 관객을 동원했다. 대중의 관심이 쏠리자 경찰청은 특별수사팀을 구성, 이 사건을 재수사했다. 교육부는 해당 학교를 폐교시켰고 정부는 장애인 성폭력 방지를 위한 대책을 내놨다. 여야는 소위 '도가니 방지법' 제정에 나섰다. 뒷북도 한참 뒷북이었지만 국회 본회의를 통과한 일명 '도가니법'은 의미가 깊다. 장애인 여성을 성폭행했을 경우 7년 유기징역에서 최대 무기징역까지 처할 수 있도록 규정했다. 장애인 보호시설의 종사자들이 장애인을 대상으로 성범죄를 저지른 경우, 형의 1/2을 가중처벌하도록 했다.[101]

그러나 '도가니' 이후로 달라진 건 별로 없다. 장애인 대상 성폭력 범죄는 줄어들 기미를 보이지 않고 있다. 2012년 656건에 이르던 장애인 대상 성폭력 범죄는 2013년 852건으로 29.9% 늘어났고, 2014년에는 927건으로 8.8% 증가했다. 2015년에는 857건으로 줄어들었고, 2016년에는 807건으로 범죄 건수는 줄었으나 가해자 수는 오히려 늘어난 것으로 나타났다.

특히 장애인을 대상으로 성폭력을 행사한 가해자 중 29.7%는 경찰이 불기소 처분 의견을 낸 것으로 나타났다. 경찰은 2012년~2016년까지 장애인 대상 성폭력 가해자 4,462명 중 1,323명에 대해 불기소 처분 의견을 냈다.[102] 이는 범죄 형량을 강화하는 게 능사가 아니라 장애인에 대한 수사기관과 법조계의 인식이 개선되어야 한다는 점을 보여주고 있다. 김예원 장애인권법센터 변호사는 "형량이 세지면 재판에서 그 형량을 인정할 정도의 엄격한 증명 책임을 요구하기 때문에 입증 자신이 없는 사건이나 피해자의 진술이 주된 증거인 (아동학대 범죄와 같은) 사건은 불기소될 가능성이 크다"고 지적했다.[103]

대표적인 사건은 2010년에 발생한 소위 '대전판 도가니 사건'이라고 불려지는 사건이다. 고등학생 16명이 지적장애 여중생을 성폭행한 사건인데 경찰은 이들에게 불구속 처분을 내렸다. 가해 학생들이 미성년자이며, 피해자가 강하게 저항하지 않았고, 폭력이 없었다는 이유였다.[104] 사건을 자세히 들여다보면 경찰의 처분은 이해하기 어려워진다. 대전지역 고등학생 3명은 2010년 5월 중순 대전시 서구 둔산동 한 건물 남자화장실에서 인터넷 채팅으로 알게 된 한 지적장애 여중생을 성폭행했다. 이 여중생이 지적장애인이라 신고가 어렵다고 판단한 이들 3명은 이 여중생의 전화번호를 친구들에게 알려주고 돌아가며 성폭행하도록 유도했다.

시민단체의 반발이 이어진 건 당연한 일이었다. 대전장애인부모연대와 대전장애인차별철폐연대 소속 회원들은 "피해 여학생이 호감과 성추행을 구분하지 못할 정도인데도 저항하지 않은 것을 합의한 것으로 볼 수 있느냐"고 불구속 처분을 비난했다.[105] 대전경찰청 국정감사에서 국회의원들은 "가해 학생들의 부모 중 고위직이 있어 불구속한 것 아니냐"고 질타했다.

국정감사 등을 통해 여론의 관심이 고조되자 경찰에 불구속 수사를 지휘했던 검찰은 뒤늦게 이 사건에 주도적으로 참여한 4명에 대해 구속영장을 청구했다. 하지만 법원은 영장 실질심사에서 '도주 및 증거인멸의 우려가 없다'며 영장을 기각했다. 법원은 끝내 고등학생 16명 모두에게 보호처분을 선고했다. 대전고등법원 국정감사에서 대전고등법원장은 "범죄자이기 앞서 소년이란 점을 적용, 불구속 수사했다"며 "학생 수능 때문에 보호처분을 하게 됐는데 사회적으로 관심이 높은 만큼 앞으로는 처벌 수위를 높이는 등 방안을 더욱 고심하겠다"고 답했다.[106]

'대전판 도가니 사건'이라고 불리기도 하는 이 사건은 '도가니'를 쓴 소설가 공지영이 분통을 터뜨리면서 널리 알려졌다. 공지영은 경찰이 가해자들을 불구속 입건하자 "적극적으로 반항하지 않았다는 이유로 불구속이랍니다. 이게 제정신으로 하는 짓일까요? 이 나라에서 딸 키울 수 있나요?"라고 썼다.

'원조 도가니 사건'이나 '대전판 도가니 사건' 모두 '항거 불능'에 대한 법조계의 인식이 잘못되었기 때문이라는 지적이 많다. 현행 성폭력범죄 처벌 등에 관한 특례법(성폭력특례법) 제6조는 '신체 또는 정신적인 장애로 항거불능인 상태를 이용해 간음하거나 추행한 사람은 형법 제297조(강간) 또는 제298조(강제추행)에서 정한 형으로 처벌한다'고 규정하고 있다. 이 조항은 정신적, 신체적 장애가 있는 사람의 '성적 자기결정권'을 보호하려는 취지로 도입됐다.

문제는 법조계가 지적 장애인에 대한 이해가 매우 낮다는 점이다. 특히 지적장애 여성은 논리적으로 사건을 진술하지 못하고 오히려 자신의 혐의를 부인하는 가해자의 진술이 더욱 부각되는 경우가 비일비재하다. 지적장애가 있는 13세 여자아이가 6일 동안 7명의 성인 남자들에게 성폭행을 당했음에도 검찰과 법원이 이들을 아동성폭력이 아닌 아동성매수로 처벌한 게 대표적이다. 그 이유는 피해자가 13세가 된 지 몇 개월이 지났고 채팅방을 스스로 개설했으며 잠자리나 떡볶이, 치킨 등 대가를 받았기 때문이었다.

법조계의 지적장애에 대한 부족한 인식은 지적장애인이 가해자인 경우에도 발생한다. 동네 초등학생 자매를 수십 차례 성추행한 60대 남성이 무죄를 선고받은 사건은 주목할 필요가 있다. 법원은 1심과 2심에서 모두 이 남성에 대해 '의사소통이 안 되고 판단능력이 없다'는 판단에 따라 무죄를 선고했다. 풀려난 이 남성은 다시 9살 여아 아이를 성추행하다 붙잡혔다. 검찰은 이 남성에 대해 구속영장을 청구했지만 법원은 기각했다. 검찰은 이 남성을 격리치료라도 하게 해달라고 치료 감호를 두 차례나 청구했지만 법원은 모두 기각했다. 치료 감호영장은 피의자가 정신병 등의 이유로 치료를 받을 필요가 있고, 도망하거나 증거를 없앨 개연성이 있을 때 인신 구속을 명하는 것이다.[107]

박선영 | 논평　　　　　　　　　　2010. 08. 20.

장애인 성폭력 예방대책 빨리 세워라!

장애인, 특히 지적장애인들에 대한 성폭력은 그동안에도 수없이 발생했다. 피해를 당하고도 제대로 항거조차 할 수 없는 지적 장애인들의 근원적인 약점을 노린 파렴치범중의 파렴치범이 장애인에 대한 성폭력이다. 지적장애 여성의 경우 성폭행을 당해도 그것이 성폭행인지 모르는 경우가 많다. 바로 그런 약점 때문에 장애인에 대한 성폭력이 없어지지 않는 것이다. 그것도 가해자가 한 명이 아니라 동네 남성들, 혹은 또래 집단에 의해서 집단적으로 자행되고 있으니 참으로 귀를 틀어막고 싶다.

피해자가 누구든 성폭력은 영혼에 대한 살인행위이다. 경찰은 최근 발생한 지적장애 여성에 대한 성폭력 사건부터 철저하게 수사하고 집단 가해자의 경우에는 더욱 엄중하게 처벌해야 한다. 동시에 지적장애인 성폭력 예방대책과 피해자 지원체계를 하루빨리 구체적으로 마련해야 한다. 수사기관과 재판부도 지적장애 성폭력 사건에 대해서는 전문가의의견을 충분히 참작해 엄중하게 수사하고 처벌해야 한다. 정부는 각 장애단체마다 상담심리사를 확실하게 고용하도록 제도적 장치를 마련하고 행정지도를 해야 한다. 무늬만 심리전문가는 안 된다. 성폭력을 당한 장애인 피해자를 위한 전문쉼터 마련도 절실하다. 임신한 장애여성에게는 그에 알 맞는 전문적인 치료와 보호를 제공해야 한다. 정부의 장애인 성폭력 대책, 하루가 급하다.

박선영 | 논평　　　　　　　　　　　　2010. 12. 22.

수십차례 성추행범, 치료감호마저 기각하다니!

　상습적으로 성추행을 한 장애인에게 청구된 치료감호영장이 기각됐다. "주거가 일정하고 도주·증거인멸의 우려가 없다"며 법원이 영장을 기각한 것이다. 하지만 치료감호영장은 피의자가 치료를 받을 필요가 있는 경우에도 적용된다. 또 다른 피해자가 발생할 우려가 높은데 어쩌려고 이러는가?

　올해 초에도 법원은 1,2심 모두 초등학생 자매를 수개월 동안 수십차례에 걸쳐 성추행을 해온 이 장애인에게 사물을 변별할 능력이 없다며 무죄를 선고했다. 그런데 검찰은 이 장애인이 자기 이름을 한자로 쓰고 돈 계산을 하는 등 어느 정도 지능은 있지만, 정신감정 때는 대화도 불가능한 중증지적장애인인척 행세한 것으로 조사됐다고 밝혔다.

　이웃주민들도 혼자서 버스를 타고, 쇼핑을 하는 등 사리분별력이 있다고 증언하고 있다. 지적장애라는 법적보호막을 악용한 것이다. 이런 영악한 지적장애인에게 놀아나 무죄방면하고 영장을 기각할 수 있는가? 또 상습적으로 수십차례나 성추행을 저지른 장애인을 지적장애가 있다는 이유 하나로 아무런 사전 예방조치도 없이 방치해 둘 수 있는가?

　매우 조심스럽기는 하지만 지적장애가 있기 때문에 예방이 더 어려울 수도 있다. 그래서 피해를 입게 될 어린 학생들의 아픔과 상처는 어찌할 것인가? 당연히 치료감호를 통해 격리 치료하는 등, 적절한 조치를 취해야 한다. 이런 점에서 법원의 이번 치료감호영장 기각은 매우 유감스럽다.

아래서 나누고 선영이 좋다

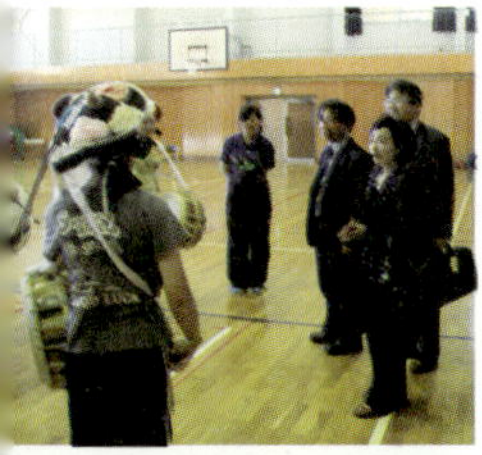
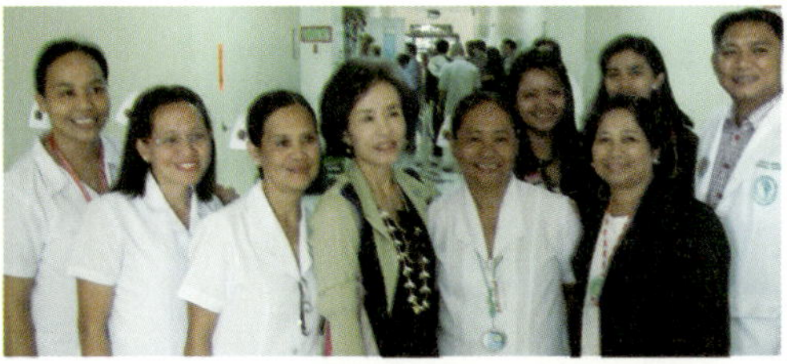
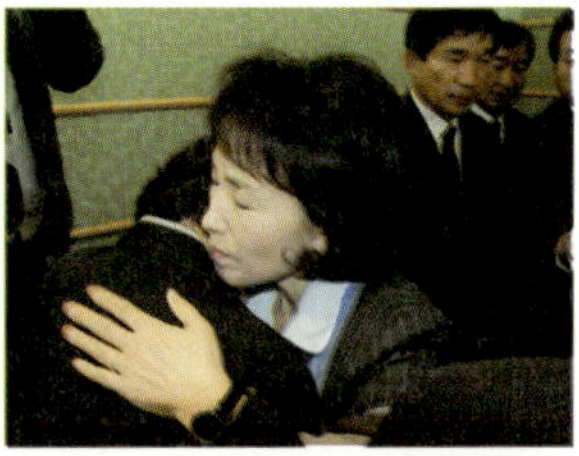
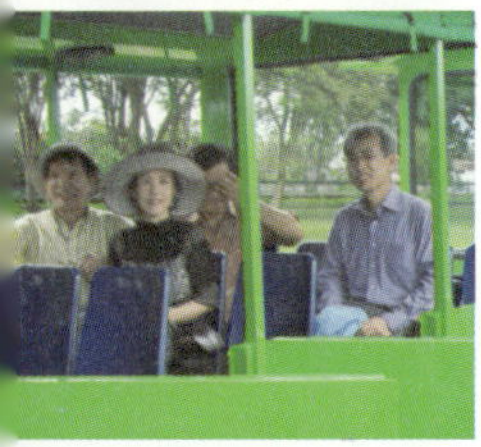
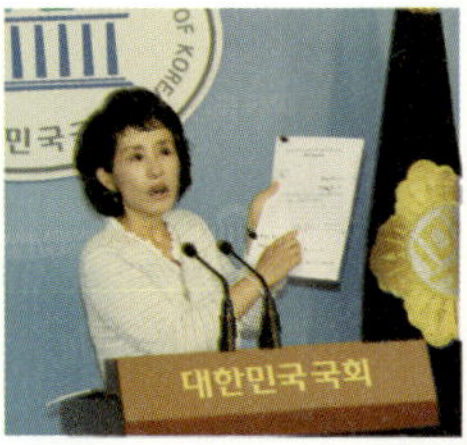
대한민국국회
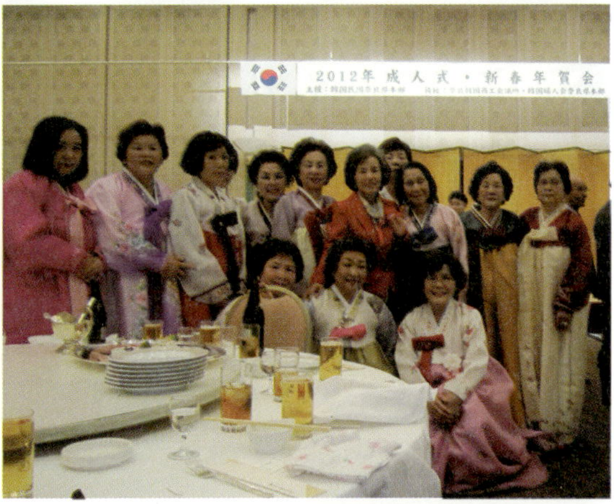
2012年成人式・新春年賀会
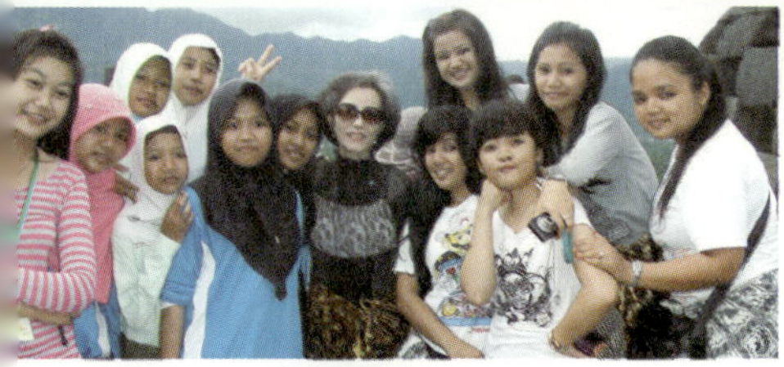
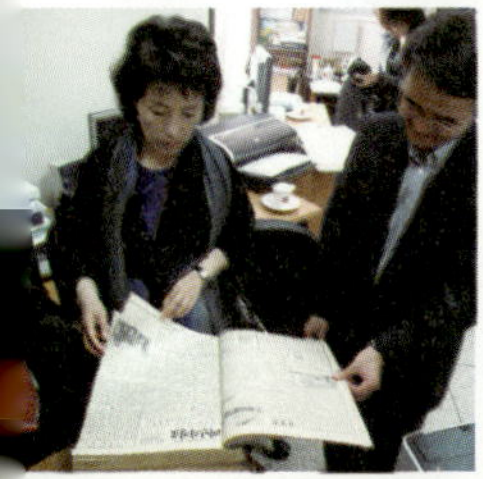
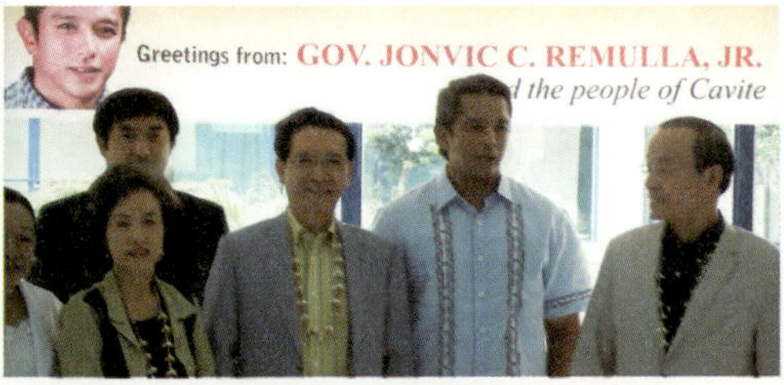
Greetings from: GOV. JONVIC C. REMULLA, JR.
the people of Cavite
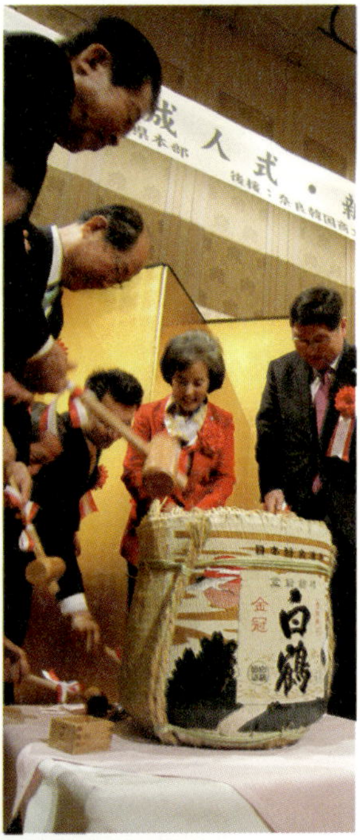
成人式・
金冠
白鶴
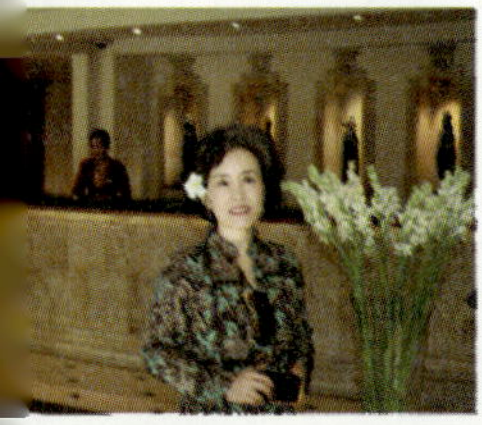
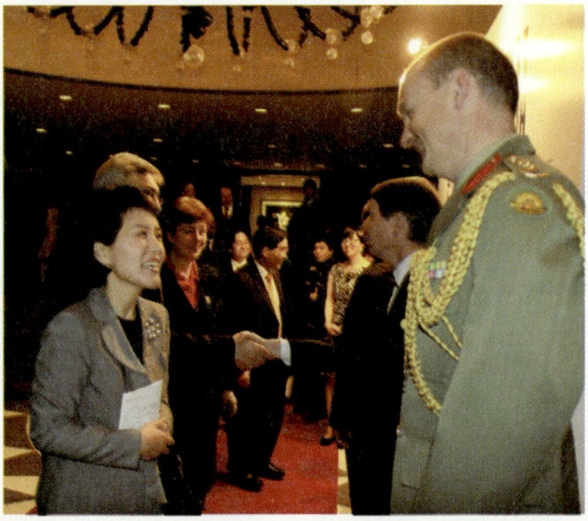
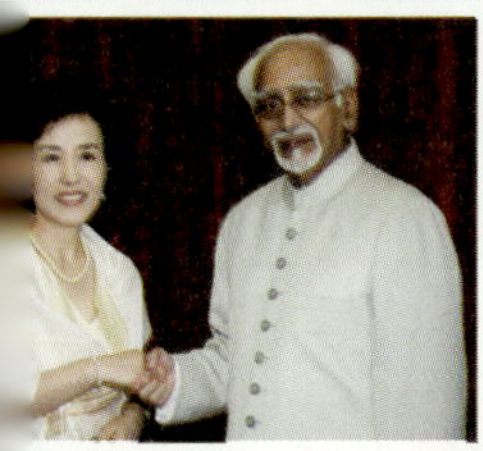

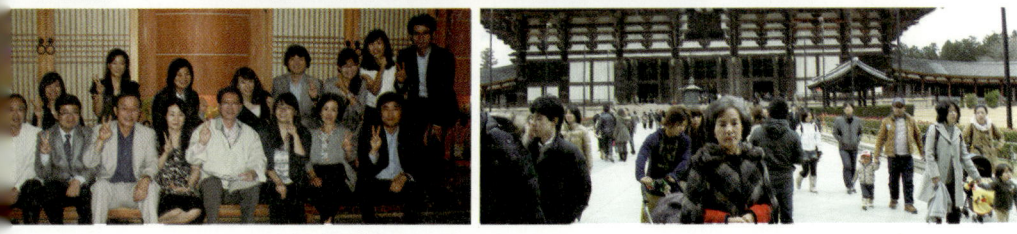

한일 갈등을 뛰어넘는 법

CHAPTER 7

" 대통령이 독도를 직접 방문해 넘실대는 동해 바다에 우뚝 서있는 그 독도를 온 몸과 마음으로 끌어안아야 한다. 넘치는 감동을 느껴봐야 한다.

2011.03.29 박선영 논평 중에서 "

'친일파' 프레임에 갇힌 보수

일본 불매운동과 친일 프레임

　조국은 2019년 열흘도 되지 않는 기간 동안 페이스북에 무려 40여 건의 '반일' 메시지를 올렸다. 당시는 일본 아베 정부가 한국을 상대로 경제 제재 조치를 감행했을 때였다. 한국과 일본은 대북 제재 등 북한에 대한 국제 협력에 대한 이견과 2018년 10월 내려진 일제 강제징용에 대한 국내 대법원 판결 등으로 갈등을 빚어왔다.

　조국은 당시 상황을 '경제전쟁'으로 규정하며 "중요한 것은 '진보냐 보수냐' '좌냐 우냐'가 아닌, '애국이냐 이적이냐'"라고 했다. 또 다른 SNS 메시지에서는 "일본 정부의 주장에 부응하는 주장을 하는 한국 사람은 친일파"라는 취지의 주장을 폈다. 조국 영향 때문인지 인과관계는 분명하지 않지만 온오프라인 공간에서 "가지 않습니다. 사지 않습니다."라는 일본 불매운동은 2019년 연말까지도 계속 이어지고, 2020년 상반기에도 뉴스로 여전히 다뤄졌다[108].

　'보수의 몰락(김종훈 육덕수 지음, 미래사 펴냄)' 책 3장 '죽창가와 진보권력'에서 공저자들은 조국이 소환한 반일 정서가 일본 불매운동과 합해진 것이라 주장했다. 그리고 대중 일부는 일본 불매운동을 유지하며 총선 정국으로 접어들었다고 분석했다.

　공저자들은 조국의 'SNS 반일 메시지 폭탄 투하'에 "여론에 정통한 유명 인플루언서답게 반일 이슈를 보수와 진보의 대결로 깔끔하게 전환시켜버렸다" 며 "일본 아베 총리가 아니라 보수의 머리 위에 투하한 것인데 보수 진영은 반일 폭탄이 자신을 향하는지도 모르고 엉뚱한 곳을 보고 있었다"고 비판했다. 공저자들은 조국이 대대적으로 '반일 메시지'를 던진 건 대중의 반일 감정에 불을 붙여 이를 선거에 활용하기 위함이었다는 분석이다.[109]

한겨레 성한용 기자는 '친일 프레임'과 관련 "문재인 대통령이나 조국 전 수석이 만든 것이 아니"라는 입장이다. 그는 "친일 프레임은 해방 이후 우리 국민 마음속 깊은 곳에 자리 잡아 온 일종의 '상식'"이라면서 "분단체제가 들어서면서 친일파 청산이 제대로 이뤄지지 않았고, 친일파의 후손들이 여전히 잘 먹고 잘 사는 것이 실제 우리의 현실이기 때문"이라고 했다.[110]

'친일 프레임'이 우리 국민의 상식이건, 정부여당 관련 인사들이 정치적으로 만들었건, 중요한 건 '사실'에 근거한 게 아니라는 점이다. 정부여당 지지자들과 일부 네티즌들은 보수야당을 무작정 '친일파'로 낙인찍었다. 21대 총선이 한창인 가운데 여권 지지 성향의 시민단체 '광화문촛불연대'는 '투표로 100년 친일청산! 투표로 70년 적폐청산!'이란 내용의 현수막을 서울 도심에 내걸었다.

이를 더불어민주당도 당 차원에서 활용한 것으로 보인다. 민주당의 '21대 총선 전략홍보유세 매뉴얼' 대외비 보고서에는 "우리 국민들은 이번 선거를 '한일전'이라 부른다"는 내용이 담겼다. 민주당 싱크탱크인 민주연구원은 2019년 일본의 수출규제로 인한 한일 갈등이 21대 총선에 긍정적인 영향을 미칠 것이라는 내용을 '한일 갈등에 관한 여론 동향' 보고서에 담기도 했다.

반면에 보수진영은 '친일 프레임'에 대해 제대로 문제 인식을 하지 못했다. 21대 총선에서 정부여당에 패배한 야당이 만든 '제21대 총선 백서'에는 총선 패배 원인 중 '친일 프레임'은 언급되지 않았다. 그저 백서 참고자료 '청년과 여성 심층 면접 내용' 중 중도적인 성향의 한 30대 전업주부가 다룰 뿐이었다. 하지만 이 주부의 말속에는 '친일프레임'에 대한 정확한 분석이 들어있다.

"작년에 발생한 일본 불매 운동의 여파도 작용했다 단. 한 번도 일본에 대해 큰 소리 낸 적 없던 한국이 일본에 대해 보복의 제스처를 취한 것은 지난 아픈 역사를 복수하는 통쾌한 행위처럼 보였다 그것이 정치적으로 경제적으로 손해인 여부를 별개로 자존심을 중시하는 젊은 층에게 호소력이 있었다."

2020년 9월 민주당 박성준 원내대변인이 논평에서 갑자기 안중근을 거론했다. 군 복무 혜택 의혹을 받고 있던 추미애 당시 법무부 장관의 아들 문제와 관련해서다. 박성중은 "명확한 사실관계는 추 장관 아들이 군인으로서 본분을 다하기 위해 복무 중 병가를 내고 무릎 수술을 받은 것"이라며 "결국 '나라를 위해 몸을 바치는 것이 군인의 본분'(위국헌신군인본분)이라는 안중근 의사의 말을 몸소 실천한 것"이라고 말했다.

　언론은 물론이고 대다수 국민은 적잖이 당황할 수밖에 없었다. 하지만 더욱 놀라운 건 이를 아무렇지도 않게 받아들이는 추미애의 발언이었다. 추미애는 "나라에 헌신하는 것은 군인의 본분이라는 취지로, (제 아들이) 아픈데도 불구하고 끝까지 군무(軍務)에 충실했다 함을, (안 의사) 말씀에 따랐다 함을 강조했던 것"이라고 말했다.

　조국 아들에게 허위 인턴 경력 확인서를 발급해준 혐의로 기소된 최강욱 열린민주당 대표도 안중근을 불러냈다. 그는 2020년 12월 23일 '위국헌신 군인본분(爲國獻身 軍人本分)'이라고 적힌 마스크를 쓰고 서울중앙지법 형사9단독 정종건 판사 심리로 열린 결심 공판에 출석했다. 검찰은 이날 조국 아들에게 허위 인턴경력 확인서를 발급해준 혐의로 기소된 최 대표에게 징역 1년을 구형했다.

　위국헌신 군인본분은 안중근 의사가 이토 히로부미를 암살하고 사형선고를 받은 뒤, 중국 여순 감옥에서 순국 직전 남긴 유묵의 내용이다.

　진보진영은 보수진영을 친일파로 생각하는 반면에 자신들을 독립운동가로 포장한다. 친일파와 독립운동가를 가르는 대표적인 인물로 안중근을 내세우며 정치적으로 활용하려고 하는 것이다.

　안중근 후손인 순흥 안(安)씨 참판공파의 안호택 종중회장은 "안 의사가 묘에서 벌떡 일어나실 일"이라며 "세상에 정권 유지를 위해 안 의사를 파는 파렴치한 인간들이 어디 있느냐"고 말했다. 그는 "안중근 의사라는 민족의 영웅을 정권 유지를 위해 정치적으로 이용한 행태를 용납하기 어렵다"고 말했다.

박선영 | 논평　　　　　　　　　　　　2009. 08. 13.

정부는 항일독립운동 후손들의
기막힌 삶을 왜 외면하는가?

'독립운동을 하면 3대가 망하고, 친일매국을 하면 3대가 떵떵거리며 산다?' 흔히들 하는 말이지만, 항일독립운동을 했던 선조들과 그 후손에 대한 우리 정부의 지원과 관심은 미미하다 못해, 한심하기까지 하다. '살아있는' 항일독립의 역사가 하루하루 지워져가고 있다. 대를 이어 계속되는 생활고에 이제는 연로한 육신까지, 독립운동가들의 삶은 매일매일 힘겹기만 하다.

대한민국 최대의 항일독립운동가문인 안중근의사 가(家)만 해도 그렇다. 올해가 안중근 의사의 '하얼빈 의거' 100주년이 되는 해지만, 정부차원의 이렇다 할 번듯한 행사나 학술대회 하나 없다. 중국 흑룡강성에서는 안중근의사 거사일인 10월 마지막 주를 '한국주간'으로 설정하고 안중근의사와 관련된 학술대회를 중국공산당과 사회과학원이 공동으로 개최하는데, 정작 국내에서는 쥐 죽은 듯이 조용하다. 하기야 살아있는 독립운동가들과 그 후손들에 대해서도 무관심한 데 무엇을 기대하랴? 안중근의사의 조카이자 독립운동가였던 안춘생씨는 힘겹게 마지막 생을 보훈병원에서 투병중이지만 찾는 이 하나 없고, 멀리 하얼빈에 살고 있는 조카며느리 안로길 할머니는 40여 년간의 옥고 끝에 97세의 육신을 홀로 감당하고 있다.

국가유공자를 적극적으로 보호하고 보살펴야 할 책무는 분명히 정부에게 있다. 올해로 96세인 안춘생씨와 97세인 안로길 할머니 외에도 대한민국 역사와 민족의 이름으로 지켜드리고 보살펴드려야 할 분들이 한 두 분이 아니다. 항일독립운동가들의 남은 여생마저 조국이 돌보지 않고 외면하면서, 내일모레, 전국 각지에서 화려하고 성대하게 8.15 경축식을 치룬들, 무엇하랴! 이제라도 정부는 국내외에서 외롭게, 지치고 힘든 삶을 살고 있는 항일독립운동가들과 그 후손을 찾아내, 적극적으로 그들을 모시고 도와야 한다. 조국이 그들을 기억하고 기리지 않는다면 불령선인(不逞鮮人)이란 오명과 대한독립만세라는 함성은 아직도 끝나지 않은 메아리일 뿐이다.

안중근의 동양평화론

2010년은 조국의 독립과 동아시아의 평화를 위해 노력했던 안중근 의사가 순국하신 지 100년이 되는 해였다. 거기에 한일 강제병합 국치(國恥) 100년이기도 했다.

박선영은 2010년 3월일 중국 현지에 가서 국제심포지엄 '안중근의 동양평화론, 그 사상과 현대적 의미'를 개최하고 추념식도 거행했다. 박선영은 "많은 사람들이 안중근 의사를 이토 히로부미(伊藤博文)를 저격했던 행동가로 알고 있지만, 그는 평화론자였다"면서 "안 의사가 옥중에서 유고로 남긴 '동양평화론'은 지금 읽어봐도 그 혜안에 놀랍기만 하다"고 평가했다. 2010년 10월 박선영은 안중근 의사 유해발굴을 위한 '유해를 고국에 묻어달라'라는 국제심포지엄을 공동 주최했다. 박선영은 "일본은 미래지향적인 새로운 100년의 한일관계를 위해서라도 안중근 의사의 유해발굴에 적극 협조해야 한다"고 말했다. 이어 "100년 전 동아시아의 평화를 위해 한중일 삼국이 서로를 인정하고 협력해 공동 평화협의체 구성을 제안한 안중근 의사의 '동양평화론'은 지금 정치 경제 안보 등에서 여러가지 위기를 맞고 있는 동아시아, 특히 한국과 일본, 중국을 비롯한 동북아시아 국가들에게 시사하는 바가 매우 크다"고 강조했다.

박선영 | facebook   2019. 10. 26.

우리는 안중근을 얼마나 알고 있을까?

　오늘은 하루종일 동양평화론을 다시 읽으며 안중근과 함께 지냈다. 110년 전 오늘, 안중근은 이토 히로부미를 쏘았다. 혹자는 성품이 온화한 이토를 안중근이 죽이는 바람에 일본의 식민정책이 강경해졌다고 하지만 천만에 말씀. 이런 분석이야 말로 친일적이다. 그 당시 일본 고위층 가운데 이토가 상대적으로 성격이 차분하고 국제적 감각이 높았던 것은 사실이지만 처세에 능해서 그렇게 보였을 뿐, 일본의 시계는 계획대로 흘러갔다.

　아니, 안중근이 이토를 죽임으로써 그 초기 수사내용과 재판과정이 러시아를 통해 세계에 알려지면서 일본의 계획은 오히려 늦춰졌다. 일본의 목적은 단순히 조선의 식민지화가 아니었으니까. 한반도를 발판으로 해서 먼저 만주를 손에 넣은 다음 중국을 차지하고 유럽까지 진출하는 것이었으니까. 지금 생각하면 일본의 꿈이 너무 허황했다고 볼 수 있지만 역사를 반추하면 답은 바로 나온다. 1894년 청일전쟁, 1904년 러일전쟁에서 예상을 깨고 일본이 연달아 이기자 '조선인들이 일본을 다시 보기 시작했다'는 기록은 여기저기서 나온다. 당시에 조선인들은 중국이 세상의 중심인줄 알았다. 그래서 천년이 넘도록 조공을 바치며 속국으로 살았으므로 중국(청)이 일본한테 진다는 것은 상상도 못 할 일이었다. 청천벽력이었다.

　외국에서는 일본이 러시아를 이겼다는 사실에 놀랐지만, 쇄국정책으로 세계를 몰랐던 조선은 일본이 청을 이긴 사실에 경악했다. 일본이 러일전쟁에서 이기자 일본내 군부는 사기탱천. 대륙진출을 서두르던 때에 안중근이 1909년 가을에 이토를 죽이면서 오히려 시간을 끌었다. 1931년에야 만주국을 세우고 1937년엔 중일전쟁을 일으켰다. 일본이 버마까지 진격해 영국군과 접전을 벌였다. 중국이 일본에 짓밟히는 것을 본 모택동이 '어찌하여 이땅의 5억 중국인 중엔 안중근같은 자가 한 명도 없단 말인가' 라며 한탄했다는 사실은 지금도 중국내에서 널리 회자된다. 그러나 우리는 안중근을 단지 이토를 죽인자로 가르친다. 이 사실에 나는 안타까움을 넘어 분노한다. 유럽에서는 이미 안중근을 동양의 칸트라고 평가하는데... 단순히 적장을 죽인 장군이 아니라 위대한 사상가이자 선각자로 인식한다. 그런데 우리는 어찌하여 총을 쏜 독립운동가로만 평가하는지, 개탄스럽고 한탄스럽다.

나는 대학교때 안중근의 유작 '동양평화론'을 읽고 충격을 받았다. 지금 EU가 하고 있는 유럽공동체를 한중일 세 나라가 해보겠다는 인류역사상 초유의 제안을 무인이었던 안중근이 하다니! 믿기지 않을 정도였다. 하기야 라틴어와 영어, 불어에 중국어까지 능통하여 신부님들 책을 섭렵했다니 사고의 폭과 깊이가 남달랐으리라. 그런데도 위인전엔 어린 안중근이 글 읽는 것은 싫어 하고 말 타고 칼싸움 하고 활쏘기만 좋아했다고 쓰여있으니...

아무튼 10대 후반 20대 초반에 내 눈을 뜨게 만든 건 다름아닌 안중근과 그의 어머니 조마리아 여사였다. 조마리아에 대해서는 나중에 또 말할 기회가 있을 터이고, 피식민지인으로서, 독립운동을 하는 장군으로서 어떻게 침략국을 포함한 한중일이 은행을 같이 만들어 아시아의 경제 수준을 높이자고 그 시대에 주장할 수 있었을까? 그때 어떻게 한중일이 공동으로 대학을 설립해 후세를 같이 기르고 가르쳐서 동양의 평화를 만들어보자고 역설할 수 있었을까? 그것도 사형선고를 받은 감옥 안에서.

내가 보는 안중근은 단순히 총을 잘 쏜 무인이 아니라 칸트와 괴테를 합한 영재이자 특출한 시대감각을 지닌 선각자였다. 그래서 나는 기자와 교수생활을 하면서 그리고 국회에 있는 동안 내내 끈질기게 안중근을 연구하고 안중근의 흔적을 찾아 헤맸다. 언론에는 그저 안중근 유해발굴 관련기사만 나와 있지만 중국, 러시아, 일본을 수시로 다녔다. 안중근의 거사당일 러시아의 밀레르 검사가 이루크추크 법원 스트라조프 판사한테 보낸 40쪽짜리 초동수사 결과서를 상트 뻬쩨르부르크에서 우연히 찾아내기도 했고, 중국의 사회과학원은 물론 뤼순과 하얼빈에도 안중근을 연구하는 학자들이 꽤 많아 봄가을로 공동 세미나를 하기도 했다. 일본은 말할 것도 없다. 세계철학자대회에 학문적 차원에서 안중근을 소개한 사람도 일본인이다.

안중근 서거일인 매년 3월 26일이면 일본 미야기현에 있는 다이린지에는 안중근을 존경하는 일본인 100여명이 모여 추모제를 지낸다. 입장 바꿔 생각해 보면 자기들이 존경하는 영웅(이토)을 죽인 조선인을 위해 매년 추모제를 올리고 학자들은 그의 사상을 널리 알리는 활동을 한다는 것이 쉬운 일이겠는가?

이런저런 생각에 나는 오늘 하루도 토마 안중근과 함께 지냈다. 110년 전, 그가 구상했던 동양평화론에 우리는 얼마나 접근해 있을까? '영웅'이라며 뮤지컬도 만들고 영화도 만들어 홍보를 하지만 우리는 안중근을 얼마나 알고 있을까? 안중근이 꿈꾸던 세상을 위해 우리는 얼마나 노력하고 있나? 오히려 우리는 그 역방향으로, 거꾸로 가고 있는 것은 아닐까? 오늘 이 하루가 지나면 사람들은 또 까맣게 잊겠지? 안중근도, 그가 꿈꾸던 동양평화도.

횡재인가? **행운**인가?

2011년 11월 초, 박선영은 안중근 의사가 이토 히로부미를 저격한 직후로 추정되는 사진을 공개했다. 러시아 국립역사문서보관소가 보유 중인 이 문서는 1909년 10월 26일 안중근 의사 거사 직후 사진과 함께, 러시아 검찰과 법원이 조사한 초동수사 내용이 담겨 있다.

박선영은 "저격 직후 체포된 안 의사가 두 팔을 뒤로하고 찍은 전신사진이 첨부돼 있는데 상의의 세 번째 단추가 떨어져 나가고 바지에는 먼지가 많이 묻어 있는 것으로 보아 체포 당시의 급박했던 상황을 잘 보여주고 있다"고 밝혔다. 박선영은 감격의 순간을 이렇게 남겼다.

101년 전에 안중근 의사가 이토 히로부미를 하얼빈 역에서 저격한 직후, 러시아에 체포되어 수사를 받았던 그 문건, 그 귀한 문건이 딱 두 페이지, 한러역사를 전시하는 고문서들 틈에 끼어 있었다. 러시아 선교사들이 수집했던 고미술품과 그들이 썼던 책, 그리고 최근에야 구해 온 다소 조잡해 보이기까지 하는 우리의 민속품들 사이에서 안의사 문건은 유리관 속에서 딱 두 페이지만 펼쳐져 있었다. 그 문건을 보던 순간, 바로 그 순간이 박병선 박사가 외규장각 문서를 베르사이유 궁전 지하에서 봤을 때의 그 순간, 그 느낌하고 비교할 수 있을까? 숨도 쉴 수 없을 정도로 놀랍고 감격스러웠다. 안의사의 전신사진과 마주하던 바로 그 순간!

박선영은 언젠가 기자들과의 식사자리에서 '아직은 구체적으로 밝힐 수 없지만 개성 근처에 있는 안중근 생가를 복원하는 일을 북한과 논의하고 있다'고 밝힌 바 있다. 그의 정치계 은퇴로 이 일은 무산되었지만 누군가가 이를 이어받아 추진했으면 하는 바람이다.

박선영 | 칼럼					2011. 11. 14.

"조선인을 사흘 동안 죽일 수 있게 해 달라"고?

러시아 쌍트 페테르부르그에서 안중근 의사의 사진과 문건을 보는 순간 내 눈의 조리개는 한껏 부풀었다. 두 손은 뒤로 포박당하고, 윗도리 세 번째 단추는 떨어져 나가고, 온통 먼지투성이인 바지. 그것도 오른쪽 무릎부분은 구멍이 뻥 뚫릴 정도로 찢어져 있으나, 안의사의 표정은 평화로웠다. 눈을 아래로 깔고 있어서일까? 형형한 그의 두 눈도 사진 속에서는 평화로워 보였다.

1909년 10월 26일, 하얼빈역에서 이토 히로부미를 저격한 직후 러시아 경찰에 붙잡힌 직후 찍은 것으로 보이는 안중근의사의 모습이다. 전신사진이 공개된 건 이번이 처음이다. 이 사진을 나는 지난 11월 초, 러시아 역사기록보존소에서 보았다. 그동안 이런 자료가 있다는 사실을 감지하고 여러 차례 다양한 경로를 통해 자료공개를 요청했으나, 계속 묵묵부답으로 일관하던 러시아가 양국 대통령이 참석하는 '한·러대화' 기간에 맞춰 딱 두 페이지만 공개한 것이다. 전체는 196페이지, 무려 2백 페이지 가까운 분량인데 딱 두 페이지만 유리상자 속에 넣어서 공개했다. 체면을 불구하고 역사기록보존소장에게 매달렸다. 나머지 페이지들도 볼 수 있게 해 달라고. 쬐그만 동양여자의 간절한 애원이 안쓰러워서였을까? 답변은 의외로 쉽게 나왔다. "다른 사람들 다 간 뒤에 당신에게만 공개할 테니 기다리라"고. 횡재일까? 행운일까? 아님 내 기도가 이루어진 것일까? 우여곡절을 거치기는 했지만 어쨌든 나는 그 문건을 손에 넣었다. '국경수비대 밀레르 검사가 이루크츠크 법원의 회니만데르 검사에게 보내는 이토 히로부미 저격사건 보고서'와 '국경지대 8구역 스트라조피 치안판사의 이토 히로부미 저격사건에 대한 수사기록' 등 9건의 문서였다. 대학합격통지서를 받았을 때 이토록 기뻤을까? 비교할 수 없었다. 가슴 속에서 뜨거운 불덩이가 솟아오르고 터질 듯이 콩닥거리던 그 순간을 어찌 내 이 짧은 문장력으로 표현할 수 있겠는가? 러시아어를 전공한 교수를 졸라 한 장 한 장 읽어 나갔다. 100년 전, 사회주의혁명 이전의 고어(古語)로 된 문건이라 진도는 나가지 않았지만, 더듬더듬 해독하다시피 읽어나가는 순간 순간이 내게는 끝없는 놀라움과 분노를 오르내리게 하는 롤러코스터 그 자체였다. "나는 조국을 위해 복수했다"라고 당당하게 말했다는 안중근 의사. 그 첫 마디에 전율했다. 우격다짐으로 결박당한 상황에서도 안 의사는 꼿꼿했다고 문건은 증언하고 있었다. 심지어 '조국을 위해 복수했다'는 어투가 아주 오만하기까지 했단다. 당황하거나 목숨을 구걸하는 비굴함을 보이기는커녕 오만할 정도로 당당했다는 그를 러시아 경찰과 검사, 판사들은 하나같이 '살인자'라고 적고 있었다. 러일전쟁에서 굴욕적으로 지고 난 직후임에도 러시아는 철저히 일본편이었던 셈이다. 강대국은 강대국 편인가?

러시아는 안의사를 '흉한'이라고도 표현했다. 일본인 외에 러시아인에게는 단 한 발의 총도 발사하지 않은 안 의사에게 흉한이라니!

잠시 후 이토 히로부미가 사망했다는 소식을 들은 안중근 의사는 '이제 내 사명을 다 했다'며, 취조실 벽에 걸려 있던 성모상을 향해 무릎을 꿇고 기도를 했단다. 그는 '도마'라는 세례명을 가진 가톨릭신자였다. 그런 그의 모습에 밀레르 검사는 '그는 환희에 차올라 신에게 감사기도를 드렸다'고 적고 있었다. 환희, 감사기도, 라는 단어를 들으며 나도 모르게 자세를 곧추세웠다. 이런 게 존경심일까? 스트라조프 판사가 재심문을 할 때에는 일본 총영사관의 스기노(杉野)도 입회한 것으로 되어 있었다. 공범을 묻는 판사에게 안의사는 딱 잡아뗐단다. '오로지 나 혼자 한 일이다' 이런 안중근 의사에 대해 러시아의 당시 재무장관이던 코크프초프는 '그는 아주 근사했다. 젊고 멋있고 균형 잡힌 외모에 당당했다'고 회고했다. 그러나 어찌된 일인지 러시아는 자국 영토 안에서 일어난 사건에 대해 재판권도 행사하지 않고 단 14시간 만에 일본에 안 의사의 신변을 인도했다.

전광석화처럼 눈 깜짝할 사이에 넘겨버린 것이다. 그것도 초동수사서 원본과 같이. 자신들은 사본을 갖고 원본을 아예 일본측에 넘겨버린 러시아. 이해가 되지 않는 처사였지만, 일본은 그 원본을 아직도 공개하지 않고 있다. 문제는 그 다음이다.

안중근의 신변을 인수한 일본에서는 '안중근이 우리의 영웅 이토 히로부미를 살해했으니 우리도 사흘 동안 조선인들을 죽일 수 있게 해 달라' 는 청원이 빗발쳤다는 것이다. 소름이 쫙 돋으며 미즈호 사건이 떠올랐다. 1945년, 일제의 압제에서 해방되던 날. 사할린에 있던 우리 동포들은 그 소식을 사흘 후에야 들었다. 라디오도 귀하던 시절, 정보가 느릴 수밖에 없었다. 그러나 사할린의 일본인들은 비상전문을 통해 그 사실을 즉시 알았다. 그리고는 바로 경찰과 군인, 민간인들이 합심해서 사흘 동안 조선인들을 무차별적으로 살해했다. 임신부와 아이들 노인들까지 닥치는 대로 죽였다. 전형적인 민간인학살이었다. '광복을 알면 조선인들이 우리를 살해할지 모르니 우리가 먼저 조선인들을 죽여 버려야 한다' 며 사흘 동안 광란의 살인행각을 벌인 것이다. 이른바 미즈호 사건이다. 그러나 이 순하디 순한(?) 대한민국 정부는 지금 이 순간까지도 그 민간인학살 사건에 대해 진상을 파악할 생각도 그 희생자들을 위로할 생각도 하지 않고 있다. '사흘 동안 조선인을 살해하게 해 달라' 고 졸랐다는 그 문건을 보면서 나는 치를 떨었다. 안중근 의사의 묘를 찾기 전까지, 그리고 미즈호 사건을 이 세상에 제대로 알리기 전까지는 '사흘간의 집단 민간인 살해사건' 은 아직도 끝나지 않은 미제의 사건일 뿐이다.

강제징용·위안부 피해자들

이용수 할머니의 6가지 제안

위안부 피해자 이용수 할머니가 후원금 부정 회계와 횡령 의혹에 휩싸인 윤미향과 정의기억연대를 처벌해달라고 촉구하자 여권 지지자들은 되레 이 할머니까지 '토착 왜구'라 공격했다[111]. 친문 지지층은 "정의연을 공격하는 자가 토착 왜구"라는 구호를 퍼뜨리기도 했다[112]. 윤미향과 정의연의 입장도 별반 다르지 않았다. 윤미향은 "할머니의 기억이 달라졌다"고, 윤미향을 비례대표로 선정한 우희종 더불어시민당 대표도 "할머니 주변에 계신 분에 의해 기억이 왜곡된 것 같다"고 했다. 한경희 정의연 사무총장은 "할머니께서 나이가 많으시고, 코로나19 이후 심신이 취약해지신 상태"라면서 "기억이 왜곡되는 것도 있었을 것"이라고 주장했다. 그렇지만 대중의 반응은 싸늘하다. 보수진영이 윤미향을 공격해도 대중은 보수를 친일파라고 하지 않는다. 친일 프레임도 무작정 작동하지 않는 셈이다.

'보수의 몰락'을 쓴 공저자들은 "보수 세력의 부족한 관심 탓에 할머니를 30년의 세월에 둔 것은 아닌지, 또 보수 세력이 한국 현대사가 낳은 피해자를 위해 무엇을 했었는지 철저히 반성해야 한다"고 조언했다. 그러면서 공저자들은 이 할머니의 2020년 5월 25일 기자회견문이 '한국의 역사 문제 앞에 어떻게 대처하고 가야 할 것인지'에 대한 안내문이라고 설명했다. 이 할머니는 이날 기자회견에서 사전에 준비해온 기자회견문을 배포했다. 기자회견문은 '시민 주도 방식' '30년 투쟁의 성과 계승' '과정의 투명성 확보' 3가지 원칙을 전제로 구체적으로 다음의 여섯 가지 제안을 알렸다[113].

첫 번째, 위안부 피해자 문제 해결을 위한 방안이 조속히 나와야 한다는 것입니다. 오랜 세월 가까운 가족에게조차 피해 사실을 밝히지 못했던 많은 피해자들의 명예를 회복할 수 있는, 현실적이고 실현 가능한 방안을 한일 양국 정부와 시민사회가 책임성을 갖고 조속히 같이 머리를 맞대고 만들어 내야 한다는 말씀을 드립니다.

두 번째, 지난번 입장문에서도 말씀드렸지만, 한일 관계의 미래지향적 발전을 위한 구체적 교류 방안 및 양국 국민들 간 공동행동 등 계획을 만들고 추진해 나갈 수 있기를 바랍니다.

세 번째, 한일 양국을 비롯한 세계 청소년들이 전쟁으로 평화와 인권이 유린됐던 역사를 바탕으로 인류가 나아가야 할 길을 함께 고민하고 체험할 수 있는 평화 인권 교육관 건립을 추진해 나갔으면 합니다.

네 번째, 위안부 문제 해결을 위해 전문적인 교육과 연구를 진행하고 실질적인 대안과 행동을 만들어 낼 수 있는 기구를 새롭게 구성하여 조속히 피해 구제 등이 이루어질 수 있도록 해야 한다고 생각합니다.

다섯 번째, 앞서 말씀드린 것들이 소수 명망가나 외부의 힘에 의존하는 것이 아니라, 그동안 정대협과 정의연이 이뤄온 성과를 바탕으로 우리 국민의 힘으로 새로운 역량을 준비해야 한다고 생각합니다.

여섯 번째, 이번 사태를 기점으로 개방성과 투명성에 기반한 운영 체계를 갖추기 위한 논의가 이뤄지길 바랍니다. 사업의 선정부터 운영 규정, 시민의 참여 방안, 과정의 공유와 결과의 검증까지 누구라도 고개를 끄덕일 수 있도록 깊은 논의가 이뤄지길 기대합니다.

박선영 | facebook　　　　　　　　　2020. 05. 08.

나이가 많으면 다 심신미약인가?
아님 심신'취'약인가?

어버이날에 청천벽력 같은 망발이자 노인비하 발언이다. '정의기억연대'라는 멋진 단체가 어제 이용수 할머니의 기자회견을 한마디로 심신미약자의 발언이라고 비하, 폄하, 폄훼하다 못해 공개적으로 인신모독을 자행했다. 그것도 심신미약이 아닌, 심신'취' 약이라는 이상한 단어로!

난 처음에 할머니가 술에 '취' 해 기자회견을 하신 줄 알았다. 취약계층은 있어도 노인이 '심신취약' 하다는 말은 살다살다, 듣느니 처음이다. 그동안 위안부 할머니들을 신처럼 떠받들며 전세계를 돌아다녀놓고 이제와서 '나이가 많아 기억이 왜곡됐다' 고? 심신이 뭐에 취해 약해졌다고? 그럼 그동안 80-90세의 위아부 할머니들 증언도 다 왜곡됐던 건가? 도대체 말이 되는 소리를 해야 '정의' 롭게 '기억' 하고 '연대' 도 하지! 어떻게 전세계의 노인들을 이렇게 모욕하고 모독할 수 있는가?

어제 이용수 할머니의 기자회견은 92세라고는 믿을 수 없을만큼 외모도, 발언도, 발음도 정확했고, 특히 논리가 놀라울만큼 명확했다. 정의기억연대라고 개칭한 정대협은 어제 이용수 할머니가 제기하신 수요집회의 문제, 회계의 불투명성, 위안부 책의 부정확성과 왜곡, 윤미향 대표의 거짓말 등에 대해 사실대로 증거로써 입증하고, 사실이 입증될 때까지 수요집회는 당연히 중단해야 한다.

위안부 할머니와 홀로코스트 생존자

유튜브 화면캡쳐 https://youtu.be/YFlTinpWF7o

2012년 3월 26일 노다 요시히코 일본 총리는 참의원 예산위원회에서 일본대사관 앞에 설치된 '평화비(위안부 소녀상)'에 쓰인 '일본군 성적 노예 문제'라는 표현과 관련 "정확하게 기술된 것이냐 하면 크게 괴리가 있다"고 말했다. 그는 이 추모비에 "1930년대부터 1945년까지 일본 제국주의 정부 군대에 유린된 20여만 명의 여성과 소녀들을 기린다"고 기술한 내용에 문제를 제기했다. 이에 대해 노다 총리는 "(추모비에 기술된) 수치와 경위가 근거가 없지 않느냐"고 불쾌감을 표시했다.[114]

이틀 뒤 일본대사관 앞에서 열린 제1015차 일본군 '위안부' 문제 해결을 위한 정기 수요집회는 분노의 장이 됐다. 강일출·길원옥·김복동 할머니 등 위안부 피해자 6명은 "진실을 감추고 망언을 쏟아내 피해자들에게 상처를 입히고 있다"고 비판했다. 이날 시위에 참

유튜브 화면캡처 https://youtu.be/YFlTinpWF7o

석한 박선영은 '부끄러운 일본, 각성하라'는 문구가 달린 꽃바구니를 평화비 옆 의자에 올려두고 할머니들의 곁을 끝까지 지켰다.[115]

박선영은 국회의원 4년 내내 일본군 위안부 문제에 관심을 가져왔다. 2010년 박선영은 '일본군 위안부 문제 해결을 위한 국회의원 모임' 공동대표를 맡아 2010년 일본군 위안부 문제의 입법 해결을 촉구하는 시민 30만 명의 서명을 일본 정부와 의회에 전달했다.

2011년에는 수요집회 1000회를 맞아 뉴욕에서 이용수, 이옥선 할머니와 함께 나치의 유대인 학살 생존 할머니들과의 역사적인 만남을 가졌다. 한국인 위안부 할머니들과 홀로코스트 생존자들이 만난 최초의 일이다.

뉴욕 퀸즈커뮤니티 칼리지에서 열린 이 행사에는 한국과 미국의 다양한 인권운동가들이 발 디딜틈 없이 가득 모여들었다. 한국 언론은 별로 주목하지 않았지만 미국의 유대계 커뮤니티와 퀸즈지역 정치인들도 함께한 자리에서 박선영은 국제적 규범으로서의 인권 문제로 위안부 문제도 풀어야 한다고 역설했다.

진보진영이 북한 인권이나 탈북자 문제를 회피하는 것처럼 신기하게도 보수진영은 일본군 위안부 문제에 별다른 관심을 보이지 않는다. 그래서인지 보수진영에서는 박선영을 탈북자 문제에만 관심을 보인 정치인으로 기억하고 있다. 하지만 박선영은 일본군 위안부 문제 해결을 위해서도 무진 애를 썼다.

특히 박선영이 중국 대사관 앞에서 단식에 나선 것만 기억하고 있는 보수진영은 그가 일본 대사관 앞에서 위안부 할머니들과 함께 했다는 사실도 꼭 기억해야 한다.

2010년 8월 28일 '일본군 위안부 문제해결을 위한 국회의원 모임' 공동대표인 자유선진당 박선영은 국회에서 기자회견을 갖고 "한·일 강제병합 100주년인 올해 일본군 위안부 피해자에 대한 일본의 공식 사죄와 보상이 반드시 이뤄져야 한다"고 밝혔다. 기자회견에는 위안부 피해자 길원옥, 김복동 할머니 등이 참석했다.

박선영 | 논평   2010. 01. 13.

일본군 위안부 문제해결을 위한 수요 집회가 오늘로 900회를 맞는다.

103년 만의 폭설과 추위가 휘몰아치는 엄동설한에도 여든이 넘은 할머니들은 오늘도 어김없이 일본대사관 앞에 모였다. 열흘 전에 세상을 뜬 할머니의 영정을 들고. 1992년 이래 18년 동안 집회가 계속되면서 당시 234명이던 일본군 위안부 할머니의 수가 87명으로 줄어들었다. 147명이 한스럽고 피 맺힌 이승을 떠난 것이다. 제2차 세계대전 당시에 성노리개가 되었던 여성은 한국에서만 20만 명 이상. 70여 년 세월이 흐른 오늘, 생존자는 겨우 87명. 그러나 일본정부는 겨우 남은 87명의 생존자들마저 어서 빨리 하직하기만을 학수고대하듯, 진실을 외면하고 있다. 1992년 일본군이 위안부동원에 개입했다는 내용이 담긴 방위청문서가 발견되었음에도 불구하고, 일본은 '민간기업의 일'이었다며 역사마저 왜곡하고 있다. '더 이상 역사적 사실을 왜곡하거나 부인해서는 안 된다'는 미국과 유엔의 결의안에도 일본은 요지부동이다. 이런 나라와 '미래지향적 동반자'가 될 수 있겠는가?

우리 대통령은 '과거를 묻지 않겠다' 지만, 과거에 대한 성찰 없이는 미래도 없다. 문제는 일본은 원래 그런 나라라 하더라도, 우리정부는 그동안 뭘 했냐는 것이다. 수요집회가 900회를 맞는 18년 동안 일본정부로부터 공식사과도 받아내지 못했다. 그들의 피맺힌 절규가 들리지도 않는지, 진상규명이나 법적 배상은 시도도 못했다.

"일본이 반성 안 하면 죽어서라도 수요모임에 나오겠다"는 할머니들의 다짐과 각오가 새하얀 눈보다도 더 처연하다. 더 고독하다. 게다가 올해는 한일합방 100년. 할머니들이 한 분이라도 더 이승을 떠나시기 전에 위안부 문제를 하루빨리 매듭지어야 한다.

"**진정성** 있는 사과가 먼저다"

"나고야 미쓰비시 회사로 끌려간 거시(것이) 국민학교 6학년 때였읍(습)니다.. 미쓰비시는 우리를 동물 치급하고 죽도록 일만 시껴씀니다.. 일본에 가서 당한 수모와 고통을 의원님들은 눈으로 봐서는 전혀 모르실겁니다.. 이 양금덕이는 절대로 사죄업는 그런 더러운 돈은 바들 수 없읍니다."

20대 국회 때 문희상 당시 국회의장은 한·일 기업 기부금과 국민의 자발적 성금으로 재단을 만들어 강제징용 피해자한테 위자료를 주자는 '1+1+α'안, 이른바 '문희상안'을 발의했다. '문희상안'이 일본 정부의 사과를 요구하고 있지 않다는 점에서 양금덕 할머니는 위와 같은 손편지를 썼다[116]. 이용수 할머니도 "나는 무엇으로 어떻게 한다 해도, 일본한테 사죄를 받아야 한다. 명예를 회복해야 한다"고 '문희상안'에 반대 의사를 분명히했다[117].

'문희상안'에 대해서는 정부나 국회 모두 현실적인 해결책이라는 평가가 많았다. 문정인 대통령 외교안보특별보좌관도 "원고 측도 일본 측도 받아들일 수 있는 가장 합리적인 선택지가 아닐까"라고 평가하기도 했다. 일본도 긍정적이었다[118]. 이주성 일제강제동원희생자유가족협동조합 이사장 등 39개 강제동원 피해자 단체도 문희상안을 지지하기도 했다[119].

그럼에도 '문희상안'은 결국 여론을 이기지 못하고 좌절될 수밖에 없었다[120]. 문희상의 안타까움은 그가 쓴 '한일관계 해법을 위한 입법 제안에 대한 소회'라는 글을 통해 살펴볼 수 있다.

이 글에서 그는 "일본의 사죄는 정치적인 것으로 정상간 합의와 선언에 담겨야 하는 것이지, 한국의 국내법에 명문화할 수 없는 부분"이라고 설명했다. 그러면서 법안을 제안하는 이유와 문장 속에 '일본의 사죄'를 충분히 담았다고 덧붙였다.

미쓰비시는 2010~2012년 16차례에 걸쳐 피해자 측과 정식 교섭을 진행했다. 이 과정에서 미쓰비시는 역사적 사실 인정과 사죄 부분에선 꽤 진전된 입장을 내놓았지만 "한일 청구권 협정으로 배상 문제가 해결됐다"는 입장을 고수, 교섭은 결렬됐다[121].

일본 미쓰비시 중공업의 국내 자산 매각 명령은 2020년 12월 29일부터 가능해졌다. 강제 노역 피해자·유족 4명이 미쓰비시를 상대로 낸 상표·특허권 특별 현금화 신청 사건 처리를 위해 대전지법이 공시송달한 압류명령 결정문 효력이 이날부터 발생했다. 이에 미쓰비시는 즉시항고 의사를 밝히면서 "한일 청구권 협정으로 완전하고 최종적으로 해결돼, 어떠한 주장도 할 수 없는 것으로 이해한다"는 입장을 되풀이하고 있다.

박선영 | 논평　　　　　　　　　　　　　2010. 07. 16.

'미쓰비시 중공업, 보상보다 사과가 먼저다'

일본 미쓰비시중공업이 태평양 전쟁기간에 강제노역에 동원한 근로정신대 할머니 문제에 대해 처음으로 협상의지를 공식문서로 밝혔다. 꽃다운 우리 10대 소녀들을 속여서 끌고 간 지 66년 만에, 해방 65년 만에, 손해배상 소송 11년 만에 처음으로 재협상을 하겠다고 한 것이다.

미쓰비시의 피해보상은 당연히 그리고 신속히 이뤄져야 한다. 그러나 보상보다 시급한 것은 일본정부와 미쓰비시중공업의 진정성 있는 사과다. 보상금 몇 푼으로 종결할 수 있는 사안이 결코 아니다. 80대에 접어든 피해 할머니들은 더 이상 사과와 보상을 기다릴 시간이 없다. 하루가 촉박하다.

미쓰비시는 일본 전범기업 중에서 한국인을 가장 많이 끌고 간 기업이다. 재협상하겠다고 밝힌 할머니들은 미쓰비시중공업이 강제로 끌고 간 노역자의 극히 일부에 불과하다. 일본기업이 강제 동원했다고 밝혀진 사람만 63,500여명에 이른다. 노역에 동원했던 기업장 만해도 2,600여 곳이다. 이 가운데 미쓰비시만 처음으로 보상의사를 밝힌 것이다. 참 질긴 일본이다.

미쓰비시를 시작으로 한국인 피해자에 대한 사과와 보상이 빨리 이뤄져야 한다. 원폭피해자, 일본군 위안부, 사할린 억류자, 민간인 학살 등 수많은 원통한 죽음과 강제노역의 실상도 밝혀내고 사과와 보상도 함께 받아내야 한다.

최근 일본 센고쿠 요시토 관방장관이 일제시대 강제 징용자에 대한 일본정부의 보상이 미흡했음을 솔직히 인정한 것은 한일 양국의 미래를 위해 다행이다.

일본정부와 일본 전범기업들은 한일병합 100년을 맞아 일제 식민지배에 대한 겸허한 반성과 함께 생존해 있는 피해자들의 한을 풀어줄 수 있는 획기적이고도 전향적인 조치를 빨리 취해야 한다.

독도는
대한민국, 우리땅

독도에 울려퍼진 '아리랑'

　가수 이승철은 2014년 광복절을 하루 앞둔 8월 14일 독도에서 공연을 열었다. 이승철은 탈북청년합창단 '위드유'와 함께 통일송 '그날에…'와 '홀로아리랑'을 선보였다. 이 공연은 정치적 이슈를 넘어 문화적인 차원에서 통일을 이야기하는 'ON 캠페인(One Nation)'의 일환으로 시작됐다. 'ON 캠페인'은 통일에 대한 국민의 염원을 문화에 접목시켜 보다 쉽고 친근하게 통일의 메시지를 전하고자 기획된 프로젝트다. 2015년 초 KBS1을 통해 안방극장을 찾은 이승철의 독도 공연은 전국민을 감동시켰다.

　그러나 이보다 3년여 전인 2011년 11월 11일, 독도에선 음악회가 열려 클래식 음악이 울려퍼졌었다. 이 음악회는 다름 아닌 '독도를 지키는 국회의원들의 모임'이 독도 선착장에서 개최한 '아름다운 우리땅 독도음악회'였는데 실제로는 박선영이 나서서 주관한 행사였다. 박선영은 모든 일을 할 때 당시 한나라당과 친박연대는 물론 민주당, 민주노동당과 함께 했는데 이 음악회의 경우도 마찬가지였다.

　첫 무대는 세계 유일의 시각장애인 관현악단 '하트 챔버 오케스트라'의 연주였다. 연주자들은 12곡을 모두 악보 없이 암기해 아름다운 선율을 선사했다. 이어 소프라노 송난영씨와 바리톤 이연성은 한국가곡 '동심초'와 '그리운 금강산', '독도 아리랑'을 노래했다. 특히 이 날 처음 공개된 창작 가곡 '독도 아리랑'은 탈북 피아니스트 김철웅이 우리 민요 아리랑을 변조해 곡을 쓰고 박선영 의원실의 김선영 보좌관이 가사를 붙여 주목을 받았다.

이처럼 독도에서 아리랑이 울려 퍼질 수 있었던 건 독도에 남다른 관심을 가진 국회독도지킴이의 공동대표 박선영의 의지가 굳건했기 때문이다. 박선영은 독도가 우리 땅이라는 것을 확실하게 보여주기 위해 2011년 2월 22일 자신의 본적인 등록기준지를 경기도 여주에서 독도로 옮기기도 했다.

박선영은 독도음악회에 대해 "일본이 교과서나 외교청서 방위백서 등을 통해 장기적인 관점에서 막대한 예산을 들여 독도 침탈 야욕을 차근차근 드러내고 있는 상황에서 독도 음악회가 조용하고 평화로운 클래식 연주회로 성사되는 것 자체만으로도 독도가 분쟁지역이 아닌 평화로운 대한민국 고유의 영토임을 만천하에 알리는 계기가 될 것"이라고 설명했다.

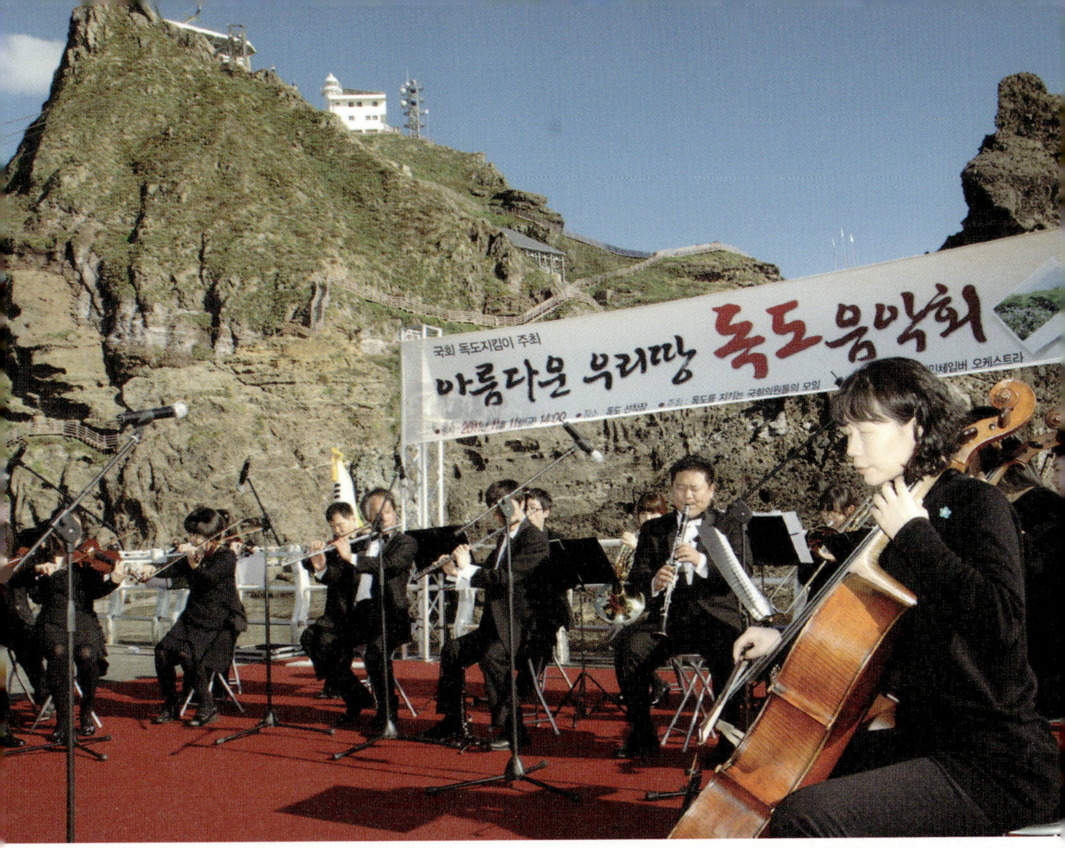
국회 독도지킴이 주최
아름다운 우리땅 독도음악회
오케스트라
독도를 지키는 국회의원들의 모임

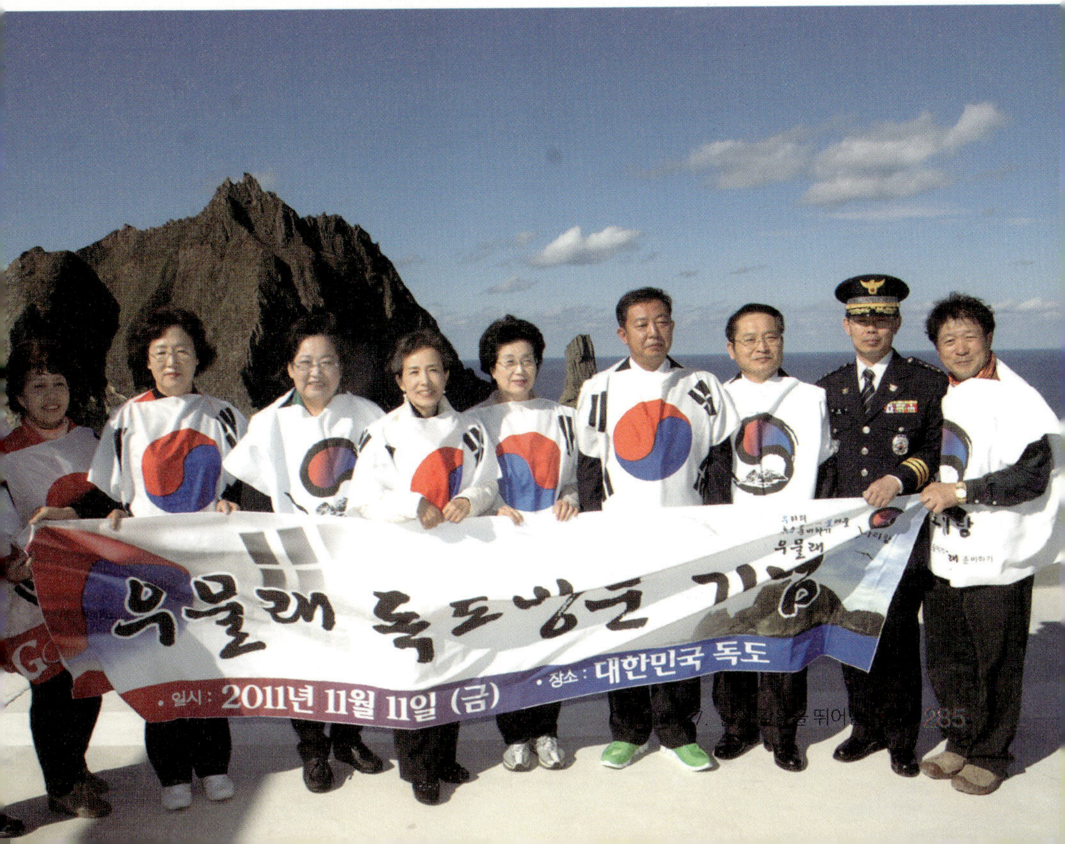
우물래 독도방문
일시 : 2011년 11월 11일 (금)
장소 : 대한민국 독도

박선영 | 칼럼　　　　　　　　　　　　　　2011. 11. 21.

독도아리랑

　남들은 2011년 11월 11일이 천 년 만에 찾아 온 길일이라며 환호하고, 빼빼로 데이라고 들떠 있었지만, 독도로 향하는 우리에게는 가슴 졸인 하루였다. 서울을 떠난 지 3시간 만에 도착한 독도. 먼저 도착한 하트 챔버 오케스트라 단원들과 NGO 단체 회원들이 분주하게 움직이고 있었다. 다들 신바람이 나 있었다. 우리 역사상 처음으로 독도에서 오케스트라 단원들과 함께 여는 음악회. 더구나 그 오케스트라가 앞을 보지 못 하는 시각장애인들로 구성되어 있다는 점에서 더 특별한 의미가 있었다. 우리가 제대로 지켜주지 못 하고 있다는 죄책감과 함께 마음으로부터 온 국민이 하나가 되어 독도를 더 이상 외로운 섬으로 남겨 두지 않으리라는 각오를 상징적으로 보여줄 수 있었기 때문이다. 게다가 전 세계에 단 하나밖에 없는 시각장애인 연주단인 하트 챔버 오케스트라가 독도 선착장에서 아무런 무대장치 없이 바닷가에서 연주한다는 사실에 언론들의 반응도 뜨거웠다. 물론 일본이 며칠 전부터 방해공작을 폈기 때문에 '이보다 더 좋을 수 없는' 조건에서 우리는 음악회를 열 수 있었다. 그야말로 '운명의 힘'을 보여줄 수 있는 최적의 환경이었다.

　처음엔 독도경비대원들과 국회의원들, 그리고 경상북도와 울릉군에서 참석한 독도 관계자들과 독도관련 NGO 대원들만으로 조촐하게 시작했다. 베르디와 드보르작, 쇼스타코비치, 브람스의 선율에 바닷바람도 숨을 죽였을까? 흩어지는 바람소리 하나 잡히지 않았다. 파도소리 한 줌 들리지 않았다. 온 우주가 오로지 천상의 선율로 가득 찬 듯, 모두들 숨을 죽였다. 시각장애인인 오케스트라 단원들이 악보도 없이 모든 곡을 암기해서 연주하는 탓에 악보 넘기는 소리조차 들리지 않았다. 빅뱅이 일어나던 순간, 지구가 이렇게 팽창했을까, 싶을 정도로 팽팽한 관현악기 소리만이 우주에 가득했다. 그러다 동심초와 그리운 금강산 등 성악곡이 이어질 무렵, 400여 명의 관광객을 실은 독도유람선이 기적소리도 없이 선착장에 들어섰다. 전혀 예상하지 못 한 상황에 눈이 휘둥그레진 관광객들. 그러나 이들도 이내 음악회에 동참했다. 그리곤 다 같이 독도아리랑을 합창했다.

'어제도 오늘도 독도는 안녕한가? 아리랑 아라리 독도아리랑, 우리네 시린 가슴 뜨거운 섬 하나, 아리랑 힘으로 나를 지켜주오' 베이스 이연성씨와 소프라노 송난영씨의 선창에 따라 다같이 악보를 손에 들고 모두들 애창곡인 양 따라 불렀다. 그도 그럴 것이 창작곡이긴 하지만 우리의 전통 가락인 아리랑을 변조해서 곡을 만들었기 때문에 누구나 쉽게 흥얼거릴 수 있었다. 사실 이 곡은 내 보좌관인 김선영 양이 가사를 쓰고, 탈북피아니스트인 김철웅씨가 작곡을 했으니, 남과 북, 7천 5백만 한민족이 한 마음이 되어 만들고 불렀다고 해도 과언이 아니리라. '앵콜~' 소리가 동해바다를 가득 채웠지만, 관광객들도 우리도 해가 지기 전에 서둘러 돌아 나와야 했다. '오늘도 내~일도 독도는 안녕하리~' 다짐하며. 그 다음 날, 일본으로부터 전화가 걸려왔다. 평소에 이런 저런 일로 가끔 연락을 하고 지내는 일본 국회의원이었다. 그가 말했다. "독도에서 음악회를 연 의원님하고는 더 이상 어떤 일도 같이 할 수 없습니다." 원 세상에. 국민의 대표인 내가 명실공히 대한민국 영토인 독도에서 음악회를 했는데, 이 무슨 무례한 말인가? 잠시도 기다리지 않고 쏘아 붙였다. "아 그래요? 섬나라 근성을 버리지 못 하는 당신들과는 저도 더 이상 일을 같이 하고 싶지 않습니다." 아~ 왜 우리는 이런 이웃을 두었을까?(끝)

자유선진당 박선영 의원이 국회 본회의에서 열린 교육.사회.문화 대정부질문에서 일반인이 독도에 쉽게 방문할 수 있도록 현수교 등의 시설을 설치해야 한다고 주장하고 있는 모습

'**독도는 한국땅**' 증거 찾은 박선영

"독도는 한국 땅"이라고 '샌프란시스코 강화조약'에 명시되었다면? 1951년 9월에 샌프란시스코에서 연합국과 일본이 체결한 평화 조약인 '샌프란시스코 강화조약'에는 미국, 소련, 영국을 비롯해 48개국이 참가하고 서명했으며, 1952년 4월 28일에 공표됐다. 이후 지금까지 효력을 발휘하고 있다. 한국의 경우 태평양 전쟁의 특수지위국이며 대한민국 임시정부를 연합국 다수가 승인하지 않았기 때문에 초청되지 않았다.

〈샌프란시스코 강화조약〉에서 '한국의 독립을 인정하고 한국에 대한 일본의 모든 권리를 포기한다'는 내용이 담긴 조약 2장 2조 a항에 포기해야 할 영토에 독도가 명시되어 있지 않다. 그러나 조약에 독도가 처음부터 빠졌던 것은 아니다. 미국 측 제1~5차 초안과 제7차, 영국 측 제2, 제3차 초안에서는 독도를 한국 영토로 명시했다.

일본은 샌프란시스코 평화조약에 일본이 포기해야 할 영토 중에 독도가 빠진 것이 독도가 일본 땅으로 남은 증거라고 내세우고 있다. 한국은 일본의 주장에 대해 독도가 명시되지 않았다고 해서 그것이 곧 일본 땅이라는 증거는 아니라는 논리를 펼치고 있다. 제주도, 거문도, 울릉도 외에도 수많은 섬들이 있기 때문에 굳이 언급하지 않았을 뿐이라는 것이다.

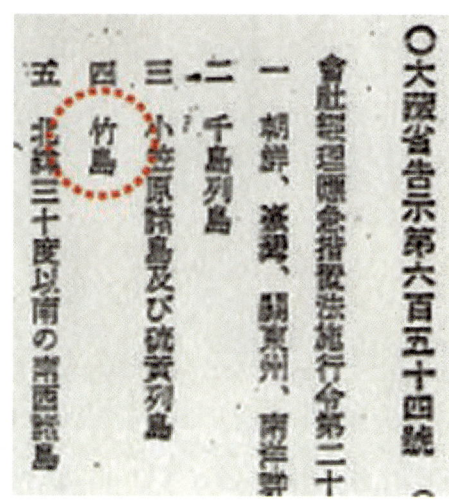

독도(일본명 죽도·竹島)를 조선, 대만 등과 함께 외국으로 규정한 1946년 8월 일본 대장성 고시 654호.

이런 가운데 박선영이 2009년 11월 15일 공개한 자료는 한국의 독도영유권을 뒷받침하는 자료로서 의미가 깊다. 박선영이 공개한 자료에 따르면 일본 대장성은 패전 이듬해인 1946년 8월 15일 발표한 고시 654호에서 독도를 외국으로 규정했다. 일본 정부가 패전 후 스스로 독도를 자국 영토에서 제외한 최초의 법령 자료로 추정된다. 일본 정부가 독도를 자국 영토에서 제외한 것이 드러난 1951년 총리령 문건보다 5년 앞선 것이어서 법적·역사적 의미가 크다.

1946년 8월 15일 발표된 이 고시는 전후 일본 기업의 채무 해결을 위해 제정된 '회사경리응급조치법' 시행령상 일본이 점령했던 영토 중 외국으로 분류한 지역을 규정한 내용을 담고 있다. 이 고시에 따르면 조선과 대만, 사할린, 쿠릴열도, 남양군도는 외국으로 분류됐고, 독도도 별개 항목으로 외국으로 규정됐다. 박 의원은 이 같은 내용을 담은 일본 법령이 존재한다는 사실을 전해 듣고 실물을 추적한 지 1년만에 현역 일본 관료로부터 고시를 입수했다. 박선영은 2011년 4월 일본 내무성 지리국(현 일본 국토지리원)이 만든 지도원본을 최초로 공개하기도

했다. 박선영이 한국에 귀화한 일본 출신 호사카 유지(保坂祐二) 세종대 교수로부터 받은 이 원본은 지리국이 1880년에 제작하고 1883년에 개정한 일본 공식 지도다. 박선영은 "이 지도에는 러시아와 영토분쟁 중인 남쿠릴열도를 비롯, 오키나와 등도 그려져 있지만, 울릉도나 독도는 없다"며 "이는 일본이 (독도가 고유영토라고 공식 주장했던) 1905년까지는 독도를 영토로 인정하지 않았다는 명백한 증거"라고 말했다.

박선영은 "대일본국 전도의 기반이 된 에도막부의 1821년 공식지도 '이노도(伊能圖)'에도 독도는 없다"며 동경 국립박물관이 2000년 재출판한 이노도도 함께 공개했다. 박선영은 "19세기까지 일본 사람들은 울릉도를 죽도라 하고 독도를 송도라 칭했고 '현재의 도토리현 사람들이 송도와 죽도를 왕래했다'고 주장하지만 그 도토리현 지도에도 울릉도나 독도가 포함되어 있지 않다"고 지적했다. 앞서 박선영은 2010년 9월에도 "독도는 한국땅, 대마도는 일본땅"이라고 표시가 된 1945년 연합

군 지도를 공개했다. 이 지도는 미국, 소련, 프랑스 등 참전국 63개국을 총괄했던 연합국 최고사령부가 제작했다. 박선영은 "미국과 구 소련, 프랑스 등 제2차 세계대전에 참전했던 연합국 49개국과 동맹국 8개국, 중립국 6개국 등 63개국이 모두 '독도는 한국땅' 임을 인정한 자료인 데다가 구 소련이 해체되고 러시아 등 16개 CIS 국가로 변화한 다음에 나온 지도인 만큼, 앞으로 국제사회에서 독도 영유권을 주장하는 일본을 상대로 외교력을 집중하는데 매우 귀중한 자료가 될 것"이라고 밝혔다.

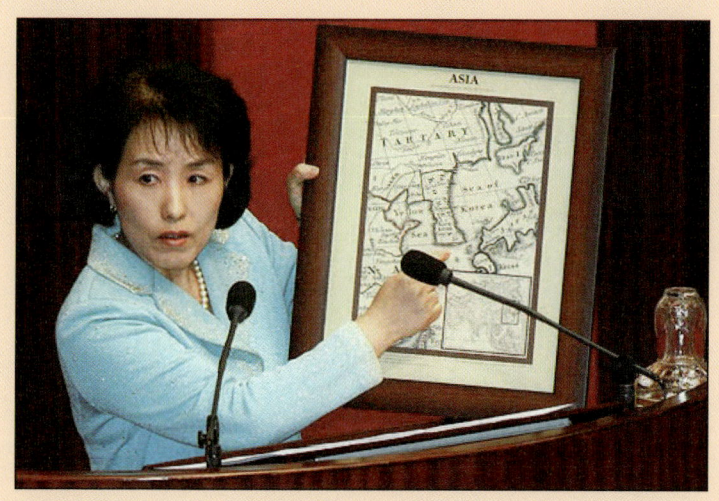

2008년 11월 4일, 박선영은 국회 대정부 질문에서 동해가 한국해(Sea of Korea)로 표기된 1785년 영국산 지도를 공개했다. 박선영은 "18세기에 세계지도에서 한국해로 표기되던 동해가 일본의 농간으로 일본해가 되었는데도, 정부에서 발간한 문건에는 동해와 일본해의 병기를 주장하고 있고, 지난 8월 설립된 독도 테스크 포스팀은 지금까지 단 한 번도 회의를 열지 않았다"며 "도대체 정부에게 독도 문제 해결 의지가 있느냐"고 따져 물었다.

발해를 꿈꾸며

CHAPTER 8

> 대한민국 정부(특히 검찰)는 김정은이 군사 분계선을 넘는 즉시 현행법에 따라 체포한 후, 공정한 절차(Due Process of Law)에 따라 정의로운 대한민국 법정에 세워야 합니다.
>
> 2018.12.09 청와대 국민 청원 중에서

탈북자 강제북송 저지

여야를 아우른 진정성의 힘

단상에 선 박선영은 "북송된 탈북자들은 공개 처형이나 정치범수용소에 수감되는 처벌을 감수해야 한다. 체포된 탈북자 중 한국에 부모, 자녀, 손자가 있는 노인과 미성년자가 상당수"라고 말했다. 힘없는 목소리로 설명을 이어가던 끝에 그는 "중국의 반인륜적 인권정책을 종식시켜야 한다"면서 결국 울음을 터뜨렸다.

2012년 2월 24일 국회 외교통상통일위원회가 중국의 탈북자 강제 북송 중단을 촉구하는 결의안을 여야 만장일치로 통과시킨 결정적인 계기는 다름 아닌 박선영이었다. 이날은 박선영이 체포된 탈북자들을 북한에 강제 송환하려는 중국 정부에 항의해 중국대사관 앞에서 단식 농성을 벌인 지 4일째 되는 날이었다.

외통위는 이날 박선영이 제안한 결의안과 새누리당 구상찬, 민주통합당 김동철 의원이 각각 대표 발의한 결의안을 하나로 묶은 위원회 대안을 여야 만장일치로 통과시켰다. 결의안은 유엔난민기구 등 국제기구가 중국 정부에 탈북자 강제송환 금지 원칙을 준수하도록 강력히 요청토록 하는 동시에 대한민국 국회 차원에서 이 문제에 적극 대응하고 탈북자들이 대한민국에 입국할 경우 신속하고 안전하게 입국할 수 있도록 최대한 지원한다는 등의 내용을 담고 있다. 중국과 북한을 비판하는 자체가 금기시되어 있는 진보진영이 결의안에 찬성했다는 건 상당한 진전이 아닐 수 없었다.

당시 탈북자들이 중국 공안에 붙잡혀 다시 북한으로 송환되는 일이 벌어진다는 사실은 대중에게 그리 널리 알려지지 않았었다. 중국의 탈북자 강제북송 방침에 대한 우리 정부의 외교적 원칙이 무엇인지조차 알지 못하는 국민이 대다수였다. 그러나 박선영의 문제제기에 정부의 '조용한 외교'에 문제의식을 느끼는 여론이 조성되기 시작했다.

박선영은 국회 안팎에서 적극적으로 싸웠다. 북한인권단체 회원들과 함께 주한 중국대사관에서 기자회견을 여는 등 중국에 거센 항의를 표하는가 하면 국회에서는 외교부와 간담회를 열고 외교당국의 적극적인 대처를 주문하기도 했다. 나아가 박선영은 당시 반기문 UN사무총장, 미국 버락 오바마 대통령, 로버트 킹 북한인권특별대사에게 강제북송을 막아달라는 긴급 서한을 보내기도 했다.

박선영은 2012년 2월 20일부터 주한중국대사관 앞에서 '탈북자 북송반대 단식투쟁'을 시작했다. 이곳에 국내는 물론 해외 언론에 관심이 이어지고 다양한 시민단체들이 연이어 집회를 열었다. 이로써 전 국민이 탈북자 북송문제에 대한 관심을 갖게 됐다. 이렇게 여론이 조성되자 '조용한 외교'를 고집하던 정부도 '압박 외교'로 전환할 수밖에 없었다.

정부는 2월 말 스위스 제네바에서 열리는 유엔인권이사회(UNHRC)에서 탈북자 문제를 정면으로 제기했다. 이명박 대통령은 3월 초 중국 측에 강제북송 중단을 강력히 요구하고 나서기도 했다.

박선영은 중국의 탈북자 강제북송에 반대하는 단식농성으로 병원에 입원한 지 며칠 되지 않아 스위스 제네바에서 열리는 유엔 인권이사회를 방문했다. 탈북자 북송 중단 운동에 대한 국제사회의 관심을 촉구하기 위해서다. 박선영이 주도하고 김형오(전 국회의장)를 단장으로 한 국회대표단이 꾸려졌다. 대표단은 유엔 인권이사회(UNHRC) 회의에 참석해 마르주끼 다루스만 북한 인권특별보고관의 보고를 청취한 뒤 다루스만 보고관과의 면담, 내외신 기자회견 등을 통해 탈북자 북송 저지를 위한 국제사회의 여론을 환기했다.

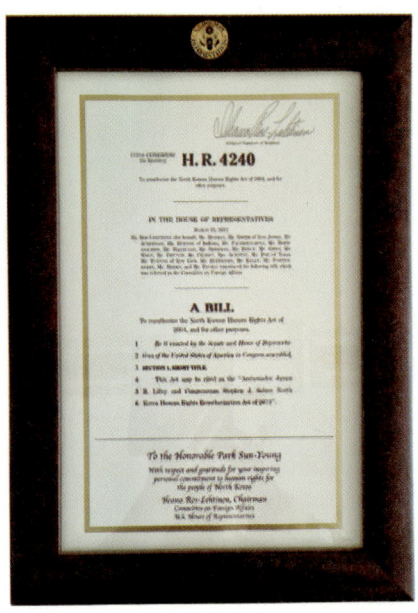

대표단은 인권과 민주주의를 위한 제네바회의에 참석해 탈북자의 증언을 듣고, 알렉산더 알레이니코프 유엔난민최고대표사무소(UNHCR) 부대표 및 강경화 유엔인권최고대표사무소(OHCHR) 부대표와 면담한 뒤 유엔 유럽본부 앞에서 탈북자 강제북송 금지를 촉구

하는 집회를 갖기도 했다.

그러자 중국의 탈북자 북송반대 이슈가 점차 전 세계적인 관심을 끌기 시작했다. 2012년 4월, 세계적인 팝그룹 4인조 보컬그룹 보니엠(Boney M)이 중국의 '탈북자 강제북송 반대운동'에 동참한 것도 기적적인 일이었다.

2012년 5월에는 일리애나 로스레티넌 미국 하원 외교위원장이 주한 중국대사관 앞을 찾았다. 쿠바 이민자 출신인 로스레티넌 위원장은 박선영과 공동 기자회견을 열고 중국의 탈북자 강제 북송 중지를 촉구했다. 미국 의회는 박선영에게 국군포로와 납북자 등 북한인권법 제정과 개정에 큰 영향을 미쳤다는 인권공헌장을 주기도 했다.

박선영의 이러한 활동들은 훗날 유엔이 북한인권사실조사위원회를 설치하여 정치범 수용, 납치, 자의적 구금, 표현의 자유와 거주 이전의 자유 침해 등 인권위반 사례를 지적하는 보고서를 발표하고 유엔북한인권사무소가 서울에 설치된 계기가 되기도 했다.

"제발 **탈북자**들을 도와주세요."
[뉴데일리 인보길 초대석 중에서/2012.03.07]

병실에 들어서자 작은 목소리가 들린다. "제발 탈북자들을 도와주세요." 그녀의 투쟁은 계속되고 있었다. 휴대폰을 꼭 쥐고는 이곳 저곳에 '탈북자 문제'에 대해 목소리를 내달라고 간절하게 부탁하고 있었다.

인보길 뉴데일리 대표(이하 〈인〉) 아주 큰일을 하셨어요. 국민들 마음이 똘똘 뭉쳤고 전 세계 사람들까지 모두 감동했습니다. 수십년간 이어져 온 문제이고 정부도 해결하지 못한 일인데 의원님이 나라의 중심을 바로잡는 일을 하셨습니다.

박선영 자유선진당 의원 (이하 〈박〉) 너무 과찬이세요. 그렇게까진 아닙니다.

〈인〉 집권 여당 민심이 떠난 이유는 이런 리더쉽을 보이지 않았기 때문이에요. 박의원께서 이렇게 국제사회에 당당한 지도자 모습을 보이니까 국민들은 누구보다도 박선영 의원을 지도자로 삼고 싶은 마음이 절로 날 겁니다.

〈박〉 감사합니다. 국민들의 호응이나 관심은 높아졌는데 결실이 이뤄져야 하는데…

〈인〉 일각에서는 한중(韓中) 관계를 우려하기도 합니다.

〈박〉 국제 협약을 잘 지켜달라고 하는 게 왜 문제인가요. 북한 주민들도 헌법상 대한민국 국민들입니다. 우리 국민도 못 지킨다면, 한중 관계가 무슨 소용 있습니까. 악순환의 고리를 끊어야 합니다. 조금만 더 우리가 노력한다면 중국이 이번에는 뭔가 달라지지 않겠습니까.

〈인〉 우리나라 종교계도 탈북자 문제에 적극 나서야 할텐데요.

〈박〉 개신교에서는 계속 오시고 계세요, 불교 단체들, 천주교 단체들도 문화제에 참석합니다. 제가 실신한 날 천주교 신부님 한 분이 오시기도 했어요. 정진석 추기경님도 한 말씀 하셔야하는데…

〈인〉 탈북자 문제는 결국 이념 문제입니다. 북한이 잘못된 이념을 가져 북한 주민들이 고통받고 있어요. 탈북자도 그래서 생겨나는 것입니다.

중국이 탈북자들을 강제북송하고 민주통합당과 통합진보당이 북한에 침묵하고 있는 것도 이념 문제가 그 원인입니다.

〈박〉 이념 문제로까지 확장시킬 여력이 아직 없어요. 인류의 보편적인 인권, 그리고 인권 이전에 생명권으로 바라봐야 해요.

인간은 죽으면 사체가 됩니다. 생명이 있기 때문에 인간이에요. 생명을 말살해버리는 북한으로 사람들을 돌려보낼 순 없어요.

하나님의 형상대로 지어지고 숨을 받아 태어난 인간의 목숨이 개돼지만도 못하게 다뤄지는 이 현실을 용납할 수 없어요.

〈인〉 중국의 강제북송 중지는 보통 중요한 문제가 아닙니다. 독일 베를린 장벽이 무너진것도 동독을 탈출한 주민들을 돌려보내지 않고 다 받아들였기 때문이지요.

〈박〉 독일은 통일 전에 동독 사람들 100만명을 받고 교육도 제대로 시키는 등 복지 혜택을 잘 해줬어요.

〈인〉 예. 89년 전부터 동독인들은 서독으로 가지 못해 오스트리아와 헝가리로 넘어갔습니다. 그러다가 서독의 헬무트 콜 수상이 헝가리하고 교섭해서 탈출하는 동독사람들을 받아주라고 했어요. 헝가리와 동독사이에는 탈출자들을 안 받아주는 협정이 있었는데 헝가리가 그것을 깨버린 것이죠.

이후 동독인들은 물밀듯이 헝가리로 갔고 동독에서는 여행을 자유화해달라고까지 시위가 일어났습니다. 시위를 달래기 위해 동독 공산당은 여행자유화 법안을 만들었는데 담당 공보관이 조금 실수해 "지금 이시간부터 한다"고 한 말이 뉴스에 나가버렸는데 그 순간 장벽으로 동독인들이 다 몰려들었어요. 그 연쇄파동으로 베를린 장벽이 무너졌죠.

북한도 중국이 송환 않겠다고 하면 아주 위험하고 국경이 무너질지도 모릅니다. 그러니까 중국이 난민 문제로 취급하지 않겠다는 것은 북한에서 자스민 혁명 비슷한 사태가 날까봐 걱정하는 거예요. 아주 민감하고 중요한 이슈를 잡았습니다. 통일의 빌미가 될 열쇠를 잡으셨다고 봐도 좋아요. 북한과 중국은 지금 아주 민감할 것입니다.

〈박〉 거의 알러지 반응을 일으키고 있죠.

〈인〉 제네바엔 언제가시죠?

〈박〉 김형오 전 국회의장, 안형환 의원과 함께 10일 출발해서 16일에 돌아옵니다. 7~8명 정도 가시면 좋을텐데 예산이 없다는게 문제입니다. 제네바는 호텔값도, 비행기값도 비싸 개인이 할 엄두를 못

냅니다.

〈인〉 야당 의원들은 없나요?

〈박〉 없습니다. 인권에 민감해야 할 민주통합당과 통합진보당인데...탈북자 문제에 관심을 가져야 하는데도 아직도 동참 의사를 밝히지 않고 있습니다.

지금 저희가 유엔난민고등판무관 면담을 신청해놨어요. 지금 거기에 탈북자 억류된 48명 가운데 어른들만 있는 게 아니라 14개월하고 1개월 된 아기도 있어요. 잡힐 때 20일, 13개월된 거죠. 또 16살, 17살, 19살 미성년자들도 있어요. 있을 수가 없는 일입니다.

한 서울 시민이 중국에 억류돼 있는 탈북 아기들에게 전해달라고 모자를 떠 왔어요. 우린 전해줄 방법이 없으니까 제네바에 가서 각국 대표단에 전해달라고 하겠다고 했습니다.

〈인〉 북한과 중국 대표들도 만나나요?

〈박〉 북한 대표도 오고 중국 대표도 오긴 합니다. 하지만 중국이 비자도 안내주는데 안 만나주겠죠. 북한은 말할 것도 없어요.

그래서 제가 기자들 뻗치기(중요한 취재원을 만나기위해 무작정 집 앞에서 밤새는 것)하듯 입구에 서서 대표단들이 왔다갔다 할 때 이야기할 생각입니다. 표찰을 보면 누군지 아니까요.

〈인〉 중국의 반응은 어떻게 예상하나요?

〈박〉 중국은 이 문제가 거론되지 않기만을 바라겠죠.

〈인〉 이승만 박사가 1933년 국제연맹회의에 참가하기 위해 스위스 제네바에 갔습니다. 그는 한국임시정부대표로 연설하려고 준비도 다하고 갔었는데 거기에서 문을 안 열어줬어요. 그래서 이승만이 문 앞에서 농성을 했습니다. 박 의원이 가서서 농성해야 하는 것도 이와 같아요.

　이승만은 본회의장에는 들여보내주지 않으니 스위스 신문뿐 아니라 각국 언론들 상대로 전부 자료 만들어가서 연설문 등을 다 돌렸습니다. 그러니까 큰 신문사들이 이승만을 인터뷰해 대서특필했어요. 국제회의장 들어간 것보다 더 큰 효과였습니다.

　〈박〉 저도 들어가도 회의장 못 앉고. 옵저버 자격으로 밖에 못 앉습니다. 각국의 대표들만 밑에 앉고 발언권도 그 사람들 밖에 없기 때문에 입구에서 자료를 나눠주고 호소를 할 생각입니다.

　〈인〉 탈북자 문제는 언제까지 다룰 것인가요?

　〈박〉 전 국회의원 되서 한게 아니라. 10년도 더 됐지요. 교수 시절부터 했습니다. 국제세미나 열면서 북한인권법 만들어야 한다고 했었어요. 해결될 때까지 해야죠.

　〈인〉 기대효과에 못 미쳐도 이 문제를 계속 이어가야 합니다. 계속 국제무대에 가서. 우리의 뜻을 확실하게 전달해 주시길 바랍니다. 하지만 딴 세력들은 걱정일 것입니다. 동독꼴이 날까봐서. 아마 북에서도 지시가 계속 내려올 것입니다. 조심해야 해요. 신변이 위험한 상황이 생길수도 있어요.

　성모 마리아 같아요. 제네바에서 뉴스거리를 꼭 만드세요.

휠체어 타고 유엔 본부로 가다

#. 3월10일 오후 8시30분(이하 현지시간) = 10일(현지시간) 프랑스 파리공항, 자유선진당 박선영 의원은 제대로 걸을 수 없어 휠체어를 타고 있었다. 단식 11일째 실신해 병원에 입원했고, 아직 한창 입원 치료를 받아야 할 상황이다. 병원에서는 14일까지 입원 치료를 받아야 한다고 했지만 이를 뿌리치고 나왔다.

#. 3월 11일 오전 9시30분 = 호텔 2층 회의장에서 회의가 시작됐다. 앞으로의 일정을 확인하는 의원들간의 회의였다. 박선영 의원은 마르주끼 다루스만 유엔 북한인권 특별보고관이 오는 12일(현지시간) 유엔 인권이사회에 제출할 보고서에 대해 "그동안 탈북자 문제가 없었는데 올해 처음 다루스만의 보고서에 올랐다. '통영의 딸' 신숙자 씨의 남편인

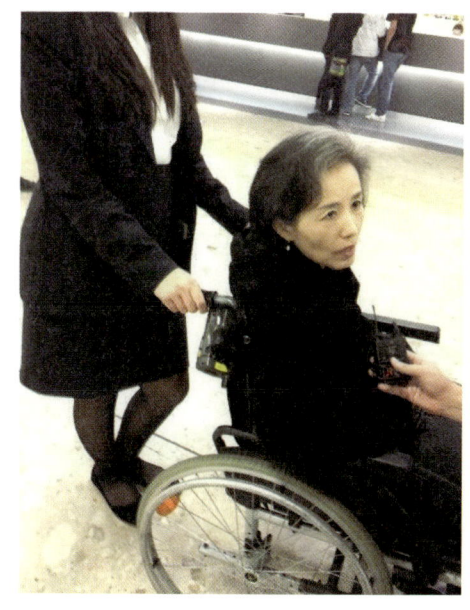

오길남 박사의 이야기도 있다. 한국에 머물면서 시민단체 등 많은 사람들이 그에게 요청했기에 가능한 일이다. 더 큰 이슈가 될 수 있도록 노력해야 한다."고 강조했다.

#. 3월12일 오전 10시20분 = 다루스만 보고관의 발표가 시작될 때쯤 자유선진당 박선영 의원을 비롯해 김형오 전 국회의장, 새누리당 안형환, 이은재 의원 등도 회의장에 들어와 자리에 앉았다. 이들은 다루스만의 보고 내용을 귀기울여 들었다. 보고가 끝나고 서세평 북한대사가 입장을 발표하기 시작했다. 대표단은 서 대사의 발언을 주의 깊게 들었다. 하지만 이미 충분히 예상했던 답변이었다. "특별보고관의 보고는 조작된 정치적 책동에 불과하다…"

서 대사의 발언이 끝났다. 의원들은 바빠지기 시작했다. 앞서 의원들은 중국, 북한 등 각국 대표단들을 만나 탈북자 문제에 대한 문제제기를 하겠다고 수차례 밝혀왔다. 의원들은 서세평 대사가 잘 보이는 곳에 서 있었다. 회의장 입구에서 가까운 곳이어서 서 대사가 회의장을 빠져나가려면 반드시 이곳을 거쳐야만 했다.

서세평 대사가 자리에서 일어났다. 대표단은 서 대사에 "잠시 이야기 좀 하자"고 했다. 서세평 대사는 묵묵부답이었다. 무서울 정도로 차분한 표정이었다. 의원들과 눈빛도 마주치지 않으려고 입구만을 바라보고 걸었다. 북한 수행원들이 대표단을 제지했고 서 대사는 계속 걸어가고 있었다.

대표단의 목소리는 그래서 점점 더 커지기 시작했다. "탈북 난민들을 잡아가서는 안됩니다"는 안형환 의원의 흥분한 목소리가 들렸다. 박선영 의원은 "탈북자들을 죽음의 구렁텅이로 몰아넣지 마세요"라고 했다.

여전히 묵묵부답이었다. 북한 수행원들은 점차 격렬하게 대표단을 막기 시작했다. 북한의 한 수행원은 "왜 이곳까지 와서 행패를 부리느냐"고 했다. 그 과정에서 이은재 의원은 뒤로 밀려나며 넘어졌다. 한 유엔 경호원은 안형환 의원을 벽 쪽으로 밀어붙였다. 또 다른 경호원은 안 의원의 왼쪽 팔을 뒤로 꺾었다.

박선영, 이은재 의원은 회의장 문 밖에서도 계속 서세평 대사를 따라다니며 대화를 요구했다. "탈북자를 탄압하면 안됩니다", "북송은 절대 안돼요", "사람들을 잡아들이지 마세요"라고 했다. 박 의원은 "수용소를 폐지하세요. 그런 법이 어디있습니까"라며 서세평 대사를 계속 따라갔지만 서 대사는 한마디 말도 없이 자리를 떠났다.

#. 3월 14일 오전 9:00 이른 아침부터 시작된 국회대표단의 첫 일정은 강경화 유엔인권최고대표사무소(OHCHR) 부대표와의 면담이었다. 알렉산더 알레이니코프 부대표와 대화를 나눌 수 있는 자리도 마

련됐다. 강경화 부대표는 "자국 문제에 대해 공식적으로 이야기하지 않는 것이 유엔의 오래된 관행이다"라면서도 "박선영 의원의 의로운 행동을 높이 평가한다"고 말한 것으로 전해졌다. 이어 "지금까지 중국의 인권문제에 대해서는 공식적, 비공식적으로 계속 제기해왔다. 앞으로 그렇게 할 것이고 더욱 관심을 가지겠다"고 했다.

알렉산더 부대표는 중국이 탈북자를 난민으로 인정하고 억류과정도 인격적으로 해야한다는 대표단의 의견에 적극 찬성했다. 당연히 강제북송이 금지돼야 한다는 입장이다. 다만 알렉산더 부대표는 "중국이 러시아와 달리 북한과 송환협정을 맺어 탈북자에 대한 난민 판단을 자국 정부가 해야 하기 때문에 유엔 난민고등판무관실(HCR)이 제대로 기능을 수행하기 어렵다"며 안타까움을 표시한 것으로 전해졌다.

#. **3월 14일 오전 10:30** 면담이 모두 끝나고 대표단은 유엔 본부 앞으로 향했다. 부상으로 깁스를 한 안형환 의원은 북한인권개선모임 등 시민단체 20여명과 먼저 자리를 잡고 기다리고 있었다. 이들은 "내 친구를 살려주세요", "중국 정부는 강제북송을 즉각 중단하라"

등의 구호를 외치며 유엔난민기구(UNHCR) 본부 앞까지 200m를 행진했다. 박선영 의원은 휠체어를 타고 함께했다.

#. 3월 14일 오후 11:40 중국대표부를 향해 걷기 시작한지 벌써 30여분이 흘렀다. 박선영 의원은 "중국과 북한 대표부에 면담을 요청했지만 중국은 대사가 회의가 있다는 이유로 만남을 거절했고, 북한은 아무런 답변을 하지 않았다"며 항의서한을 준비한 배경을 밝혔다. 항의서한은 '탈북자 강제북송은 유엔난민협약과 유엔고문방지협약 위반이다' 제목으로 "탈북자 강제북송은 곧 죽음이다", "탈북자 문제는 남북한과 중국의 문제가 아니다. UN의 문제다", "탈북자는 명백히 '난민'이다" 등의 내용이 포함됐다.

대표단이 항의서한을 전달하겠다는 입장을 밝히고 난 뒤 (중국대표부 앞에는) 경찰이 배치됐다. 경찰은 "중국대표부가 서한 접수를 거부했고 한국 국회대표단이 접근하지 못하도록 요청했다"며 배경을 설명했다. 대표단은 중국대표부에 다시 연락을 했고 "관계자 아무나 와서 서한만 받아달라"고 애원을 했다. 이에 중국대표부는 "15분만 기다려달라"고 했다. 실제로 중국 대표부 관계자는 30여분이 지나서야 걸어 내려왔다. 중국 관계자가 도착하자 대표단은 "서한을 전달하러 왔다. 한 사람만 갈테니 서한만 전달할 수 있도록 도와달라"고 부탁했다. 몇 분간의 대화가 오고갔으나 끝내 거절당했다. 중국 관계자는 '대신 우편함에 서한을 전달해달라'는 부탁도 단호히 거절했다.

#. 3월 14일 오후 12:10 북한대표부로 발길을 돌릴 수밖에 없었

다. 30여분이 걸려 인근에 도착하자 한인회장은 "여행객인 것처럼 하고 공원 쪽으로 가면 북한대표부로 갈 수 있지 않겠느냐"며 길을 안내했다. 북한대표부 앞에 도착하자 예상한 것과는 달리 경찰은 한 명뿐이었다. 중국대표부 앞에 배치된 경찰들과도 달랐다. 대표단을 친절히 맞이했고 질문에도 성의있게 답하는 모습이었다. 아직 북한대표부가 요청한 경찰이 출동하지 않은 것이 분명했다.

이 경찰은 대표단이 서한을 전달하러 왔다고 하자 "5분만 기다려 달라"며 여기저기에 전화를 하기 시작했다. 이러다가 경찰이 더 오게 되면 또 아무것도 해보지도 못하고 돌아가야 할 형국이었다. 이에 대표단은 재빨리 우편함에 서한을 전달했다. 대표단이 자리를 뜨자마자 예상했던 대로 경찰이 황급히 북한대표부 쪽으로 오고 있었다.

김정은과 맞장뜨는
국군포로

"**김정은**, 국군포로 배상하라"

박선영은 6·25전쟁 70주년 기념일 광화문 네거리에서 시민들에게 국군포로의 실상과 국군포로 송환의 절박함을 호소했다. 2020.06.25

국군포로 노사홍(91)·한재복(86)씨는 각각 2000년, 2001년 탈북해 한국으로 돌아왔다. 이들은 6·25 전쟁에 참전했다가 포로가 돼 1953년부터 33개월간 평안남도 강동군의 탄광에서 강제노역에 시달렸다. 이들은 강제 노역에 대한 위자료를 배상하라며 2016년 10월 서울중앙지법에 소송을 제기했다. 북한을 피고로 한 소송이 우리 법원에 제기된 것은 처음 있는 일이다.

국군포로가 제기한 재판은 2019년 6월 법원이 준비기일을 하겠다고 통보하면서 시작됐다. 4번의 준비기일을 거치며 김정은의 당사자 적격문제, 대한민국 사법관할권이 북한 최고통치자에게 미치는지의 여부, 억류 및 강제노동 등의 입증여부, 전쟁범죄의 계속성 문제 등에 대한 치밀한 법리와 외국의 판례 등이 판사와 변호인들 간에 집중 논의되는 과정을 거쳤다.

우여곡절 끝에 재판이 시작됐지만 피해 내용을 입증부터 만만치 않았다. 국군포로 변호인단은 국정원 등지에 한 씨와 노 씨의 강제노역 행적에 대한 자료 협조를 요청했지만 국정원은 "보안상 이유" 등을 들어 거절했다. 이에 변호인단은 강제노역에 대한 체불임금이 아닌 각각 48, 47년 동안 북한에 억류된 것에 대한 위자료를 지급하라고 소송 청구 이유를 변경해 소송을 이어갔다.

본격적인 재판이 시작된 후엔 정확한 손해배상 액수를 정하는 게 쟁점이었다. 변호인단은 국군포로 1인당 6억 원을 제시했다. 다만 1953년부터 1993년까지 북한을 통치한 것은 김일성이었고, 1994~2000년은 김정일의 통치 시기였다는 점에서 상속분을 따로 계산했다. 이들의 손자이자 아들인 김정은은 한국 민법상 친족들의 상속분을 제외하고, 2200만 원의 손해배상 의무가 발생한다고 변호인단은 주장했다. 재판부는 국군포로 측의 주장을 그대로 받아들였다.

법원은 조선민주주의인민공화국이 우리 헌법 하에서 국가가 아니라는 전제에서 '사실상의 지방정부와 유사한 정치적 단체'로서 '비법

인 사단'이라고 판시하면서 우리 법정에서 민사소송의 당사자능력이 있다고 인정했다. 북한은 우리 헌법 하에서 외국(국가)이 아니므로 국제법상의 대한민국 법원의 재판관할권으로부터의 면제의 문제는 발생하지 않는다고 한 것이다.

물망초 국군포로송환위원회는 "이 판결은 앞으로 조선민주주의인민공화국의 수령인 김일성, 김정일, 김정은 등이 우리 국민에 대하여 저지른 불법행위에 대하여 김정은 및 조선민주주의인민공화국을 피고로 하여 우리 법정에서 직접 민사책임을 물을 수 있는 길을 열어준 이정표적 판결"이라고 부연했다.

2020년 9월에는 국군포로 5명이 북한과 김정은 국무위원장을 상대로 2차 손해배상 청구 소송을 제기했다. 이들은 소장을 통해 민법상 불법행위, 정전협정상 포로 송환 의무 위반 등으로 각 2100만 원씩의 손해배상을 청구했다.

소송을 대리하는 물망초는 "이번 2차 소송의 이유는 불법적인 포로 송환 거부와 억류 관련 본인 및 자녀들에 대한 위자료 청구"라고 설명했다. 물망초는 "이번 2차 소송은 1차 소송 때 재판부(서울중앙지방법원)가 인정한 논리를 그대로 적용해서 소장을 작성했다"면서 "일부 법리를 수정할 부분도 없지 않았으나, 원고들의 연령이 평균 90세를 넘어서는 고령으로 이분들이 생존해 계신 동안 재판 결과가 나와 탈북 국군포로들의 명예회복에 일정 부분 도움이 되기를 바라는 점에서 법원의 논리를 다투지 않고 1차 소송 결과, 법원이 인정한 범위 내에서 진행하려고 한다"고 밝혔다.

납북된 피해자 등 비슷한 소송도 이어지고 있다. 6·25 전쟁 당시 납북된 피해자 가족이 북한과 김정은 국무위원장을 상대로 낸 손해배상금 청구 소송 1심에서 승소했다. 1968년 울진·삼척 무장 공비 침투 사건으로 일가족 5명을 잃은 고(故) 고원식씨의 유가족은 북한과 김정은을 상대로 손해배상청구소송을 제기했다.

박선영 | **facebook**　　　　　　　　　　2019. 06. 20.

정은을 상대로 한국에서 소송을 할 수 있을까요?

　당연히 할 수 있습니다. 대한민국 역사상 북한(조선민주주의인민공화국)과 국무위원장 김정은을 상대로 한 손해배상 소송이 내일 서울중앙법원 조정실에서 열립니다. 제가 이사장으로 있는 물망초의 국군포로송환위원회가 3년 전인 2016년 10월, 탈북 국군포로 어르신 두 분을 대리해 제기한 김정은과 북한 상대 손해배상 청구권 소송이 3년 만에 서울중앙법원에서 시작되는 것입니다. (2016가단5235506)

　6.25전쟁때 국군으로 참전했다가 전쟁 중 북한군의 포로가 되어 정전 후에도 송환되지 못하고 내무성 건설대에 배속되어 노동력을 착취당하다 탈북해 오신 탈북국군포로 2분에게 행해진 북한의 불법행위에 대한 소송을 3년 전에 제기했는데, 지난 5월 8일, 서울중앙지방법원이 변론준비기일 통지서를 보내 오면서 본격적인 소송절차에 접어들게 되었습니다.

　이번 사건은 김 현 변호사님(前 대한변호사회 회장, 前 물망초 국군포로 송환위원장)이 이재원 변호사님(물망초인권연구소장), 송수현 변호사님(물망초 열린학교장) 등과 함께 2016년 10월에 소장을 접수하셨고, 3년 만에 열리는 이번 재판에는 구충서 변호사님(도서출판 물망초 발행인)이 합류해 물망초변호인단을 구성, 대응에 나섰습니다. 대한민국에서는 처음으로 북한과 김정은을 상대로 열리는 재판이므로 페친 여러분의 성원이 함께 반드시 좋은 결과가 있으리라 생각합니다.

임종석 경문협의 정체

 국군 포로들의 변호인단은 남북경제문화협력재단(이하 경문협)이 북한에 지급해야 할 저작권료에 대해 '채권압류 및 추심명령'을 7월 30일 신청했다. 법원은 닷새 후 이를 받아들였다. 2004년 설립된 경문협은 국내 방송·출판사들이 북한의 영상·저작물을 사용하고, 북한에 내는 저작권료를 관리하고 있다. 이 돈은 2008년 박왕자 씨 피살사건 이후 대북 송금이 중단되면서 법원에 공탁돼 있어 2019년 12월 기준 20억 원가량인 것으로 알려졌다.

 법원이 압류를 허락하자 경문협은 항고했다. 경문협은 "공탁된 저작권료는 '압류 금지 채권'에 해당하므로 압류할 수 없다"고도 주장했다. 경문협 측은 또한 '남북 간 투자 보장 합의서'에 따르면 남북은 자기 지역 안에 있는 상대방 자산의 재산권을 제한할 수 없게 돼 있다고 주장했다. 하지만 법원은 이를 받아들이지 않고 항고를 기각했다. 재판부는 2021년 4월 12일 "해당 조항이 '압류 금지'를 규정한 것이라고 보기 어렵다"며 "(합의서는) 정부 사이에 체결된 것으로 국민 개인의 권리 행사를 금지하는 것이라고 보이지 않는다"고 밝혔다.

 경문협은 법원이 압류·추심 명령을 내렸음에도 차일피일 미루며 손해배상액 지급을 거부하고 있다. 법원의 결정에도 경문협이 돈을

주지 않겠다고 버티면 결국 별도의 추심금 청구 소송을 통해서 받아 내야 한다. 이에 국군 포로들은 2020년 12월 15일 경문협을 상대로 추심금 청구 소송을 제기했다. 물망초는 "경문협은 **법원의 추심명령이** 잘못되었다느니 하면서 추심을 거부하고 있다"면서 "이는 이 금원을 반드시 김정은에게 지급하겠다는 의사와 다름없다"고 비판했다.

경문협의 북한 저작권료 관련 연도별 공탁금 총액은 20억9천243만 2천190원이다. '경문협'이 2005년 이후 북한 당국에 저작권 명목으로 지급한 금액은 7억9천217만1600원이다. 2009년분인 2천266만원과 2010년분인 2억789만원은 채권 소멸시효(10년)을 고려해 재공탁했다. 2019년 '경문협'의 '기부금품 모집 및 사용명세 보고서'를 보면 경문협은 기부금품의 목적으로 '남북문화교류사업 및 평화통일교육사업'이라고 밝혔다. 온라인으로 모금된 금액 1억1천355만원 중 경문협은 8천954만5천92원을 '김일성종합대학도서관사업 사업비 부채상환금'에 사용했다고 밝혔다.[122]

박선영 | facebook   2021. 04. 20.

작고 보잘 것 없어 사람들 눈에도 잘 안 뜨이는 꽃, 물망초가 임종석을 또 이겼다.

다윗이 골리앗을 이긴 것처럼. 다윗에게 돌과 막대기가 있었다면 물망초에게는 헌법과 정의가 있다. 그리고 아직은 살아있는 판사들이 우리 법원에 존재하기 때문이다. 이 정권의 초대 대통령 비서실장이자 전대협 의장을 지낸 운동권의 대두 임종석이 이사장으로 있는 경문협, 남북경제문화협력재단이 지난해 7월7일 법원으로부터 탈북 국군포로 두 분께 북한으로 보내기로 한 저작권료를 위자료료로 지불하라고 판결했음에도 북한 헌법, 북한 민법 등을 내밀며 북한에 보내야 한다면서 돈을 못 주겠다는 몽니를 부린 것.

경문협은 남북이 경제문화 협력을 하는 것이 아니라 언론계와 문화계의 돈을 강탈해다 북한에 모조리 갖다바치는 것인데 그 돈을 탈북 국군포로들한테 못 주겠다고 앙탈, 몽니를 부리다 서울중앙법원 민사5부에서 기각결정을 받은 것이다. 경문협은 지금 이 순간에도 KBS, MBC, SBS, Ch A, TV조선 등 모든 한국방송이 북한매체 보도를 직접 사용(사진 등)하거나 방송하면 북한에 저작권료를 줘야한다. 북한노래나 음악을 틀거나 공연해도 마찬가지로 엄청 높은 저작권료를 경문협에 지불해야 한다. 그 결과 경문협은 지금 25억원 이상을 대한민국법원에 공탁해놓고 있다. 대북제재로 인해 현금을 북한에 보낼 수 없기 때문이다. 그 대북제재는 UN 이전에 이명박 정권이 내렸던 것. 그러니 이명박 대통령을 이 정권이 용서할 수 있겠는가? 법원이 두 번이나 물망초의 손을 들어줬는데 경문협이 또 재항고를 한다면 이 정권은 엄청난 재앙을 맞을 것이다. 하늘도 무심치 않을 테니까. 골리앗이 이마를 맞고 쓰러진 것처럼!

라이언 일병 구하기는 미국만이 가능한가?

2011.02.21 충남일보 기고글 중에서

    4형제가 모두 전쟁에 참가한 라이언 가문. 3형제는 이미 전사했고, 막내 제임스가 프랑스 전선에 살아있다는 것을 알게 된 미국 행정부는 그 막내를 구하기 위해 8명으로 된 특공대를 조직한다. 단 한 명을 구하기 위해 8명의 목숨이 위험할 수도 있는 '오로지 한 사람만을 위한 임무(The Mission is a Man)'가 부여된 것. 스티븐 스필버그 감독의 영화 '라이언 일병 구하기'를 모르는 사람은 없을 것이다.

    그 영화는 단지 리얼하고 참혹한 전쟁 장면만이 아니라, 과연 국가란 무엇인가, 라는 질문을 아주 진지하게 제기하고 있다. '단 한 명의 목숨을 구하기 위해 8명의 생명이 위태로울 수 있는 작전'을 꼭 수행해야 하는지, 특공대원들은 항의하며 대들기도 한다. 충분히 일리 있는 항의 아니겠는가? 1:8이라는 숫자로만 본다면 절대로 정의로울 수 없는 임무. 정의롭지 않다면 불복종도 가능한 임무. 그런 임무가 바로 '라이언 일병 구하기'였다.

    요즘 그 유명한 하버드 대학의 마이클 샌델 교수도 '정의란 무엇인가?'라는 책에서 이와 유사한 질문을 던진다. 과연 사람의 목숨이 숫자로 대변될 수 있을까? 숫자 그 이상의 의미는 없는 것일까? 그에 대한 답은 영화가 끝난 후 자리를 뜨는 관람객들의 머리 속에 저절로 각인된다. '나라를 위해 전장에 나간 국민을 국가는 끝까지 책임진다'. 바로 이같은 국가의 무한책임성을 이 영화는 역설적으로 보여준다.

지금도 미국은 6.25때 전사한 미군의 유해를 어떤 방법을 동원해서든 찾고 있다. 지금 이 순간에도 중국과 북한에서 달콤한 달러의 유혹에 빠져든 사람들이 조금만 뼈가 길쭉길쭉한 유해가 나와도 곧바로 미군 측에 제보하고, 우여곡절을 겪어 가며 그 뼈를 싸들고 나오는 이유도 여기에 있다. '어떤 희생을 치루더라도 끝까지 책임진다'는 그 무한책임성. 미국도 알고 있다. 그들이 들고 오는 뼈의 97%가 가짜라는 것을. 그래도 그들은 대부분이 가짜인 그 유해를 조금도 투덜대지 않고 다 접수해서 몇 달씩 걸리는 신원확인작업을 거친다.

나는 이런 미국의 끈질김과 우직함을 존경한다. 아니, 나라를 위해 목숨을 바친 자국민에 대해 무한한 존경심을 표현하는 그 애국심에 저절로 머리가 숙여진다. 국가란 그런 것 아니겠는가? 종이로 된 헌법 조문에만 '국가의 주인은 국민'이라고 허황되게 국민주권국가를 명기할 것이 아니라, 그 주인인 국민을 끝까지 국가가 책임지는 나라, 그것이 바로 명실 공히 국민주권국가 아니겠는가? 그런데, 그런데 대한민국은?

평소에 탈북자에 대해 관심이 많았던 나는 지난해 7월, 아시아 어느 나라의 우리 공관 지하에서 85살 된 국군포로를 만났다. 그는 1950년, 6.25전쟁이 터지자 결혼한 지 6개월 만에 새색시를 고향에 놔두고 국가의 부름을 받아 전쟁터로 나갔다가 머리에 총상을 입고

인민군 포로가 되어 60년 세월을 북한에서 살아야 했다. 4남 3녀에 자손이 20명으로 늘어났지만, 나이가 들수록 두고 온 고향이 눈에 밟혀 날마다 눈물을 흘렸다. 그 모습에 자식들이 결심을 했단다. 아버지를 고향으로 보내드리기로. 브로커 등에 업혀 북한 땅을 힘들게 탈출했지만, 고향으로 오는 길은 몇 백 배 더 험난했다. 우리 공관에 들어온 지 5달째 되던 어느 날, 나는 운명처럼 그 할아버지를 만나 영화 같은 그의 인생사를 들었다. 한국으로 돌아와서 사방팔방으로 할아버지의 국내송환을 위해 노력했지만, 모든 게 허사. 다시 두 달 후에 나는 잔뜩 움츠러든 목을 감추고 그 할아버지를 만나기 위해 다시 출국했고, 죄송해하는 내게 '감히 국회의원을 두 번이나 만나다니....'라며, 눈물로 눌러쓴 21장짜리 편지를 내 손에 꼭 쥐어 주셨다. 그 사연은 그렇게 언론을 통해 전 국민에게 알려졌다. 각 신문과 방송, 인터넷 등 모든 언론에 대서특필되는 바람에 그 할아버지는 지난 11월, 한국행 비행기를 탈 수 있었고, 드디어 지난주에는 꿈에도 그리던 가족들 품으로 돌아가 자유의 몸이 되었다.

25살의 아름답던 청년이 85세 꼬부랑 노인이 되어 91세의 누나와 82세의 남동생, 그리고 76세의 여동생을 만나던 날, 할아버지는 '대한민국에 감사한다'는 말을 끊임없이 되뇌었다. 누가 누구에게 감사한단 말인가? 밀알처럼 해맑던 청년을 온통 검버섯으로 뒤덮힌 호호할아버지로 만든 조국, 60평생을 송두리째 앗아가 버린 조국, 나라를 위해 총을 집어 들었다가 포로가 되었지만 철저하게 잊어버리고 무시한 조국, 그런 조국에 감사를 표하다니!

지금 북한에는 이 할아버지같은 국군포로가 약 560여 분 생존해 계시는데, 왜 우리 정부는 이분들을 단 한 분도 모셔오지 못하는가? 전쟁포로는 휴전협정이나 평화협정을 맺기 전에 다 송환하는 것이 원칙이고 그것이 국제법이다. 그런데도 60년 동안이나 이분들을 방치하다니! 물론 북한의 김정일 정권이 정상적인 사고를 하지 않는 깡패집단이라는 점에서 어려움이 있다 하더라도 이제는 이 문제를 제대로 풀어야 한다. 예전에 서독이 했던 방식대로 돈을 주고서라도 모셔와야 한다. 지난 10년 간 거의 70억 불을 북한에 퍼 부었다. 그런데도 우리 정부는 단 한 분의 국군포로도 모셔오지 못했다. 나라를 지키다 포로가 된 사람을 구출하지 않는 나라에서 국격을 논할 수는 없다. '공정사회'가 될 수도 없다. 이분들은 이미 평균수명을 넘어섰다. 시간이 없다. 언제까지 늙고 병든 우리의 자랑스러운 영웅들을 동토의 땅, 독재 정권의 수중에 방치할 참인가? 라이언 일병 구하기를 보며 감동하던 사람들은 다 어디로 갔는가? 정녕 라이언 일병 구하기는 미국만이 가능하단 말인가?

'가짜사나이'로 유명한 이근 전 대위는 물망초와 협력하여 국군포로를 구출하는 스토리를 기반으로 한 유튜브 영상을 제작했다. 이근은 자신의 유튜브 채널에서 "처음 기획부터 저의 전 미디어 파트너에서 거부감, 부정적인 태도, 심한 반대 등으로 많은 어려운 점들이 있었지만, 그만큼 더 해야 된다는 생각이 들었다"면서 "저희에게 뜻깊고 중요한 일을 못 한다고 하면, 저는 무조건 할 것"이라고 강조했다.

역사의 조난자

역사는 기억하는 자의 몫이다

역사는 기억하는 자의 몫이다
- 박선영 논평 2009.08.15 -

　일본이 조직적, 체계적으로 동원한 일본군의 성노예였던 위안부 문제에 대해 일본은 그 실체조차 부인하고 있다. 이제 동남아까지 가서 일본군의 성노예 역할을 해야 했던 위안부 할머니들이 한분, 두분씩 이 세상을 하직하고 있다. 역사는 기억하는 자의 몫이다.
　일본군 위안부 문제에 대한 일본 측의 진심어린 사과와 정당한 손해배상을 촉구한다. 이미 2000년 헤이그에서 열렸던 '일본군 성노예 전범 국제법정'은 사실을 인정하고 전범자 9명에 대한 유죄판결과 함께 손해배상을 권고한 바 있다. 광복절을 맞아 더욱 가슴이 시리고 아플 일본군 위안부 할머니들에게 우리 모두 이 문제를 해결하지 못한 역사의 죄인이라는 심정으로 깊은 사죄의 말씀을 드린다.
　사할린 동포도 마찬가지다. 사할린의 강제징용은 1940년부터 시작되었다. 국제법적으로 보더라도 강제징용을 해간 사람들에 대해서는 반드시 가해자들이 고향으로 안전하게 모셔다 드려야 할 책무가 있다. 그것이 국제법의 정신이기도 하다. 그런데 아직도 사할린 동포들은 고국을 찾지 못하고 있거나 잘못된 귀환정책과 제도 때문에 한 번 귀환했던 분들이 역으로 다시 사할린으로 돌아가는 경우가 생기고 있다. 또다시 가족들 간에 생이별을 해야 하는 인도적인 문제가 계속 제기되고 있는 것이다. 이 부분에 대해서 우리 자유선진당은 국회에서 큰 의지를 가지고 사할린 동포들의 한을 풀어드리기 위해 노력할 것이다. 그리고 사할린 동포들에 대한 명예회복과 손해배상 문제도 하루속히 해결되어야 한다.

무국적 고려인 문제도 속히 해결해야 한다. 스탈린의 소수민족 배제정책에 따라 중앙아시아로 강제 이주되었다가, 소련이 해체되면서 아직도 무국적자로 남아있는 고려인들에 대한 정부당국의 적극적인 대책도 촉구한다. 조국은 독립을 맞았지만, 일제 강점 하에서 벌어졌던 그 만행은 아직도 끝나지 않았다.

고려인은 바위에 올려놓아도 꽃을 피운다
박선영 충남일보 칼럼 중에서 2011.03.21

　일본에 진도 9.0의 강진과 함께 쓰나미가 몰려오던 날. 일본에서는 양심적인 정치인 한 분이 쓰나미같은 일본 언론과 정치계의 집단 괴롭힘에 무릎을 꿇었다. '일본은 더 이상 역사 왜곡을 해서는 안 되고, 독도가 일본 땅이라고 주장해서도 안 된다'며 당당하게 자신의 의사를 밝힌 일본의 여당 의원을 일본 언론과 정치계는 차마 입에 담지 못할 공격과 협박을 가했다. 그분은 바로 7선의 도이 류이치(土肥隆一) 의원. 도이의원은 지금까지 사할린 한인문제해결을 위해서도 적극적으로 앞장서 왔다. 지난 2월 25일, 일본 중의원 회관에서 한일 국회의원 20여명이 모여 '사할린 한인 문제해결을 위한 한일의원협의회'를 결성하고 두 나라 지도자에게 보내는 결의문을 채택하는 데에도 도이 의원은 중추적인 역할을 했다. 사할린 한인문제해결을 위해 동분서주하는 나를 늘 애처롭게 바라보며 오는 여름에는 함께 사할린을 방문하자고 약속했었는데…. 광야에 홀로 서서 외로운 투쟁을 하고 있는 도이 의원을 나는 깊이 존경한다. 대한민국 정부와 국회도 사할린 한인문제에 대해 두 눈을 질끈 감고 있는데, 정작 일본의 도이 의원이 사할린 한인문제에 앞장서다가 정치적 생명을 잃을 위기에 놓여 있는 것이다.

2011년 12월, 박선영은 "구소련 스탈린 치하에서 고려인 20만명이 중앙아시아로 강제 이주됐고, 이 과정에서 2만5천여명이 숨졌다"고 밝혔다. 그는 한국인으로는 처음으로 러시아 하바롭스크주 국립문서보관소가 보관하고 있는 '1933년~1937년 고려인들에 대한 정치적 억압' 문서 34편을 모두 열람했다.

'고려인은 바위에 올려놓아도 꽃을 피운다'는 러시아 속담이 있다. 어떤 환경에서도 한국 사람들은 역경을 헤치고 살아남는다는 말이다. 나라를 잃고 비탄에 빠져 있던 조선사람들을 일본군사제국주의는 모집이니, 알선이니, 별 새 소리를 다 해 가며 강제로 사할린으로 끌고 갔다. 그곳에서 조선인들은 모진 매를 맞아 가며 하루에 12시간 이상씩 강제노역에 시달려야 했다. 나라를 빼앗긴 백성들은 노예나 다름없었다. 밥을 늦게 먹는다고 때리고, 도시락을 너무 빨리 먹었다고 때리고, 탄광과 활주로 공사에 동원된 조선인들은 소 돼지만도 못한 존재였다.

그러다 해방을 맞았지만, 그 기쁜 소식이 전파되기도 전에 일본인들은 패를 짜서 한 밤중에 조선인들을 습격해 임신부, 노인, 아이 할 것 없이 닥치는 대로 죽였다. 창씨개명에 따라 이름도 일본식으로 다 바꾸었지만, 일본인들은 패전하고 사할린을 빠져나가면서 우리 선조들을 조선인이라며 데려가지 않았다.

일본인들이 떠나간 코르사코프항구. 그 언덕에서 언젠가는 조국이 우리를 데리러 오겠지, 염원하며 하염없이 기다렸다. 그러는 사이에 조선인들은 굶어 죽고, 얼어 죽고, 그리곤 미쳐 죽어갔다. 모진 세월은 그 후로도 하염없이 흘렀다. '카레이스키(고려인)'라고 무시당하고, 똑같이 일해도 러시아인이 받는 임금의 절반밖에 못 받으면서 겨울이면 영하 40도까지 내려가는 혹한 속에서도 닭과 돼지를 키우고 보리와 감자를 심으며, 손이 몽당연필처럼 닳도록 일하면서도 조국으로 돌아 갈 날을 기다리며 희망을 잃지 않았다. 소련 국적을 얻으면 다양한 사회복지 혜택을 받을 수 있었지만, 그들은 '문만 열리면 맨발로라도 조국에 돌아 가겠다'며 죽는 그날까지, 고집스럽게 끝까지 조선인으로 살았다.

그 결과는 2m 높이로 자란 잡초 속에 한글로 된 묘비명을 쓰고 지금도 초라하게 누워있어야 하는 참담한 현실뿐이다. 아버지의 얼굴도 기억하지 못 하는 자녀들은 남편과 아버지의 생사를 애타게 기다리며 한 평생 궁핍하게 보내야 했고, 지금 이 시간에도 아버지의 유골이나마 조국으로 모시기 위해 머리가 허연 초로의 자식들은 사할린 전역을 헤매고 있다. 70여 년 남편과 생이별하고 홀로 자식들을 키우다 이제는 숟가락을 들 힘도 없어진 90대의 아내는 생의 마지막 소망으로 남편의 유골이나마 안아 보고 싶은 바람에 하루하루를 힘겹게 버텨내고 있다.

그런데도 우리 정부는 지금까지 사할린 한인에 대해 체계적인 조사 한 번 제대로 벌인 적이 없다. 그들을 위한 예산 한 번 제대로 책정한 적도 없다. 지난 연말, 몇몇 뜻있는 의원들과 함께 정말 혼신의 힘을 다 해, 어렵사리 외교통상통일위원회와 행정안전위원회 등을 통해 사할린 관련 예산을 확보했었지만, 폭력 속에 날치기 예산 통과를 감행하면서 20억도 채 되지 않는 이들 예산이 모조리 허공 속에 산산히 부서지고 말았다. 단 한 푼도 남지 않았다. 그러면서 어떻게 우리 정부와 국회가 일본을 비판할 수 있는가?

지금 국회에는 김영진의원, 이화수의원, 이윤성의원, 그리고 내가 발의한 사할린한인 지원관련 특별법안이 몇 달 째 소관 상임위원회에서 낮잠을 자고 있다. 법안심사소위원회에서 거들떠보지도 않고 있다. 국가가 왜, 무엇을 위해 존재하는가? 자신들의 과오가 아닌, 국가가 국민을 제대로 지켜주지 못해서 70년이 넘도록 피눈물을 흘리고 있는 그들에게 왜 우리 정부는 따뜻한 손길 한 번 내밀지 않는가? 왜 우리 정부는 아무 일도 하지 않으면서 일본에게만 사과하고 반성하라고 하는가? 일본이 변할 때까지 우리 정부는 두 손 놓고 있을 것인가? 일본이 변하지 않으면 우리 대한민국은 그들을 내팽개칠 참인가? 지금까지도 우리는 러시아와 국교를 정상화하고도 무려 20년이 넘도록 그들을 방치해 왔다. 그러면서 어떻게 세계 10위권의 경제대국이라고 자랑할 수 있는가? 동포들의 역사적 아픔도 보듬어 주지 못하면서 어떻게 G20 정상회의 의장국이라고 뽐낼 수 있는가?

우리 대한민국이 일본보다 도덕적으로 우위에 있다는 것을 보여주어야 한다. 그래서 일본인들에게 부끄러움을 가르쳐야 한다. 국가가 힘이 약해 제 나라 국민을 노예상태로 만들었던 과오를 뉘우치며, 사할린 강제 징용자들과 그 후손에게 국가로서의 참 모습을 보여주어야 한다. 그렇게 되면 일본에게도 더 당당하고 떳떳하게 사과와 배상을 요구할 수 있을 것이다.

사할린 동포들을 지원하기 위한 '사할린동포법'은 2021년 들어서야 시행됐다. 2005년 처음 국회에 발의된지 16년 만이다. 박선영도 2010년 '사할린동포법'을 발의했다. 박선영 법안은 사할린 강제동원 피해의 진상조사와 피해자 유해의 발굴 및 수습 등에 관한 문제들을 처리하기 위해 국무총리 산하에 사할린 위원회를 설치하고, 피해자와 그 가족들에 대한 재정적인 지원을 위한 사할린 재단을 설치하는 내용을 골자로 하고 있다. 사할린에 살고 있는 피해자와 가족들이 귀국을 원할 경우에는 정착금과 주거지원, 직업훈련 등의 혜택을 보장하는 내용도 담고 있다.

단바 망간 탄광을 아시나요?
박선영 충남일보 칼럼 중에서 2011.06.20

　단바 망간 탄광을 아시나요? 일본 교토 근교에 있는 단바(丹波) 지역에서 망간을 캐던 탄광이요. 망간이 뭐냐구요? 철을 단단하게 만드는 촉매제요. 총이나 대포, 비행기를 만들려면 철이 아주 단단해야 하는데, 그 역할을 바로 망간이 해 주거든요. 그래서 군수물자를 만들기 위해서는 망간이 절대적으로 필요하답니다. 다시 말해 단바 망간 탄광은 제2차 세계대전 당시에 일본 단바라는 지역에서 망간을 캐던 탄광을 말합니다.

　조국이 힘이 없어 나라를 빼앗기고 식민지가 되자, 우리 선조들은 강제로, 또는 속아서, 아니면 협박에 못 이겨 사할린으로, 일본으로, 남방으로 끌려가 일본인 밑에서 처절한 강제노동을 해야 했습니다. 아예 일본 군인으로 강제 징용되기도 했고요. 또 일차로 사할린 등으로 징용되었던 분들은 전쟁 말기에 일본이 마지막 발악을 하면서 다시 일본 땅으로 이중징용을 해 오기도 했습니다. 총이며 대포 등 무기를 만드는데 망간이 엄청 많이 필요했거든요.

　지난 3월, 몇몇 의원들과 함께 그 한 많은 단바 망간 탄광엘 다녀왔습니다. 1944년부터 1945년까지, 한창 많을 때는 조선인이 4천여 명까지 강제노역을 했다는 탄광은 1980년대 초까지도 운영을 하다가 현재는 폐광된 상태입니다. 2차 대전 후에는 일본의 산업발전과 근대화에 근간을 이루는 중요한 산업을 뒷받침하기 위해 여전히 망간이 필요했기 때문에 1980년대 초까지도 망간을 캐냈으니까요. 그 후에는 채산이 맞지 않아 문을 닫았고요.

울창한 수풀로 둘러싸인 탄광은 불과 65년 전의 아픔을 아는지 모르는지, 봄 같지 않게 싸늘한 바람만 불어대고 있었습니다. 하지만 갱도 내부는 그때 그 모습 그대로 남아 그 시절을 증언해 주고 있었습니다. 안전을 고려해 300미터 정도만 둘러볼 수 있도록 해 놓았더군요.

가로 100cm, 세로 90cm. 체구가 유독 작은 저도 엉거주춤 앉을 수밖에 없는 좁고도 깜깜한 갱도를 조개에 불을 붙여 들고 맨 손으로 망간을 캐내야 했을 우리 선조들을 생각하자 가슴이 답답했습니다. 나라를 잃고 이역만리까지 끌려와 매를 맞아 가면서 입에 풀칠이라도 하며 살아남아야 한다는 절박함과 고향에 남겨진 처자식을 생각하며 조선인들은 그렇게 맨손으로 망간을 캐냈다고 합니다. 하루 일과가 끝나는 저녁이면 200kg이 넘는 망간을 엉거주춤 앉은 자세로 짊어지고 갱도를 포복해 나와야 했고요. 소나무로 적당히, 얼기설기 얽어놓은 갱도는 수시로 무너져 내려 어떤 때는 10명 이상씩이 한꺼번에 사망하기도 했지만, 일본인들은 변변한 관 하나 마련해 주지 않고 조선인들에게 동료들의 시신을 아무렇게나 묻게 한 후, 되돌아서자마자 또다시 갱도 속으로 밀어 넣었다고 합니다.

다이너마이트로 돌을 깨는 작업부터 망간을 캐고 운반하는 일까지, 모든 작업을 오로지 조선인들의 손에 의지했음은 그 당시의 모습을 재현해 놓은 마네킹이 재현해 주고 있었습니다. 조선인 외에도 이 탄광에는 '피차별부락민'이라고 불리는 차별받는 일본인들도 이 광산에 피와 땀, 눈물을 묻었다고 하지만, 그래도 위험하고 힘든 일은 오로지 조선인의 몫이었다고 합니다. 자신의 집에서 출퇴근을 했던 '피차별부락민'과는 비교도 할 수 없었던 조선인 광부들의 피폐한 삶은 조선인들의 숙소, 이른바 '함바'집에서도 확인할 수 있습니다. 1평이 채 되지 않는 다다미 1장에 8명을 재웠다니, 상상이 가시나요? 식사는 모두가 빽빽이 들어서서 먹도록 아예 의자도 없고, 공간도 손바닥 만했습니다. 그래도 부엌 한 켠에는 한복을 곱게 차려입은 여성이 허기를 채우려 몰려든 광부들을 바라보고 있는 마네킹이 세워져 있었습니다. 그 마네킹과 마주쳤을 때의 그 허망함을 어찌 필설로 설명할 수 있겠습니까?

이 마네킹을 일본이 만들어 놓았느냐고요? 식민지도 '대동아전쟁'이라고 미화하는 일본이 그럴 리가 있습니까? 그 탄광에서 평생을 바쳐야 했던 광부출신의 이정호씨가 전 재산을 다 털어 1989년에 기념관으로 꾸며 놓은 것입니다.

상상을 초월하는 중노동에 변변한 장례도 없이 묻혀간 조선인들. 진폐증으로 평생을 불우하게 살아온 조선인들. 해방된 후에도 미처 현해탄을 건너오지 못한 조선인들. 일본사회의 차별과 배제에 맞서 꿋꿋이 살아온 조선인들.

그 조선인들의 피와 한숨을 생생히 증거하고, 다시는 이같은 불행한 역사가 되풀이되지 않도록 그 자신도 진폐증과 싸우면서 이 탄광을 기념관으로 만들어 놓은 것입니다. 돈이 없으니, 이정호씨의 부인은 마네킹에 입힐 옷이며, 각종 장식물들을 일일이 종이와 나무를 자르고 붙여 페인트 칠을 했기 때문에 죄송한 표현이지만, 매우 조잡해 보이는 것도 사실입니다. 그러나 그 조잡함이 오히려 붙들고 통곡을 하고 싶을 정도로 '진심'이 전해져 가슴이 더 아팠습니다. 그런 것이 소위 말하는 '소통'이겠지요.

 자신의 일생을 증언하고 싶어 두 손으로 만들었던 단바 망간 탄광 기념관은 그러나 20년을 버티지 못하고 지난 2009년에 문을 닫아야 했습니다. 유지비가 없어서요. 진폐증으로 죽으면서도 '내 장례식도 치르지 말고, 내 무덤도 만들지 마라. 장례식 치르고 묘지 살 돈이 있으면 기념관을 하루라도 더 유지해라. 단바망간기념관이 내 무덤이다'는 유언을 남기면서까지 기념관을 지키려 했지만, 끝내 문을 닫아야 했습니다.

 그래서 그 기념관을 다시 열고자 지난 주 국회에서 단바망간기념관 재개관을 위한 홍보행사를 가졌는데, 겨우 68분의 국회의원만 참여를 했습니다. 이 행사를 위해 일본에서부터 달려온 이정호씨의 아들 딸들을 보기가 정말 부끄럽고 송구했습니다. 여러분, 단바망간기념관을 지켜내야 하지 않겠습니까? 세계 곳곳에 세워진 유대인 박해 기념관은 칭송하면서 왜 우리는 우리 선조들의 한과 피가 서린 기념관 하나 지켜내지 못하는 걸까요?

단바망간기념과 초대 관장 이정호. 현재는 그의 아들 이용식이 이어가고 있다. 기념관은 2009년 자금난으로 문을 닫았다. 그러다 2010년 재건을 위한 한국추진위원회가 발족해 적극적으로 모금운동을 펼쳤고 기념관은 다시 재개관할 수 있게 됐다. 추진위는 박선영을 포함한 8명이 공동대표를 맡았었다.

북한 정권의 아킬레스건 '납북자'

추석 이산가족 상봉, 국군포로와 납북자 가족도 포함해야 한다
박선영 논평 2010.09.12

북한 조선적십자회가 추석을 맞아 이산가족 상봉을 갖자고 우리 측에 제의했다. 순수한 인도주의적 차원에서 북한이 이산가족 상봉 행사를 제안했기 바란다. 만일 북한이 다른 목적을 배후에 숨겨둔 꼼수차원에서의 제안이 아니라면 우리 국민이 그토록 원하고 바라는 국군포로와 납북자에 대한 이산가족 상봉을 최우선적으로 배려하고 실시해야 한다. 그래야만 진정성을 입증할 수 있다.

북한은 대한적십자사측에 제의한 통지문에서 남북 적십자 간 실무접촉을 이른 시일 내에 진행하자고 했다. 그러나 우리 통일부는 '북한의 제의를 받아들인다고 해도 물리적으로 최소한 한 달 정도 걸릴 것'이라고 말하고 있다. 이산가족 상봉행사는 지난해에도 있었고 그에 대한 자료는 많이 축적되어 있다. 실무적인 준비를 거쳐 명단을 공개하고 확인하는데 한 달이나 걸린다니! 정부와 대한적십자사는 이산가족의 설움과 슬픔을 조금이라도 느끼고 있는가?

북한이 쌀과 중장비, 시멘트 추석선물을 받아내기 위한 꼼수이거나, 또 다른 숨은 의도가 있지 않다면 상봉행사를 미룰 이유는 전혀 없다. 그리고 이산가족 상봉장소는 금강산 지구 안에 마련된 이산가족면회소여야 한다. 북한의 상투적인 체제선전용 상봉행사가 되어서는 안 되기 때문이다. 우리 정부의 적극적인 상봉행사 추진, 그리고 국군포로와 납북자 가족에 대한 배려를 강력히 촉구한다.

'6.25전쟁납북피해진상규명위원회' 출범을 축하하며
박선영 논평 2010.12.13

'6.25전쟁납북피해진상규명 및 납북피해자명예회복위원회'가 오늘 공식출범한다. 제헌의원 50여명, 국회의원 27명, 언론인 230여명 등 10만 여명에 이르는 전시 납북자와 그 가족, 유족의 한을 60년 만에 처음으로 풀어주게 되었다. 이 위원회가 출범하도록 관련 법안을 대표발의한 의원으로서 만감이 교차한다.

이제 진상규명위원회에서는 납북사건의 진상조사와 납북자 여부에 대한 심사 등을 통해 납북자의 명예를 회복시키고 생사확인과 송환 문제까지 다뤄야 한다. 이를 위해 위원회는 내년 1월초부터 전국 기초단체와 151개 재외공관 등을 통해 60년 만에 처음으로 납북피해 신고를 접수할 것이고 위원회는 국내 전시납북자 관련 자료발굴은 물론이고 미국, 러시아 등에서도 조사활동을 펼칠 것이다. 아무쪼록 위원회가 주어진 임무를 완수해 가시적인 성과를 이룩하기 바란다. 정부도 전폭적인 지원을 통해 잘못된 현대사를 바로 잡아야 한다.

망각 속에 파묻혔던 역사를 다시 기록하기 위해서는 많은 어려움이 예상된다. 북한은 여전히 "국군포로와 납북자는 없다"며 생떼를 쓰고 있다. 특히 전시납북자의 경우에 북한은 우리가 생사확인을 의

뢰한 21명 가운데서 단 2명만이 사망했다고 답변을 했을 정도이다. 이런 북한을 상대로 납북 생존자에 대한 송환과 함께 세상을 하직한 납북자의 유해를 고국 땅으로 모셔오는 일은 매우 어려운 일임에 틀림없다.

그러나 한국전쟁 당시 민간인 납치·강제 북송사건은 '전시에 있어서의 민간인 보호에 관한 협약'(제4 제네바 협약)을 위반한 명백한 반인륜적 전쟁범죄 행위다. 우리 정부는 반세기 넘게 평화공존이라는 미명아래 이를 모른 채 방치해 왔다. 이제라도 국가가 국민에 대한 책임을 다하지 못했음을 뼈저리게 반성해야 한다. 한국 현대사의 오점이며 대한민국 역사의 치욕인 전시납북자 문제에 대한 정부 당국의 전향적인 관심과 지원을 촉구한다. 동족상잔의 비극인 전쟁이 다시는 발생하지 않도록 하기 위해서라도 현대사부터 재정립해야 한다.

OUTRO

다시 박선영을 만나야 하는 이유

박선영에 대한 기사들을 찾다보니 그의 가족 관계에 대한 기사들이 많았다. 2019년 3월 문화일보 기사 제목이 단연 눈에 띄었다.[123]

> 남편 민일영·제부 정형식·사촌동생 김진태… "완전히 적폐가족이죠? 하하하"

기사 내용처럼 박선영 가족 중에는 법조인이 많다. 남편은 전 대법관, 두 아들도 모두 법조인이다. 박선영 막내 여동생의 남편은 전 법원장이고 박선영의 이종사촌 동생은 검사 출신인 김진태 전 국회의원이다.

'잘나가는 집안에서 태어난 엘리트 아닌가' 싶겠지만 좀 더 찾아보면 가난한 집안에서 태어나 성공한 사람이라는 사실도 확인할 수 있다. 박선영의 국회의원 시절 여성조선 기사가 대표적이다.

가난한 시댁 때문에 평생 고생만 했던 박 대변인 어머니는 결혼을 반대했다. 고시에 합격했지만, 남편은 마포 도화동 판잣집에서 살 정도로 가난했기 때문이다. 박 대변인은 "당시 저는 정의감에 불타고, 피가 끓는 청춘이어서 어머니를 이해할 수 없었다"면서 "'가난한 사람은 결혼도 못 하느냐'라고 말하고 남편에게 뛰쳐나갔다"고 회상했다.[124]

그러나 가난을 딛고 성공신화를 쓴 사람은 많다. '구태의연한 산업사회식 성공 내러티브'[125] 라는 비판까지 나올 정도로 식상한 주제가 됐을 정도다. 박선영을 '다시 만나면서' 박선영에 대해 새롭게 인식하게 된 건 그가 여성이라는 점이다.

박선영은 "여자가 무슨 공부냐"고 묻는 시절에 살았던 여성이다. 그는 전두환 신군부가 언론을 검열하고 통제했을 당시 기자 생활을 했다. '어 기자'가 흔치 않은 그 시절 그 어려움은 이루 말할 수 없었을 것이다. 거기다 출산휴가와 육아휴직은 상상도 할 수 없는 시절 두 아이를 키웠다.

박선영은 헌법학 교수다. 예전에야 모든 분야가 다 남성 위주였겠지만 법조계는 그 중에도 가장 심한 곳. 교수가 되기 위해 공부하는 과정도 결코 순탄치 않았을 것이라고 추측할 수 있다. 든든한 빽이 없던 그는 오로지 자신의 능력과 열정 하나로 모든 걸 해냈다.

"군대를 다녀오지 않은 여성"이라는 점이 군 관련 문제를 다루는데 있어서 아무런 방해가 되지 않는다는 것도 박선영을 통해 깨우쳤다. 특히 천안함 문제와 관련해서 보수진영은 왜 그토록 속수무책으로 유언비어에 휩쓸렸는가. 박선영의 날카로운 대정부 질문에서 그 해답을 찾을 수 있었다.

박선영 의원: 사고재난지역에 헬기가 곧바로 떴지요? 어떤 종류의 헬기가 떴나요?

국무총리: ……

박선영 의원: 군대 다녀오지 않은 여성인 저도 알고 있습니다. 해상구조용 헬기가 아니라 잠수함을 찾아내는 대잠수함용 링스헬기였습니다. 왜 링스헬기가 떴을까요? 답변해 주세요. 왜 링스헬기가 떴을까요?

국무총리: 박 의원님, 지금 이 자리는 국민들이 알고 싶어 하는 것을 여러 국회의원 여러분들이 대신 말씀을 해 주시고 정부에서는 그 문제에 대해서 가장 잘 아는 분이 대답을 하셔야 되지 않겠습니까? 그런 의미에서 좀 테크니컬한 것은 관계 국무위원이 대신 대답하도록 해 주셨으면 좋겠습니다.

박선영 의원: 존경하는 총리님, 지금 대한민국 국민들은 이런 사태가 발생했을 때 군대도 다녀오지 않은 대통령과 군대도 다녀오지 않은 국무총리, 군대도 다녀오지 않은 비서실장과 군대도 다녀오지 않은 국정원장이 모여서 과연 어떤 결정을 내릴 수 있는지 제대로 대처할 수 있는지에 대해서 많은 의구심을 가지고 있습니다. 오늘 이자리에서 국무총리께서는 아무 걱정 마시라고 국민을 안심시킬 수 있으셔야 됩니다. 제 충정을 이해해 주십시오.

국무총리: 다시 한번 말씀드리지만……

박선영 의원: 저는 총리를 위해서 지금 말씀을 드리는 겁니다. 인신공격이 아닙니다.

국무총리: 박 의원님, 다시 한번 말씀 드리지만 다른 사람들에 대해서는 몰라도 우리나라의 국군통수권자에 대해서 결례의 말씀은 안해 주셨으면 좋겠습니다.

박선영 의원: 저는 국군통수권자를 깎아내리고 있지 않습니다. 우리 총리께서 국민을 안심시켜 달라는 겁니다.

여성이라는 이유로 수많은 차별을 받았을 박선영의 삶을 '다시 만나면서' 그가 펼친 '의정활동'이 새롭게 인식됐다. '경쟁과 결투'라는 남성적 방식이 지배하고 있는 국회[126]에서 그는 '대화와 타협'이라는 여성적 방식을 추구했다.

툭하면 몸싸움이 일어나 '동물 국회'라는 비아냥을 듣는 국회지만 박선영은 국회에서 세미나를 열거나 법안을 발의할 때 여야를 가리지 않고 되도록 많은 의원들과 함께 했다. 혹자는 그가 민주당, 민주노동당과 손잡았던 이력을 들먹이며 '보수가 아니다'라고 하지만 박선영은 보수가 놓쳤던 진보적 어젠다를 챙겼던 유일한 보수야당 정치인이었으며, 진보야당 정치인을 설득해 보수적 어젠다를 확산시킨 '대화와 타협'의 정치를 제대로 보여줬다.

물론 박선영은 소수 야당에서 활동했다. 힘없는 정치인으로서 어쩔 수 없는 선택이었을 수도 있다. 그렇지만 아무런 권력을 갖지 않은 그가 나라와 세계를 움직일 수 있었던 이유는 그가 끊임없이 정부와 국회, 그리고 국민을 설득했기 때문이다. 그는 모두가 안 된다고 했지만 결코 좌절하거나 물러서지 않았다. 우리가 다시 박선영을 만나야하는 이유는 바로 지금 우리에게 '박선영의 정치'가 필요하기 때문이다.

1	한국일보, <[지평선] 사람 사는 청와대>, 2017.05.12, 제26면
2	한국일보, <[지평선] 업그레이드 노무현>, 2017.05.14, 제30면
3	윤여준, 『대통령의 자격』, 메디치미디어(2011), p.411-412
4	윤여준, 『대통령의 자격』, 메디치미디어(2011), p.456-457
5	오연호, <"1997-2002 대선 승리는 우연입니다" 노무현이 본 보수-진보의 세력격차>, 오마이뉴스, 2009.06.15
6	청와대 대통령비서실, <새로 발견된 계엄령 문건에 대한 발표문>, 2018.07.20
7	조선일보, <합수단이 확인한 계엄문건 최종본엔 '광화문 탱크 투입' 위수령은 없었다>, 2020.11.05.
8	조선일보, <대통령 지시로 먼지털기 수사했지만… '계엄 문건' 관련자 전원 1심서 무죄>, 2019.12.25.
9	조선일보, <합수단이 확인한 계엄문건 최종본엔 '광화문 탱크 투입' 위수령은 없었다>, 2020.11.05.
10	조선일보, <무죄 난 '계엄문건'…그에 연루됐던 기무사 중령의 죽음>, 2020.09.28.
11	동아일보, <"세월호 수사 외압 없었다"…황교안-우병우 직권남용 무혐의>, 2021.01.19.
12	최우석, 이재수 전 사령관이 <월간조선>에 하려했던 이야기, 월간조선, 2021.01.20
13	윗 기사
14	채명성, 『탄핵 인사이드 아웃』, 기파랑(2019), pp.194-195
15	월간조선, <박근혜 정부 마지막 민정수석 조대환 변호사>, 2019.10.14
16	채명성(2019), p208
17	라종일 외 5인, 『한국의 불행한 대통령들』, 파람북(2020)
18	주간동아, <'제왕적 대통령제'의 저주>, 2009.06.17.
19	뉴데일리, "2015년 5월, 한국이 공산화 됐다면..", 2015.05.13
20	윗 기사
21	윤여준, 『대통령의 자격』, 메디치미디어(2011), p.496
22	오마이뉴스, <노무현의 진심을 기록한 단 하나의 책>, 2014.05.13
23	노무현 사료관, http://archives.knowhow.or.kr/rmh/web/view/882 (접속일: 2021.05.15)
24	노컷뉴스, <'노무현 불구속' 국정원 지침에 이인규는 격노했다>, 2017.10.27

25 국민일보, <원세훈 "MB는 노무현 소환 반대… 방문조사 지시">, 2018.04.11.
26 이명박 (Lee Myung-bak), 페이스북, 2018.01.17, fb.com/leemyungbak/posts/1237139886430907
27 동아일보, <檢 "靑, 선거前 석달간 김기현 수사기밀 엿새 한번꼴 보고받아">, 2020.02.05
28 연합뉴스, <檢, 임종석·조국·이광철 불기소하며 "범행 가담 의심">, 2021.04.13
29 경향신문, <국정원장 "MB 때 정치인 사찰…박근혜 때도 이어졌을 개연성">, 2021.02.16, 제A4면
30 경향신문, <국정원장 "MB 때 정치인 사찰…박근혜 때도 이어졌을 개연성">, 2021.02.16, 제A4면
31 뉴데일리, <국정원 정보유출자, 17년전에도 박지원과 짝짜꿍>, 2013.06.22
32 오마이뉴스, <'국정원 댓글공작' 최초 제보자 김상욱씨를 만나다>, 2017.06.30
33 오마이뉴스, <'국정원 댓글공작' 최초 제보자 김상욱씨를 만나다>, 2017.06.30.
34 중앙선데이,<영화 '공작' 속 안기부 총풍 사건, 대법 판결은 "조직적 요청 없었다">, 2018.08.11.
35 중앙선데이,<영화 '공작' 속 안기부 총풍 사건, 대법 판결은 "조직적 요청 없었다">, 2018.08.11.
36 중앙일보,<이종찬 초대 국정원장 "박지원, 정권 안보 챙기다가 탈난다">, 2020.08.14.
37 세계일보, <'윤석열지지' 포럼서 진중권 "尹 '공정의 상징'으로 떠오른 것">, 2021.05.22
38 연합뉴스, <'검사 술접대' 사건 기소…밴드·팁비용 55만원이 갈라>, 2020.12.08
39 한겨레, <안전규정도 안 지키고 경찰 물대포 마구 쐈다>, 2015.11.16, A1면
40 문화일보, <美쇠고기 협상 '새 국면'>'과잉 진압' 경찰 되레 타격?, 2008.06.03
41 경향신문, <'약자' 철거민만 겨냥… "누굴 위한 검찰권인가">, 2009.01.28
42 경향신문, <"검찰, 용역 동원 알고 있었다">, 2009.02.05
43 중앙일보, 「전 대통령 조사」 이 감사원장의 입장>, 1993.07.09.
44 연합뉴스, <평창2018 유치 성공 주역 이건희>, 2011.07.07.
45 아시아경제, <이재용과 두 전직 대통령 사면, 국민들은 다르게 본다>, 2021.04.27.
46 김종인, 『영원한 권력은 없다』, 시공사(2020), p.353
47 경향신문, <미르재단 설립 직후 청 수석회의…이병기 전 실장 "문제 소지" 지적

>, 2017.04.06

48 중앙일보, <남재준 "최순실 농단 알았다면, 총 들고 청와대 들어갔다">, 2017.01.17

49 서울신문, <법무부, 헌법재판소에 '사형제 합헌' 의견서 제출>, 2021.02.17.

50 경향신문, <인권위 "국가에 인간 생명 박탈할 권리 없어"…헌재에 '사형제 폐지' 의견서>, 2021.02.03.

51 연합뉴스, <헌재, 사형제 13년만에 다시 '합헌'>, 2010.02.25.

52 필자가 책 '낙태, 합법화할 것인가(유레카편집부 지음, 디지털 유레카 펴냄)' 내용을 요약한 것

53 대한민국 정책브리핑, <대통령 4년 연임제 개헌 제안>, 2007.01.09

54 대한민국 정책브리핑, <헌법 개정 시안 발표에 즈음한 기자회견>, 2007.03.08

55 정책브리핑, <박 대통령 "임기내 헌법개정 완수…국민 여망 담은 개헌안 마련">, 2016.10.24

56 중앙일보, <DJ "국난 수습 … 내각제 못할 것 같습니다, 죄송합니다" JP "정상의 고뇌 이해, 이제 다음 장으로 넘어갑시다">, 2015.10.28.

57 윗 기사.

58 동아일보, <"개헌 찬성" 57.9% "반대" 28.7% 응답>, 2021.01.02.

59 MBN, <[MBN 신년여론조사] 이재명 대선지지도 1위…5년 단임제 개헌 48% 찬성>, 2021.01.03.

60 한겨레, <전두환 "대통령 두 번 하려고 했는데, 잘못하면…">, 2012.03.15.

61 연합뉴스, <DJ "5년 단임제 세계 유례없어">, 2006. 1. 1.

62 동아일보, <"대통령 해보니 권력 너무 집중"… MB, 개헌론 힘 실었다>, 2010.10.14

63 중앙일보, <서울교육감 지지율 고승덕·문용린 1, 2위>, 2014.05.15.

64 조선일보, <민주당 압승… "輿 잘해서" 22%, "野 못해서" 61%>, 2020.04.24.

65 조선일보, <"국민의힘이 잘해서 선거 이겼다" 유권자 7%뿐>, 2021.04.15

66 정한울, 여야 심판론의 관점에서 본 21대 총선과 보수 혁신의 딜레마, EAI 워킹페이퍼(2020), pp.5-6

67 김종훈·육덕수, 『보수의 몰락』, 미래사(2020), pp.82-93

68 뉴시스, <지방선거 때 '혐오 표현' 접수해보니…김문수·박선영 최다>, 2018.08.17.

69 국민일보, <지방선거 후보자들 '동성애 옹호지수' 공개>, 2018.05.30.

70	미래한국, <"左·右 분간도 못하나? 얄팍한 정치공세 옳지 않아">, 2018.03.28.
71	주간조선, <"전교조가 잘못한 건 수행평가 통해 모든 것 점수화한 것">, 2018.07.02
72	뉴데일리, <조전혁 출마선언문에 '전교조' 없는 이유가?> 2014.03.21.
73	아주경제, <박선영 서울시교육감 예비후보 "대입제도 개편 공론화 의제, 수시·정시 비율 포함해야">, 2018.05.22
74	이데일리, <유은혜 "수시·정시 비율조정 당장 없어…학종 공정성 제고방안 검토">, 2019.09.04
75	이범, 『문재인 이후의 교육』, 메디치미디어(2021), p.3
76	위의 책, 149
77	위의 책, p.8
78	경향신문, [이범의 불편한 진실] '일반고 황폐화'는 특목고 때문이 아니다, 2021.01.21, 제25면
79	위의 책, p.296
80	경향신문, [이범의 불편한 진실] 혁신학교 괴담을 떨쳐내려면, 2021.05.13, 제25면
81	조선일보, <[논설실의 뉴스 읽기] "선거 뛰어보니… 나라 걱정돼 울화 참아가며 돕는 보수층 많더라">, 2018.06.28
82	굿모닝충청, <교육평론가 이범, "이러다간 6월 교육감선거에서 역풍 불 것">, 2018.05.07
83	조선일보, <'K팝스쿨' 한국선 못 열고, 결국 美에 세웠다>, 2021.01.16
84	조선일보, <"정부, K팝스쿨 좋다면서도… 막상 설립하겠다면 법 내세우며 난색">, 2021.01.16
85	MBC, <[이범의 시선집중] 박선영 "외고 자사고 일반고 전환? 놀부심보도 아니고 어이없어">, 2018.06.08
86	유경준 의원실, 文정권 출범 이후 비정규직 95만명 양상, 2021.02.16
87	위의 자료
88	동아일보, <정부 공급 일자리 90만개중 59만개가 월27만원 '용돈 일자리'>, 2021.02.20, 제10면
89	윗 기사
90	조영삼, 대기업체제의 한계와 향후 과제, 산업연구원(2018), pp.18-19
91	조영삼(2018), pp.10-11
92	한국경영자총협회, <'2020년 최저임금 미만율 분석결과 및 시사점'>,

2021.03.08.
93 매일경제, 바이든 "경제 낙수효과 작동안해…부자들 공정한 몫 내라", 2021.04.29
94 통계청, <2020 고령자통계>, 2020.09.28
95 빈곤노인기초연금보장연대, "기초연금 포기하는 빈곤노인 6만명", 내가만드는복지국가, 2020.10.26, https://mywelfare.or.kr/2253
96 동아일보, <강경화 "NSC 회의 빠진 것, 정식 문제 제기"…'외교부 패싱' 질문엔?>, 2020.10.07.
97 조선일보, <외교안보회의 못 끼는 '인비져블 장관' 강경화>, 2020.10.07.
98 조선일보, <강경화 "기를 쓰고 하는데… 여성이라 이런가">, 2020.11.17.
99 서울신문, <女장관 비율 30% 때문에 살았다?… '낙마 1순위' 임혜숙의 생환>, 2021.05.14, 제4면
100 경향신문, <임혜숙 임명 강행 '여성 할당제' 논란>, 2021.05.14, A6면
101 세계일보, <'도가니법' 국회 통과…"장애 여성 및 아동 대상 성폭행 처벌 대폭 강화">, 2011.10.28
102 기동민 의원실, <5년간 장애인 대상 성폭력 범죄 4,099건 발생>, 2017.10.17, https://blog.naver.com/gidongmin/221118974045
103 이데일리, <'도가니법' 전철 우려도…"정인이법, 형량 강화 능사 아니다">, 2021.01.07, A27면
104 세계일보, <장애 여중생 성폭행 고교생 16명 입건>, 2010.10.13, 제9면
105 윗 기사
106 시티저널, <[국감] 도가니 봤나? 장애인 항거불능 해석 '문제'>, 2011.09.30
107 연합뉴스, <여아 상습 성추행 지적장애男 영장 기각>, 2010.12.21
108 매일경제, <여전히 일본제품 안 사지만… '모동숲'은 불티>, 2020.05.15
109 김종훈·육덕수, 『보수의 몰락』, 미래사(2020), pp.82-93
110 한겨레, <자유한국당, 친일 프레임 벗어나려면>, 2019.07.28
111 조선일보, <"할매요, 토착왜구 맞네요" 親文 네티즌들 이용수 할머니 조롱>, 2020.05.26.
112 조선일보, <친일 프레임 짜는 친문들 "정의연 공격하면 토착 왜구">, 2020.05.14.
113 한겨레, <이용수 할머니 2차 기자회견문 "그동안 일궈온 투쟁 성과 훼손되면 안 된다"> 2020.05.25.

114　연합뉴스, <日총리 "위안부 日軍 성노예 표현, 사실과 괴리돼">, 2012.03.27.

115　세계일보, <노다 총리 망언에 위안부 할머니들 '격양'>, 2012.03.28.

116　뉴시스, <강제징용 피해 양금덕 "사죄없는 일본 돈 받지 않겠다" 손편지 호소>, 2019.12.19.

117　국민일보, <이용수 할머니 "강제징용 문희상 안 어처구니 없다">, 2019.12.06.

118　한겨레, <'문희상안', 강제동원 해법인가 갈등 키울 악수인가>, 2019.12.1.

119　더팩트, <日강제동원유족協 이주성 이사장 "문희상안 반대 없어">, 2020.01.02.

120　리얼미터, <[일제 강제동원 해법 '문희상案] 반대 44% → 54% vs 찬성 33% → 26%>, 2019.12.23

121　서울신문, <[김헌주의 외교통일수첩] 미쓰비시는 강제동원 해법을 알고 있다>, 2020.12.27.

122　펜앤드마이크, <'국군포로송환' 임종석 경문협 상대 추심 소송 돌입...경문협 사용처 '김일성종합대학'?>, 2020.12.16

123　문화일보, <남편 민일영·제부 정형식·사촌동생 김진태… "완전히 적폐가족이죠? 하하하">, 2019.03.08, 제30면

124　백은영 여성조선 기자, <돈 없어 점심 굶은 판사의 아내? 국회의원 박선영 뜻밖의 인생>, 조선일보, 2011.02.25

125　김정운(명지대 교수), <왜 꼭 참고 인내해야만 성공하는가?>, 한겨레, 2011.02.23, 제30면

126　아주경제, <[우먼프론티어]대변인직 수행 1000일… "정신력으로 극복">, 2011.01.10.

No 보수? Yes 박선영!

이래서 나는 박선영이 좋다

초판 1쇄 발행일 2021년 10월 5일

지은이 김태민

펴낸이 김태익
펴낸곳 도서출판 홍익기획
주　소 서울 중구 수표로 23 인농빌딩 104호
전　화 02-2274-8110
팩　스 02-2271-0951

ISBN 978-89-87738-27-7

책값은 뒤표지에 있습니다.
잘못만들어진 책은 구입하신 곳에서 교환해드립니다.

저자와 협의하여 인지를 생략합니다.
저자와 출판사의 허락없이 내용의 전부 또는 일부를 인용, 발췌하는 것을 금합니다.